# 천사들의 문법

# 천사들의 문법

르네상스의 천재 피코 델라 미란돌라,
그리고 언어의 숭고한 힘에 대하여

에드워드 윌슨-리

김수진 옮김

## The Grammar of Angels
## A Search for the Magical Powers
## of Language in Renaissance Italy

까치

THE GRAMMAR OF ANGELS : A Search for the Magical
Powers of Language in Renaissance Italy

by Edward Wilson-Lee

역자 김수진(金秀眞)
이화여자대학교와 한국외국어대학교 통번역대학원을 졸업한 후 공공
기관에서 통번역 활동을 해왔다. 현재 번역 에이전시 엔터스코리아에서
번역가로 활동하고 있다. 옮긴 책으로 『물의 시대』, 『딜리셔스』, 『연결의
법칙』, 『명상록』, 『어떻게 행복해질 것인가』, 『본질에 대하여』, 『제텔카스
텐』, 『네오르네상스가 온다』, 『세계 문화 여행 : 스페인』 등 다수가 있다.

편집, 교정_김미현(金美炫)

# 천사들의 문법
르네상스의 천재 피코 델라 미란돌라,
그리고 언어의 숭고한 힘에 대하여

저자/에드워드 윌슨-리
역자/김수진
발행처/까치글방
발행인/박후영
주소/서울시 용산구 서빙고로 67, 파크타워 103동 1003호
전화/02 · 735 · 8998, 736 · 7768
팩시밀리/02 · 723 · 4591
홈페이지/www.kachibooks.co.kr
전자우편/kachibooks@gmail.com
등록번호/1-528
등록일/1977. 8. 5
초판 1쇄 발행일/2026. 4. 8

값/뒤표지에 쓰여 있음
ISBN 978-89-7291-892-9 93920

# 차례

인용문과 낭독에 관하여 7

1. 900 논제 11

2. 불의 고리 26

3. 가볍고 날개 달린 성스러운 존재 40

4. 그 철학자 55

5. 오르페우스 이야기 74

6. 학문의 장인 92

7. 소리 안에 담긴 도서관 108

8. 파리의 파뉘르주 131

9. 죽음의 입맞춤 155

10. 새들의 언어 176

11. 빛나는 깨달음 191

12. 고립의 노래 208

13. 나의 공작의 작위보다 소중한 226

14. 전율 247

15. 삶, 속박을 벗어나다 263

16. 에필로그 : 숭고함과 초유기체 273


감사의 글 293

출처와 더 읽어볼 만한 문헌들 295

그림 목록 303

주 307

역자 후기 331

인명 색인 334

# 인용문과 낭독에 관하여

근대 초기의 관행에 따라서 직접 인용한 부분은 고딕체로 표기했다. 인용문들의 출처는 미주에서 찾을 수 있다. 이 책에는 뜻 모를 말과 거꾸로 된 말, 의미 없는 말도 상당수 등장한다. 책의 주제를 완전히 이해하고자 한다면, 이런 구절들을 소리 내어 읽을 것을 강력히 권고한다. 단, 안전이 보장되는 범위 한에만 그렇게 하라.

말은 네 부분으로 나뉘어 있다. 영감을 받은 사제는 네 부분을 다 안다.
비밀 속에 깊이 감추어진 세 부분은 인간이 들추어서 작동시키지 않는다.
말의 네 번째 부분이 바로 인간이 하는 말이다.

—『리그베다*Rig Veda*』


참으로, 말에는 마법이 담겨 있다.

—예언자 무함마드의 말씀, 『하디스*Hadith*』 중에서


내가 인간의 여러 언어와 천사의 언어로 말한다고 해도
나에게 사랑이 없으면 나는 요란한 징이나 소란한 꽹과리에 지나지 않습니다.

—「고린토인들에게 보낸 첫째 편지」 제13장 제1절


위대한 일은 시도하는 것만으로도 충분하다.

—프로페르티우스, 『비가*Elegiae*』 2권, X.6

# 1

# 900 논제

1486년 가을, 조반니 피코 델라 미란돌라가 로마에 입성했다. 그 무렵 도시는 이미 여름 동안 불가사의한 일들이 한 차례 휩쓸고 지나간 상태였다. 라퀼라 근교의 도시 탈리아코초와 첼라노에서는 산에 피로 물든 비가 내렸다는 신고가 빗발쳤다. 붉은 피가 묻은 돌을 시내로 가져와서 공개적으로 보여주며 반박할 수 없게 만드는 사람들도 있었다. 바로 지난해에 끔찍한 사건들이 많았던 터라, 어쩌면 설득력 있는 증거가 굳이 필요하지 않았을 수도 있다. 당시에는 콜론나와 오르시니 가문, 몬테키와 카풀레티 가문 사이에 불화가 끊이지 않았다. 그러던 어느 금요일 점심시간쯤, 한 남자가 독 묻은 칼로 살육되는 일이 벌어졌다. 임신 8개월의 산모가 의붓아들의 손에 살해되는 사건도 일어났다. 도시 분위기가 흉흉해지자 약탈과 반목, 살인, 범죄를 척결한다는 교황의 포고령이 내려졌다. 로마와 주변 일대에 보내진 교황청의 경고문에는 살인범과 절도범을 도시에서 추방하면서 무거운 벌금을 부과하고, 나아가 범죄자 본인과 그를 숨겨주는 사람까지 파문한다는 내용이 실렸다. 그러나 이런 위협 따위는 가볍게 무시되었다. 교전을 멈추고 평화를 중재하기 위해서 파견된 교황의 대리인마저 발가벗겨진 채 쫓겨났다. 심지어 교황의 명을 따르는 추기경들이 싸움에 연루된 경우까지 있었다. 사건은 8월 중순 성모 승천 대축일에 벌어졌다. 프랑스의 한 추기경의 수하들과 지방 귀족 사이에 라그레게타('그리스인 소녀')라는 이름의 매춘부를 두고 싸움이 붙었다. 이 일로 남성 3명이 목숨을 잃었지만, 라그레게타는 방화에도 살아남았다. 불에 잘 타는 목조 구조물보다 튼튼하게 만든 창틀 안으로 몸을 피한 덕분이었다. 이제 로마에서는 양심의 가책을 느끼지 않고 어떠한 은밀한 범죄의 유혹에도 흔들리지 않을 때에 느끼는 큰 평화와 행복감을 아는 사람을 거의 찾아볼 수 없었다. 그런 가운데, 교황의 아들인 프란체스케토와 오르시니 가문의 동맹인 로렌초 데 메디치의 딸 사이에 혼약이 성사되면서 마침내 파벌 간에 평화가 맺어졌다. 하지만 데탕트 국면은 오래가지 않았다. 프란체스케토와 그의 친구들이 명문가의 몇몇 부녀자를 납치하려 시도했다가 크게 망신당하는 일이 벌어졌고, 이후 다시 긴장이 고조된 것이다. 훗날 피코는 이런 글을 남겼다. 무엇보다도, 가장 치명적인 역병과 같은 해악은 이것이다. 살면서 모든 면에서 죄짓는 선택을 할 뿐만 아니라, 덕을 정복한 뒤 악마의 지배에 놓여, 죽음의 기치 아래, 지옥을 위해서 봉사하는 자들과 밤낮으로 친해지는 것 말이다. 아마도 그는 이 시기의 로마의 암흑기를 염두에 두고 이런 글을 썼던 것 같다.[1]

그러나 피코는 이런 불가사의한 일들과는 다른 의미로 불가사의한 존재였다. 신동이었기 때문이다. 그는 스물넷이라는 나이에 일종의 보편 철학을 부르짖고자 그리스도교 유럽의 심장인 로마로 왔고, 이런 철학을 담은 900개의 논제를 제시하며 토론을 제안했다. 그에 따르면 이 논제 안에는 우리가 알 수 있는 모든 것이 전체적으로 다 포함되어 있었다. 『900 논제』는 12월 7일에 출판되어 이탈리아 전역에 배포되었다. 피코는 한 달 후—주의 공현 대축일에—누구든 자신의 주장에 도전하고자 한다면 기꺼이 응수하겠다고 약속했다. 이런 태도는 굉장히 오만해 보였지만, 어릴 때부터 강한 아우라를 내뿜었던 그에게는 걸맞은 행동이었다. 피코는 훗날 르네상스라고 불리게 될 이 경이로운 시대에 누구나 인정하는 경이로운 인물이었다. 사람들은 그를 보면 예사로운 칭찬을 넘어 놀라움을 금치 못했다. 당대뿐만 아니라 역사상 가장 위대한 학자조차 피코에 대해서 이야기할 때에는 마치 링 위에 있는 권투선수를 소개하는 장내 아나운서처럼 거창하게 말할 정도이다. 물론, 그의 말 한마디 한마디는 어디까지나 진심이다. 왜냐하면 피코는 사람이 가질 수 있는 육체와 정신, 운명의 축복을 모두 받은 유일무이한 사람이자 신과 같은 존재였기 때문이다. 그는 거의 신적인 아름다움과 장엄한 태도를 지닌 젊은이였으며, 가장 예리하게 꿰뚫어 보는 지성과 남다른 기억력, 지칠 줄 모르는 집중력을 지닌 청년이었다. 대단한 웅변가였으며, 판단력만큼이나 인격도 훌륭한 것으로 유명했다. 그의 이름은 바로 피코. 델라. 미이이이란돌라![2]

대토론회의 기획서를 훑어보면 토론에서 다루려는 내용이 실제로 어마어마하게 많다는 것을 알 수 있다. 거기에는 바다가 짠 이유, 부엉이가 해를 보지 못하는 이유, 들창코 교정법, 독일인들의 창백한 안색과 비만의 원인, 취기의 두 종류 등과 같은 주제뿐만 아니라, 과연 신이 당나귀나 나무 조각, 저주받은 영혼, 심지어 악마로까지 변용할 수 있을까 같은 문제까지 포함되어 있었다. 논제 중에는 '천국'은 우주를 둘러싼 녹색 선이라고 이해해야 한다거나, 세상은 하나가 아니라 실제로는 183개의 세계가 삼각형 모양으로 배열되어 있다는 식의 황당하고 터무니없는 것들이 많았다. 와중에 의미 있는 목소리보다 의미 없는 목소리의 마력이 더 강하다고 주장하면서 의미 없는 것을 옹호하는 내용도 있었다. 피코는 사람들의 몰이해 때문에 자신이 설계한 웅대한 체계가 잊히지 않기를 원했다. 그래서 그해의 마지막 몇 개월 동안, 토론회 전에 추기경단 앞에서 발표할 연설 준비에 몰두했다. 이 연설문은 모든 불화가 해소되고 모든 반목이 해결되는 화합에 대한 그의 전망을 담은 선언문이었다. 그는 화합을 이루려면 기존의 모든 지식을 이해할 뿐만 아니라, 그보다 한 걸음 더 나아가야 한다고 주장했다. 그러면서 이렇게 결심했다. 어떤 신조에도 충성을 맹세하지 않고, 모든 철학자의 사상을 밑바닥까지 파헤치고, 모든 문헌을 면밀하게 조사하고, 온갖 사상에 통달하고, 나아가 이전에는 입에 담은 적도, 심지어 생각해본 적도 없는 비밀스러운 것들을 탐구하겠노라고. 피코는 지금껏 그의 행동에 자극받지 않은 소수의 사람들에게도 놀라움을 선사하는 내용으로 연설문을 끝맺었다. 그는 쥐꼬리만 한 겸손을 과시하듯 보여주다가 다시 물리며 이렇게 말했다. 이 행사의 목적은 내가 아는 것이 많다는 것을 보여주려 함이 아니다. 그보다는 다른 사람들이 모르는 것을 내가 안다는 것을 알려주려 함이다.3

피코가 로마에 입성하기까지 사건 사고가 없었던 것은 아니다. 하마터면 그의 진로가 중단될 뻔한 때도 많았다. 우선 그는 간발의 차로 페루자에서 페스트를 면했다. 그에 앞서서는 잠시 옥살이도 했다. 메디치 가문 출신의 아레초 영주의 아내가 남편을 버리고 피코와 함께 떠나면서 그에게 납치 죄가 씌워졌기 때문이다. 프라타에서는 어쩔 수 없이 자신의 멘토를 남겨두고 떠나야만 했다. 피코가 몇 달간 푹 빠져 지냈던 그 멘토는 자칭 플라비우스 미트리다테스라고 하는 시칠리아 출신의 수수께끼같은 유대인으로, 피코는 그의 지도하에 히브리어와 아랍어, 심지어 칼데아어까지 열심히 공부한 터였다. 많은 이가 잃어버린 언어라고 생각했던 고대어인 칼데아어는 가늠할 수 없는 힘을 지닌 지식을 얻는 매개체로 여겨졌다. 사실 미트리다테스는 5년 전 성 금요일 미사에서 여러 언어로 강론하며 이미 로마 사회를 매료시킨 인물이었다. 당시 그 자리에 참석했던 사람들은 이 언어들을 알아듣지는 못해도 그의 어마어마한 웅변력은 확인할 수 있었다. 전해지는 말로는 교황과 추기경들이 그를 소리 높여 칭송한 소리가 하늘에 닿을 정도였다고 한다. 그러나 얼마 지나지 않아서 미트리다테스는 로마에서 추방되었다. 어떤 상황이었는지는 불분명하지만, 다시는 로마로 돌아오지 못하게 귀환까지 금지당했다. 하지만 그가 돌아왔더라도 스페인에서 로마로 대거 유입된 마라노Marrano 사이에서 그를 적발하기란 쉽지 않았을 것이다(마라노는 그리스도교로 개종한 유대인들을 말하는데, 이들은 로마로 건너와 로마 사회에 꼭 필요한 존재가 되었다). 미트리다테스 외에도, 로마에서 피코 곁에 남은 동료들 역시 수상쩍기는 마찬가지였다. 피코는 로마 지성계를 주도하던 폼포니우스 레토라는 사람과 친밀하게 지냈다. 레토는 고대 로마와 그리스의 영광을 재현하기 위해서 아카데미아를 설립한 인물이었지만, 그와 동료들이 지하무덤에서 술판을 벌이며 이교도 의식을 행하고 교황을 타도할 모의를 한 혐의를 받으면서 의혹의 중심에 섰다. 레토 본인은 무죄를 인정받았지만, 그 무리 가운데 피코가 알던 나머지 사람들은 폴란드까지 달아나

야 했고, 심지어 그곳에서도 로마 당국의 추격에 시달렸다.4

한편, 피코의 진로를 바꾸려던 사람들도 있었다. 그들은 피코에게 그의 철학 작업을 포기하고 그 대신 주요 인사로 활동하는 삶을 시작하라고 간청했다. 어쨌든 그는 이탈리아 최대 부호 중 한 명으로서 주요 인사의 역할을 할 자격이 있었고, 나아가 그런 특별한 기대를 한 몸에 받을 만한 인물이었다. 피코는 로마로 향하는 몇 달 동안 이러한 요청에 답했다. 자신에게는 관조적 삶이 더 어울린다면서 이 모든 경고에 귀 기울이기를 단호히 거부한 것이다. 하지만 자신의 과업에 위험이 따른다는 사실은 인정했다. 관조가 곧 은둔을 의미하는 것은 아니었다. 그는 계속해서 로마로 향하면서 10월에 한 친구에게 보낸 편지에 이렇게 썼다. **자네의 피코가 성취한 모든 것이 메아리가 되어 로마에서부터 울려 퍼져 자네의 귀에까지 전달될 걸세.** 또다른 편지에서는 자신이 정한 논제의 개수인 900이라는 숫자가 토론회 날에 로마에서 그가 불러일으키려고 하는 시적 광란을 완벽히 상징한다고 주장했다.5

피코의 논제를 이해할 수 있었던 사람들은 이런 계획이 군중을 잘못된 방향으로 인도하거나 주장을 부풀려서 감탄을 끌어내려는 일개 쇼맨십이 아님을 알았다. 피코는 이 행사의 개막을 알리기 위해서 준비한 『연설문*Oratio de hominis dignitate*』에서 유럽의 사상을 이루는 양대 산맥을 통합하겠다고 선언하면서 아리스토텔레스 세계관의 정밀성과 플라톤 철학의 무한한 화장성을 화해시키는 방법을 보여주었다. 사실, 이런 시도는 처음이 아니었다. 그러나 지금껏 그 누구도 성공하지 못했다. 그의 시도가 성공한다면, 로마 길바닥에서 벌어지는 싸움보다 훨씬 오래되었을 뿐만 아니라 그에 못지않게 악랄한 전투에 종지부를 찍게 될 터였다. 그런데 이는 시작에 불과했다. 주의 공현 대축일에 모임을 열기로 택일한 것 자체가 그의 사상이 뻗어 나갈 다음 방향을 알려주었다. 이 축일은 동방 박사들이 무릎을 꿇고 아기 예수에게 경배함으로써 이국의 모든 지식을 최고로 높은 하느님의 진리 앞에 복종시켰음을 기념하는 날이다. 그런데 피코는 하필 바로 그런 날에, 심지어 유대인들의 가장 비밀스러운 문헌에서 증거를 찾아 제시할 작정이었다. 이런 방법으로 신앙심 없는 자들의 반박을 영원히 잠재울 심산이었다.[6]

그렇다고 그가 그리스도교의 가르침 외에는 전부 배척하려고 했다는 말은 아니다. 오히려 그 반대였다. 그가 제시한 체계는 보편적이었다. 그는 이 체계에 온 세상의 모든 지식을 쓸어 담아 그의 의도에 따라서 하나로 묶으려고 했다. 산산조각이 된 수많은 거울 조각을 모아 붙이듯, 모든 지식을 하나로 모아 최초로 그 완전체를 들여다보고자 했다. 심지어 그는 그리스도교 지식의 우월성을 주장하는 것도 포기하면서, 고대 그리스와 아랍의 철학을 배제해서는 안 된다고 말했다. 모든 지혜는 야만인들로부터 그리스인들에게로, 다시 그리스인들에게서 우리에게로 전해졌기 때문이었다. 이런 태도는 그의 『연설문』 첫머리에 뚜렷이 드러났다. 여기에서 그는 어느 이슬람 철학자의 말을 아랍어로 인용하면서 모든 지혜의 열쇠는 라줄ﺭﺟﻞ, 즉 사람에게 있다고 주장했다. 그런 다음, 그의 롤모델 미트리다테스가 그랬듯이, 한발 더 나아가 그가 칼데아 문헌이라고 알고 있던 글에서 한 구절을 더 인용했다.

ⴼⵕⵎⵡ ⵓ ⵃⵉ ⵎⵟⵒⵒⵄ ⵎⵇⵯⵜⵄⵡ ⵯⵏⵣⴷⵇ ⵎⵯⵎⵃⵄⵡⵜ ⵈⵕⵎⵀ ⵃ ⵡⵒⵃ

피코는 이 말이 무슨 의미인지 모르는 사람들을 위해서 명확한 설명을 덧붙였다. 가능한 모든 지식을 내부로부터 끌어내리려면, 사람은 항상 변하는 다중적이고 불안정한 본성을 지닌 생명체임을 먼저 인식하는 것이 핵심이라고 말이다. 그에 따르면, 사람은 본디 창조의 중재자, 천상 존재들과 친밀한 동시에 지상 존재들을 지배하는 자, 정적인 영원성과 흐르는 시간 사이의 간이역이 되기 위해서 태어난 존재였다.7

바로 여기에서부터 피코의 연설은 단순히 놀라운 것에서 벗어나 완전히 이상한 쪽으로 방향을 틀기 시작한다. 그는 자기가 가르쳐주는 방법대로 하면 육신의 물리적 찌꺼기를 버릴 수 있다고 약속한다. 심지어 이성의 정묘함을 능가하여 천사와 같이 인간의 몸이라는 옷만 걸친 초월적 존재가 될 수 있다고도 한다. 그가 말한 방법이란 다름 아닌 망각 속에 사라진 고대의 한 의례를 되살리는 것이었다. 육신의 고독이라는 광야에서 살던 사람들이 현세를 초월하여 지금 여기에서 영원을 경험하게 인도해주는 의례였다. 그 누가 플라톤이 노래하는 이런 소크라테스의 광란 상태, 즉 정신을 놓게 만드는 황홀한 상태를 열망하지 않겠는가? 광란에 빠진 뮤즈들이 우리 영혼의 귓속으로 천상의 화음을 쏟아내며 불러일으키는 황홀경을 말이다. 피코는 이 길이 우리를 천사보다 더 높은 곳으로, 심지어 신의 위치로까지 인도할 수 있다고 약속한다. 그의 예언에 따르면, 우리는 이루 말할 수 없는 욕망에 휩싸여 황홀경에 빠져 불타는 세라핌처럼 우리 육체를 초월하게 된다. 그리하여 신성함으로 충만해져서 더는 우리 자신으로 존재하는 것이 아니라 그분, 즉 우리를 만든 일자—者(또는 '하나'/역주)가 된다.8

이와 같은 피코의 말은 지금의 우리 귀에는 그저 황당한 속임수이자 무의미한 주술처럼 들릴 수 있다. 그러나 당시의 청중 대부분에게는 어디까지나 친숙한 발상이었다. 물론, 연설의 많은 부분과 그 안에 담긴 논제들이 청중을 불편하게 한 것은 분명하다. 그들이 아는 거의 모든—그리고 아직 접하지 못한 무수히 더 많은—사상적 전통의 중심에는 한 가지 생각이 자리 잡고 있었다. 특정한 환경이 조성되면 인간은 물리적 육신의 경계와 약점을 초월할 수 있으며, 이를 성취하는 것이야말로 열망해야 할 최고의 일이라는 생각이었다. 그러나 피코는 달랐다. 그가 접할 수 있었던 고대와 중세의 광범위한 사상을 통틀어보니, 이런 일이 왜 일어나는지, 어느 정도로까지 일어날 수 있는지, 어떻게 활용되어야 하는지, 또는 그 의미가 무엇인지에 대해서 일치된 의견이 거의 없었다. 하지만 그러면서도 그는 널리 퍼진 수많은 사고방식 사이에 예사롭지 않은 동질성이 존재한다는 것도 깨달았다. 워낙 비슷해서 누구든지 이들 모두가 하나의 퍼즐을 이루는 낱낱의 조각이라고 쉽게 결론지을 수 있을 정도였다. 이러한 연결 관계들에는 대부분 공통적인 중심 사상이 있었다. 모든 존재는 근본적으로 하나라는 것이다. 또한, 우리가 만나는 많은 사물과 존재의 위아래에는 한 단계가 있는데, 이 단계에서 이들은 모두 같은 구조 안에 속한다는 것이었다. 따라서 우리가 이 심오한 구조에 다다를 수만 있으면, 제한된 우리 자아의 좌절과 한계를 극복할 수 있었다.

사람들은 수많은 방식으로 이런 결론에 도달했지만, 기묘하게도 그 과정에 계속해서 등장하는 것들이 있었다. 가령 이 숨겨진 현실로 넘어가는 관문으로 여겨지는 황홀경이나 육체이탈 상태가 그러했다. 이러한 경험들은 우리의 일상어 속에 화석처럼 남아 있다. 물론 예전의 의미와 힘은 대부분 사라졌지만, 여전히 우리 가운데 살아 숨 쉰다. 가령 **깜짝 놀라다, 넋이 나가다, 도취되다, 감탄하다, 마음을 빼앗기다, 매료되다, 황홀해지다,**

멍해지다, 무아지경이다, 이성을 잃다, 심지어 **놀라다** 같은 표현들은 오늘날에 자연스럽게 들린다. 하지만 그 안에는 무서우면서도 동시에 초월적인 경험에 대한 문화적 기억이 각인되어 있다. 통제력을 완전히 잃고, 돌처럼 굳어버린 채, 말문을 잃고, 육체이탈을 체험했던 기억 말이다. 이 같은 목록에 비교적 최근에 추가된 몇몇 표현들은 급속히 상투적 표현이 되어가고 있지만, 원래의 흔적을 여전히 간직하고 있다. 알다시피, 최면에 걸리듯 무엇인가에 **홀린다**는 말은 한때는 단순히 관심이 매우 많다는 것 이상을 뜻했다. **넋을 빼앗긴다**는 표현에서도 어렴풋이 같은 느낌을 느끼는 사람들이 있을 것이다. 이외에도 되풀이해서 등장한 것은 또 있다. 이 같은 황홀한 상태를 소리, 박자, 하모니, 구두 발화라는 다양한 경험과 연결한 것이다. 지금도 우리는 **마법처럼 마음을 빼앗긴다**는 표현을 사용하지만, **구호나 주문에 걸려** 그런 상태가 된다는 의미로 쓰는 경우는 거의 없다. 주문에 걸리듯 **홀린다**는 말도 대개 이제는 마법 때문이라는 뜻으로 쓰이지 않는다.9

그러나 피코와 청중에게는 이 같은 표현들이 결코 죽은 비유가 아니었다. 뮤즈들의 광란과 천상 하모니의 힘은 고도로 정교한 동시에 널리 알려진 세계관을 이루는 핵심이었다. 이 세계관은 사상이 기록되기 시작한 뒤 거의 줄곧 갈고닦인 것이었다. 물론, 기록이 등장하기 전에도 사상이 다듬어지고 있었다는 데에는 의심의 여지가 없다. 이런 전통 가운데 일부는 그 중심에 천사라는 개념이 있었다. 천사는 흔히, 연약하고 고립되고 일시적인 육체를 지닌 세속적 존재와 영원무궁하고 가장 근본적인 실존 단계 사이에 존재한다고 여겨졌다. 이때 가장 근본적인 실존 단계는 신을 말하는 것일 수도 있고 그렇지 않을 수도 있었다. 사람들이 천사에 널리 매료된 이유 중 하나는 자신들이 상승해서 도달하는 다음 단계가 천사라는 사실과 관련이 있었다. 천사야말로 지금의 모습 이상이 된 인간의 모습을 보여주는 본질이었다. 천사를 상상할 때에는 천사가 어떻게 말하고 노래하는지 상상하는 것이 핵심이었다. 천국 천사들의 합창부터 시작해서, 강생降生한 신의 생명을 처녀의 자궁 속에 잉태시키는 역할을 한 가브리엘 대천사의 수태고지에 이르기까지, 천사의 목소리는 인간의 말이 닿지 못하는 한계선에 있는 듯한 특성과 힘을 가진다고 여겨졌다. 즉, 천사의 목소리에는 합창으로 여러 목소리가 하나 되듯 많은 것을 섞어 하나로 만드는 능력이 있거나, 말하는 것만으로도 세상의 구조를 바꾸는 힘이 있다고 말이다. 예언자 이사야가 들은 바에 따르면, 천사의 노랫소리에 문지방 바닥이 뒤흔들리고 성전은 연기로 가득 찼다(「이사야」6:4). 많은 이가 천사의 말은 매우 강력하다고 믿었다. 그것은 인간의 말과 달리 생각을 표현하는 것이 아니라, 한 천사의 생각을 다른 천사가 품도록 만들 정도였다. 사람들은 이 과정에서 양측의 경계가 흐려져 여전히 두 존재가 있는지 아니면 오직 하나의 존재만 있는지 불분명해진다고 생각했다. 그러자 완전히 새로운 의문의 지평이 펼쳐졌다. 천사들이 같은 생각을 공유할 때 과연 천사가 하나 이상 있다고 말할 수 있을까? 말하는 쪽과 듣는 쪽 사이의 경계가 완전히 사라지면 과연 천사들이 서로 말한다고 볼 수 있을까? 과연 인간도 이런 기량을 습득할 수 있을까? 전설 속 시인 암피온과 오르페우스처럼 몇몇 인간은 이처럼 초자연적인 힘이 있는 말하기 재능의 소유자였던 것으로 보였다. 이들의 서정적인 목소리는 사람과 동물을 통제하는 것을 넘어 돌과 강마저 움직이게 할 만큼 저항할 수 없는 힘을 지녔다. 오르페우스의 노래는 그가 사랑했던 에

우리디케를 저승에서 구해올 뻔했을 정도이다. 피코는 자신의 작품을 읽는 독자들에게 이런 효과가 어떻게 생기는지를 속 시원히 밝히지 않고 장난스럽게 실마리만 주듯 말했다. 이 매듭을 푸는 것은 독자들의 몫으로 남긴다. 오르페우스에게서 에우리디케를 앗아간 뱀이 그에게 음악을 가르쳐준 바로 그 뱀이다. 그리고 이렇게 결론짓는다. 들을 귀 있는 자만이 이 비밀을 알게 될 것이다.[10]

이런 생각들은 구제 불능으로 낡아 보인다. 놀라운 일이 아니다. 피코의 시대 직후 태동하기 시작한 여러 문화 운동, 즉 종교개혁과 새로운 학문(잠바티스타 비코의 저서 『새로운 학문』/역주)부터 계몽주의에 이르기까지의 과정에서 사람들은 그들의 선조들이 천사에 매료되었던 것을 흔한 농담으로 삼았기 때문이다. 이런 사정은 지금도 마찬가지이다. 재미없고 무의미해 보이는 지적 시도는 여전히 천사의 성별에 대한 탐구나 바늘 끝에 얼마나 많은 천사가 올라갈 수 있느냐는 논쟁에 비유된다. 하지만 이런 발상들을 이처럼 가볍게 조롱하면 그런 의문들을 품게 만든 본질을 거의 간과하게 된다. 이런 의문들은 일상 속 관찰에서 시작해서 우리의 생각이 미칠 수 있는 최대 범위까지 확장된 것들이다. 아름다운 시나 음악을 들으면 목덜미에 소름이 돋는 이유는 무엇일까? 특정한 선율이 마음에 꽂히는 이유는 무엇일까? 강력한 말이나 노래를 들으면 때때로 거기에 끌려가는 것처럼 느껴지거나, 심지어 그렇게 말하거나 노래하는 사람이 바로 나인 것처럼 느껴지는데, 그렇다면 이것을 어떻게 이해해야 할까? 이런 것들에 골몰하면, 우리 내면에 있는 것과 외면에 있는 것 사이의 경계가 과연 이전에 생각했던 것만큼 뚜렷한지 의문이 들기 시작한다. 이런 생각의 흐름을 조금 더 이어가면, 선율을 기억하기 더 쉽게 만들고 말할 때마다 마음을 사로잡는 말을 하면 어떤 일이 벌어질지 궁금해진다. 그러면 우리는 이제 천사의 영역에 들어선 것이다. 목소리의 힘이 바위에 부딪히는 파도의 힘에 비해—자력磁力처럼—눈에는 잘 보이지 않을지언정 그에 못지않은 현실감이 있다면? 물리적인 것들이 아니라 보이지 않는 힘 차원에서 우주를 보아야 우주를 이해할 수 있다면? 그리고 개별적으로 존재하는 물리적인 것들이 이런 차원에서는 그저 환영처럼 보인다면? 바로 이런 단계와 가까운 것이 피코가 말한 **구별되지 않는 상태**undifferentiated matter이다. 훗날 사람들이 이런 질문들을 더는 고민하지 않게 된 데에는 이유가 있다. 그 이유 중 하나는 이런 사고방식이 죄부터 자유의지에 이르는 개념의 근간과 개인이라는 발상 자체를 뒤흔들면서 마음을 불편하게 만들기 때문이다. 유럽 사상계가 이처럼 유혹의 손짓을 보내는 심연을 외면한 것은 이것이 처음이 아니었다. 피코의 말년은 이런 발상들에 대한 뿌리 깊은 혐오를 조성한, 유럽 역사상 가장 극적인 순간 중 하나의 막을 올렸다.

이런 혐오감은 피코에 대한 기억에도 심대한 영향을 주었다. 마치 망각의 주문처럼 500년 동안 세상이 피코의 삶을 잊게 만든 것이다. 19세기 역사가들은 중세 암흑기의 미신을 뚫고 등장한 빛과 이성의 시대로서 '르네상스'라는 개념을 제창했다. 이들은 피코의 삶을 선별해서 그에게 이런 재탄생의 상징이라는 이름을 붙였다. 억압적인 정통 세력에 대한 인간 정신의 승전보를 알리는 전령이라는 프레임을 씌운 것이다. 폴 들라로슈의 1842년 그림 「피코 델라 미란돌라의 유년 시절」에는 천사 같은 피코와 그의 어머니 줄리아가 성모자의 속세의 모습으로 그려져 있다. 줄리아는 책을 펼쳐 보이면서 온화하게 피코의 영민함을 키우고 있고, 아기 피코는 (아기 예수처럼) 손가락으로 축복하는 대신 손가락을 입술에 댄 채 사색에 잠겨 있다. 이 그림의 메시지는 분명하다. 필멸의 운명을 지닌 인간에 의해서 신이 무대 밖으로 밀려나고 있다는 것이다. 인간의 천재성으로 천상이 드러나고 있다는 것이다. 피코가 인간의 초월적 능력을 확신했던 것은 분명하다. 하지만 이런 능력을 성취할 방법으로 그가 제안한 것들은 이 그림이 시사하는 것보다 훨씬 이상했고, 과거의 비밀스러운 지식에 훨씬 깊이 젖어 있었다. 19세기 이후 학계에서 밝혀낸 바에 따르면, 피코는 낭만주의자들이 주입한 것처럼 촉촉한 눈망울을 지닌 시적인 인물이 아니었다. 그는 당대와는 다소 거리가 먼 사람이었다. 한낱 인간의 우아함만을 옹호하는 자들에 맞서서 그 이상으로 나아가려고 했다. 존재의 토대와 실존의 본질을 이해하고, 그로부터 생기는 힘을 얻고자 했다. 피코의 사상에서 관건은 과연 우리가 인간 존재를 넘어선 그 이상의 무엇인가가 될 수 있는지, 될 수 있다면 그것이 무엇인지, 어떻게 그렇게 될 수 있는지였다. 그리고 이는 지금도 변화가 없다.[11]

피코의 격동적인 삶 가운데 로마에서 겪었던 대실패는 수많은 악재 중 하나에 불과했다. 그는 상상할 수 있는 가장 위험한 벼랑 끝의 삶을 살았다. 변함없는 결의로 어디든 가서 가장 놀라운 생각들을 발굴하고자 했고, 이를 위해서 위대한 지적 시도가 이루어지는 중심지들을 찾아갔으며, 당대의 가장 탁월한 지성인들과 어울렸다. 다양한 종교나 인종의 차이를 구별하는 일에 거의 관심을 두지 않았고, 자신을 지도해준 사람들에게도 좀처럼 존중을 표하지 않았다. 그에게는 단 하나의 야망만 있을 뿐이었다. 그저 **모든 것**을 이해하고, 모든 수단을 동원하고, 어떤 사상도 배제하지 않겠다는 것이었다. 이런 목표로 살았던 그의 삶은 금세 전설이 되어 이후 수 세기 동안 유럽에 큰 반향을 일으켰다. 친구가 써준 피코의 비문碑文에 따르면, 그는 포르투갈에서부터 인도까지만 유명한 것이 아니라, 아직 발견되지 않은 지구 반대편에서도 유명했던 것이 틀림없다. 피코의 삶이라는 어마어마한 번개가 쳤는데 지구 전체에 천둥이 울리지 않았을 리가 없기 때문이다. 그렇다고 피코의 생각이 거쳐 간 모든 미로를 이 책이 다 쫓을 수는 없다. 대신 이 책은 그의 인생을 관통하는 특정한 길 하나를 따라간다. 피코가 보기에 이 길은 시간이라는 안개 속에서 기원한 것이 분명했다. 여기에는 실존의 본질을 근본적으로 바꿀 잠재력도 있었다. 전에도 무수히 물은 적 있으나 결코 온전한 답을 얻지 못했던 질문들을 던지는 것이 그 잠재력을 일깨울 방법이었다. 이 길은 피코가 태어나기 전부터 그의 운명으로 점지되었던 것처럼 보인다. 이런 탐색의 모험을 추적하는 일은 피코와 동료들을 따라서 사상계 탐험에 나선다는 것을 의미한다. 이를 위해서 우리는 과거로 깊이 들어가기도 하고 위로는 천상으로 올라가기도 한다. 그들이 사용하는 용어들은 처음에는 낯설겠지만, 그들이 묘사하는 경험들은 놀랍게도 친숙할 것이다. 피코는 그날 로마에서 청중에게 어마어마한 힘의 비밀을 알려주기로 약속했다. 바로 천사 무리에 합류하는 기법, 즉 명백한 자연의 법칙을 적용받지 않는 방법을 알려주겠다고 한 것이다. 또한 이렇듯 군중을 하나 되게 하는 방법뿐만 아니라, 신이 온 세상으로 퍼뜨린 힘을 어둠에서부터 빛으로 끌어내는 방법도 전달하겠다고 했다. 그의 말이 과연 무엇을 뜻하는지 이해하려면, 우리도 그가 시작했던 지점에서부터 그의 뒤를 따라야 한다. 그가 멈추었던 순간은 연설을 마무리하고 토론으로 넘어가면서 이렇게 말했을 때뿐이다. 자, 악수하고 싸움을 시작합시다.[12]

# 2

# 불의 고리

전해지는 바에 따르면, 피코가 태어나기 직전에 그의 어머니 줄리아의 침실 위에 한 가지 징표가 나타났다고 한다. 둥근 원 모양의 불꽃이 그 위를 잠시 맴돌다가 순식간에 사라졌다는 것이다. 이 이야기는 피코의 조카 잔프란체스코가 쓴 피코의 전기에 처음 등장한다. 이 전기는 피코 사후 얼마 지나지 않아 유럽 대륙 전역에서 출간되었고 토머스 모어에 의해서 영어로 번역되었다. 피코의 열성 지지자였던 그의 조카는 이런 징조와 그 의미를 전혀 의심하지 않았다. 둥근 원은 무한한 대칭을 이루면서 어디든 똑같이 하나의 선으로 이루어진 완벽한 형상이었다. 당대의 가장 위대한 마법서 『피카트릭스*Picatrix*』에서도 원을 가리켜 모든 형상 가운데 으뜸이라고 했다. 피코는 한술 더 떠서 원을 가리켜 최초의 완벽함으로 회귀하는 천사의 마음에 비유했다. 그러면서 옛날 철학자들은 심지어 신을 원이라는 이름으로 불렀다고 지적한다. 다른 한편으로, 불은 완벽한 요소이자 천상을 향해 올라가기 가장 쉬운 요소였다. 불은 태울 연료만 있다면 무한히 커지고 토대, 즉 지상의 것들을 무형의 빛으로 바꾼다. 철학자 플로티노스에 따르면, 불은 모든 물체 가운데 가장 눈부시며, 무형의 것에 매우 가깝기 때문에 가장 미묘하면서도 생생한 존재이다. 다른 무엇도 받아들이지 않는 것은 오직 불뿐이며, 불은 나머지 모두를 뚫고 들어간다. 사도들에게 성령이 강림하여 기적과 같은 언변 능력을 주었을 때, 성령은 불꽃의 형상으로 내려왔다. 그러므로 피코의 어머니의 침실 위에 원형 불꽃이 나타났다는 이야기는 잔프란치스코에게 명징한 메시지로 다가왔다. 삼촌의 지력이 원처럼 완벽했으며, 그의 명성이 지구 전역에 자자했고, 그의 사상이 불처럼 계속 위로 상승했으며, 불꽃 같은 그의 웅변력은 신의 불길과 닮았음이 분명해 보였다. 반면, 자신의 막내아이의 머리가 세상 밖으로 나올 때 불타는 듯한 출산의 고통으로 녹초가 된 어머니 줄리아는 그 불타는 원을 어떻게 해석했을까? 알 수 없다. 아마도 역사는 그녀의 해석을 기록하는 것은 적절하지 않다고 판단한 듯하다.[1]

이렇듯 피코의 조카는 피코의 생이 시작되는 순간에 미래의 영광을 예언하는 비범한 징조가 나타났다고 기록했다. 이는 소수의 위인은 처음부터 정해진 길을 따라 산다고 보는 기존의 전통을 따른 것이다. 예를 들면 헤라클레스는 장차 힘든 과업을 맡게 된다는 징후로 요람에서 뱀을 목 졸라 죽였다. 위대한 설교자이자 음악가였던 성 암브로시우스는 아기 때 입 주위로 벌 떼가 모여들었다. 그의 연설이 꿀처럼 감미롭고 유려하며 달콤할 것이라는 징조였다. 피코와 동시대를 살았던 레오나르도 다빈치의 경우, 맹금 한 마리가 그의 요람 위로 날아와 앉은 것이 장차 그가 하늘을 찌르는 천재성을 발휘하고 하늘을 나는 실험을 한다는 예고로 여겨졌다. 물론 이 모든 사례는 예수 탄생의 축소판이다. 예수의 탄생은 천사의 수태고지로 알려진 뒤, 새로운 별의 등장으로 그 소식이 전해지고, 이를 보고 멀리서 권력자와 현자들이 찾아와 그의 앞에 무릎을 꿇는다.[2]

　오직 선택된 몇 사람만이 이런 징조들이 등장하는 이야기의 주인공이 된다. 그들은 역사상 위대한 역할을 할 운명이며—인간은 몰라도 별과 천사, 맹금의 눈에는—그들의 삶이 앞으로 어떤 모습으로 빚어질지 애초부터 보인다는 뜻이다. 이런 설화들은 인간 삶에 대한 깊은 불안감에도 호소했는데, 이는 피코의 전기에서 수면 위로 드러났다. 문제는 어떻게 한 사람의 삶을 여럿이 아닌 하나로 볼 수 있냐는 것이었다. 플라톤의 대화편에 등장하는 한 인물이 표현하듯, 사람은 아이에서 노인이 될 때까지 똑같은 사람으로 여겨지지만, 사실은 어떤 부분은 사라지고 어떤 부분은 유지되면서 아이와 어른은 서로 다른 것들로 구성된다. 이때 문제는 단순히 육체만이 아니다. 그 사람의 몸가짐이나 습관, 견해, 욕망, 쾌락, 고통, 두려움 가운데 그 어느 것도 변치 않고 똑같은 것은 없기 때문이다. 어떤 이들은 실험을 통해서 이 문제를 규명할 수 있다고 생각했다. 테세우스의 배라는 유명한 사고실험을 예로 들자. 사람들은 테세우스가 미노타우로스를 죽이고 미로에서 탈출할 때 타고 갔던 유명한 배를 그의 승리를 기리는 기념물로 보존한다. 그런데 시간이 지나면서 배의 부품이 노후화되면서 밧줄부터 시작해 좌판, 널빤지 등을 교체해야 하는 상황이 된다. 종국에는 원래 배의 부품이 하나도 남지 않는다. 그렇다면 이런 문제가 대두된다. 과연 지금의 배가 여전히 테세우스의 배일까? 만약 아니라면 어느 시점부터 같은 배가 아니었을까? 이번에는 원래 배의 노후화된 부품들을 보존해서 그것들로 똑같은 모양의 배를 만들어 새로 수리

한 배와 나란히 옆에 둔다고 하자. 과연 이 두 배 가운데 어느 것이 테세우스의 배일까? 사람을 대상으로도 똑같은 질문을 던질 수 있다. 머리카락과 치아, 생각, 믿음이 변할진대, 어느 쪽이 **진짜** 피코일까? 어떻게 하면 삶의 가장자리가 닳아서 주변의 소용돌이와 거의 구분할 수 없을 정도로 수많은 조각으로 분해되는 것을 막을 수 있을까? 탄생의 징조가 바로 한 가지 해법이다. 이런 징조가 시사하는 바는 특정한 천상의 시점에서 보면 새로운 삶은 처음부터 이미 항상 완전하고, 일관되며, 통합된 상태라는 것이다. 새로운 삶에 속하는 모든 것이 사전에 정해져 있으며, 전체를 다 볼 수 있는 시점에서 보면 모순적인 것들조차 다 말이 된다. 또다른 해결 방안은 전기이다. 전기는 퍼즐 조각들을 맞춰 하나의 그림을 완성하려는 작업이다. 그런데 삼촌의 삶에는 인생의 방향이 격변하는 모호한 시기들이 있었기 때문에, 피코의 조카는 받을 수 있는 도움은 전부 다 받아야 했다.3

피코의 유년기에 대한 전설에는 불의 고리만 있는 것이 아니다. 몇 년 뒤, 당대 가장 위대한 석학 가운데 한 사람이 미란돌라에 있는 피코 가문을 방문했다. 학식 있는 친구 하나가 그곳에서 가정교사로 있었기 때문이다. 그 손님에 따르면, 피코의 어머니 줄리아 보이아르도는 홀로 어린 아이들을 데리고 있었고, 점심 식사 후 여자아이들이 아장아장 걸어 나와서 라틴어 시를 낭송했다고 한다. 피코는 포대기에 싸인 채 사람들의 감탄을 받고 있었다. 한번은 피코의 유모가 이렇게 묻는 소리가 들렸다. **장차 이 아기는 무인의 길을 걸을까요, 아니면 문인의 길을 걸을까요?** 우리 귀에는 다소 과장처럼 들리지만, 그 학자는 이 말이 피코의 비범한 천재성을 예감한다고 여겼다. 얼마 지나지 않아서 다른 징후들도 잇달아 나타

낳다. 피코도 금세 시를 낭송하게 되었는데, 그의 기억력과 학습 능력이
너무도 놀라웠다. 어떤 시든 한 번만 들으면 그 시를 제대로도 거꾸로도
외울 수 있었다. 이런 주장은 다소 황당하지만, 장차 그의 관심이 신기한
방향으로 뻗어 나가는 것을 고려하면 의미심장하다. 어쨌든 어린 피코가
미란돌라를 이리저리 돌아다니면서 단테의 『신곡*Divina Commedia*』 첫 구절
을 거꾸로 낭송하는 모습을 상상하는 것은 멋진 일이다.4

Ativ artson id 'nimmac led ozzem len

Arucso avles anu rep iavortir im

교양 있는 가정의 행복한 모습을 그린 이런 장면은 피코의 범상치 않
은 어머니가 매우 어려운 환경에서 마법처럼 이루어낸 업적에 대한 헌사
이다. 예나 지금이나 미란돌라는 광활한 파다나 평원을 끊임없이 가로
지르는 바람이 휩쓸고 지나가는 인적 드문 외진 곳이다. 나지막한 적갈
색 테라코타 덩어리 같은 육중한 피코 성은 이 지역을 지배하던 군벌 피
코 가문의 권위를 잘 보여준다. 아리스토텔레스에 따르면, 집은 설계자
의 마음속 아이디어에서 시작된 후에야 나무와 돌로 형태를 갖추게 된
다. 피코 성을 낳은 것은 지배라는 아이디어였다. 물론, 세월이 흐르면서
적갈색 테라코타 건물에 몇몇 섬세한 장식이 가미되었다. 이 성의 영주
는 모두가 인정하는 이 도시의 주인일 뿐만 아니라, 도시의 미관을 아름
답게 하는 역할도 한다는 인상을 주기 위해서였다. 하지만 기벨리니 황
제파였던 피코 가문의 성에 있는 돌출 총안이나 벽돌 아치는 이런 것들
이 사실은 그 안에 사는 사람들의 권력을 강화하기 위한 전투용 성벽이

고 버팀벽이라는 사실을 여실히 드러냈다. 그들은 쐐기 모양으로 지어진 두꺼운 성벽에 난 깊은 구멍들을 통해서 사방을 내다볼 수 있었다. 도시와 주변의 전원을 가르던 빈터마저도 여흥보다는 방어를 위한 공터였다. 도시로 향하는 모든 길목에는 성벽을 부수는 어떤 병기로도 쉽게 공격하지 못하도록 편평한 면이 없게 설계된 들쭉날쭉한 요새들이 자리 잡고 있었다. 미란돌라의 영주였던 피코의 아버지는 다른 귀족의 전투를 위해서 자신의 군대를 빌려주는 일종의 용병이었다. 그는 피코가 네 살이 되던 해에 이렇게 용병으로 나가 전사했다. 그의 첫째 아들과 둘째 아들 갈레오토와 안톤마리아는 아버지의 아들들답게 그 즉시 유산을 둘러싼 격렬한 골육상잔에 돌입했고, 갈레오토는 심지어 안톤마리아를 피코 성 지하감옥에 2년간 가두기까지 했다. 어머니가 안톤마리아를 변호하자, 그는 어머니마저 가두어버렸다.5

반면, 딸들에게 라틴어를 교육했던 것만 보더라도 줄리아 보이아르도는 다른 부류의 사람이었다. 그녀는 남편이 사망한 직후, 미란돌라의 중심지를 바꾸는 계획에 돌입했다. 공공기금을 조성해서 중앙광장에 있는 팔라초 델라 라조네(사법부와 행정부, 입법부 기능을 한 시청 건물/역주)에 고급 대리석 기둥 12개가 떠받치고 커다란 창들이 나 있는 새로운 로지아(건물 내부와 연결된 개방형 테라스와 같은 공간/역주)를 지었다. 이와 함께 뛰어난 설화석고로 만든 성모 조각상을 세워서 광장을 내려다보게 했다. 그녀는 예상보다 적은 비용으로 과업이 완수되자 세금을 냈던 시민들에게 남은 돈을 돌려주기까지 했다. 워낙 세심하게 정성을 들여 기둥과 조각상을 세운 덕에, 수많은 세월 동안 전쟁과 지진이 미란돌라를 뒤흔들었어도 이들은 오늘날까지 다른 요새들보다 훌륭한 상태로 남아 있다. 이런

**MIRANDOLA - B. VERGINE DELLA PIAZZA**

sul frontone dell'Oratorio della Madonna della Porta
già sul Palazzo della Ragione dal 1468, in alabastro

모습에서 불리한 주변 환경에 맞서는 줄리아의 공손한 도전 정신을 엿볼수 있다. 눈부신 『미란돌라 성무일도서』 역시 이와 같은 시기에 나왔다. 오늘날 대영 도서관에서 보관 중인 이 기도서는 그녀의 큰아들과 박학다식한 비앙카 데스테의 혼인에 맞춰 제작한 책이다. 기도서의 권두 삽화에는 세심하게 기둥을 세워 지은 또다른 로지아를 배경으로 한 수태고지 장면이 그려져 있다. 이 책은 독서 중인 여성과 음악을 연주하는 남성과 아이의 모습을 그린 세밀화들로 가득하다. 줄리아의 조카가 페라라 궁에서 당대 가장 유명한 시인 중 한 명이 되자, 그녀는 자신의 막내아들도 집안의 다른 남자들처럼 손에 피를 묻히는 길을 가기보다는 비교적 안전한 교회에서 일하게 만들어야겠다고 결심했다. 실제로 어린 피코의 미래를 점치는 일이 가능했던 것은 그의 어머니의 일편단심을 알아채기 쉬웠기 때문이다. 그녀가 의뢰했던 설화석고 성모상은 어깨 위로 아기 예수를 들어 올리면서 점잖게 고개를 틀어 광장을 굽어보고 있다. 이 성모상의 모습처럼 줄리아 보이아르도 역시 자신의 야망을 과하게 드러내지 않는 기술이 뛰어났던 것 같다. 그녀는 피코가 열 살이 되자 사도좌 서기관에 지명되도록 행동을 취하기 시작했다. 여기에는 다 이유가 있었다. 이렇게 어린 나이에 성소를 받은 아이들이 영혼을 치유할 수 있다고 믿었기 때문이 아니라, 이 직책이 서양 그리스도교 공동체의 유력 집단인 추기경단으로 직행하는 대기실과 같다고 여겨졌기 때문이다. 당시 이탈리아 귀족 가문에서는 작은아들이 성인이 되기 전에 추기경으로 임명되는 경우가 많았다. 그후 얼마 지나지 않아 피코는 근처에 있는 볼로냐 대학

▲ 미란돌라 팔라초 델라 라조네에 세우기 위해서 줄리아 보이아르도의 의뢰로 제작된 성모자상.

교로 보내졌고 그곳에서 교회법을 공부했다. 기록에 따르면, 그는 열다섯 살이 될 때까지 모든 교황령을 통달하고 이를 모아서 자기만의 요약서를 만들었다고 한다.[6]

앞서 언급했던 유모의 예언에 관한 일화는 이런 계획에 완벽하게 맞는다. 그런데 이 일화를 소개한 피코의 미간행 편지에는 재미있는 구석이 있다. 유모가 나머지 다른 사람들처럼 아기 피코에게 라틴어로 말하고 있었는지 아닌지가 불분명하다는 것이다. 그 당시의 영유아기에 대한 인식을 감안하면, 이는 사소한 문제가 아니었다. 철학자들뿐만 아니라 까막눈인 사람들도 유모가 자신이 돌보는 아이에게 미치는 영향이 지대하다고 여겼다. 심지어 플라톤은 유모가 아기를 흔들며 흥얼거리는 행위에 최면 효과가 있다며, 이를 무아경에 빠진 광신도들의 광적인 의례와 비교하기까지 했다. 노래의 박자와 움직임을 통해서 아기도 광신도도 통제 아래 놓이게 된다는 것이다. 마치 교주처럼 유모도 의미가 없거나 있어도 분명하지 않은 신비한 노래로, 장난에서 시작해서 뜻을 이해할 수 없게 된 노래로 종종 아기의 넋을 빼놓는다고 간주되었다(아기를 달랠 때 부르는 자장가를 이탈리아어로는 닌나 난나ninna nanna라고 하는데, 이 단어 자체도 아무 의미 없는 말이다). 그러나 유모의 영향력은 여기에서 그치지 않는다. 한 사람의 언어 습관 역시 영유아기의 상호작용으로 확립된다고 여겨졌기 때문이다. 단테는 세상의 모든 언어를 두 가지 부류로 구분한 언어 체계를 세웠다. 라틴어나 그리스어 같은 **문법적 언어**와 속어로 나눈 것이다. 문법적 언어는 어겨서는 안 되는 규칙에 따라서 사용해야 하고 오랜 시간 힘들게 공부해야만 숙달할 수 있다. 반면 속어는 끊임없이 변화하며, 민족에 따라서 다양할 뿐만 아니라 지역에 따라, 심지어 도시와 도시 사이에서도 다르다. (단테가 표현했듯이) 속어는 **딱히 공부하지 않고 유모를 흉내 내기만 해도** 습득된다. 하지만 만약 태어나자마자 문법적 언어에 푹 빠져 라틴어가 모국어가 된다면? 그렇다면 거의 시간 여행자라도 된 듯 고대 세계와 그 사고방식에 직관적인 친밀감을 느끼게 되지 않을까? 훗날 피코의 경쟁자가 된 사람 중 한 명은 아기의 언어 습관을 처음부터 정하려고 라틴어 자장가를 작곡하기도 했다. 더욱이 미란돌라의 아이들은 라틴어로 말한 덕분에 페라라 현지인들처럼 말이 너무 많은 사람이 되지 않았다. 특히 단테는 페라라인들이 쓰던 이탈리아 방언에 유독 치를 떨었다. 이들은 세련되지 않은 수다쟁이인 롬바르디아 사람들처럼 퉁명하게 말했다. 단테는 바로 이런 이유로 페라라나 모데나, 레조에서는 시인이 나지 않는다고 지적했다.7

모방을 통해서 말을 배우는 것은 인간만이 아니었다. 새들에게도 고유의 언어가 있다고 여겨졌다. 이런 새들의 언어는 나중에 피코의 이야기의 중심이 된다. 많은 사람이 새들의 언어가 사람의 말보다 더 강력하다고 믿었다. 또한, 새들은 천상을 가로질러 플라톤이 말한 **광대한 아이테르**(제5원소/역주)의 신성한 예술을 지상으로 전달하는, 천국과 연결된 존재라고 여겨졌다. 피코가 좋아했던 연애 시인 귀도 카발칸티는 땅거미가 지거나 동이 틀 무렵 새들이 '각자 고유의 라틴어로ciascun in su latino' 노래하는 소리를 들을 수 있다고 했다. 새들의 언어가 문법적 언어인지 아니면 속어인지, 규칙이 있는지 아니면 그저 부리에서 부리로 구전되면서 시간과 장소에 따라서 다른지는 명확하지 않았다. 중세 작곡가들은 종종 새소리를 자신의 곡에 사용했다. 하나의 단어를 계속 반복해서 새벽에 지저귀는 새들의 합창처럼 들리게 한 것이다. 피코가 어렸을 때 그의 고향으로부터 약간 북쪽 지역에서 새 축제Sagra dei Osei가 열렸다는 최초의 기록이 남아 있다. 이 축제는 새소리를 흉내 내는 사람들이 모여서 기량을 뽐내는 자리였다. 미란돌라에서 멀리 남쪽에 위치한 아시시에서는 성 프란체스코가 새들에게 말을 했다고 전해진다. 심지어 매미들도 그의 설교에 몰입했다는 것으로 보아 그의 설교에 힘이 있었음을 알 수 있다. 이처럼 새들의 언어에 매료된 것은 이탈리아인들만이 아니었다. 코란에서는 솔로몬에게 주어진 마법의 힘 가운데 하나로 새들의 언어인 만틱 알타이르mantik al-tayr를 구사하는 능력을 언급한다. 북유럽 신화에 등장하는 영웅 시구르드 역시 황금을 지키는 용 파브니르의 심장에서 흘러나온 피를 마시고는 새들이 하는 말을 알아듣는 능력을 얻는다.[8]

이렇듯 새소리에 매력을 느끼는 것은 일반적인 일이었지만, 피코는 유독 특정 새와 특별하게 묶여 있었다. 그는 미란돌라 주변의 들판과 잡나무 숲에서 만날 수 있는 이 새를 아마 잘 알았을 것이다. 그 주인공은 바로 딱따구리의 일종인 개미잡이새로, 이탈리아어 명칭이 피코 토촐로pico tocciolo라는 점에서 피코 가문과 연결된 새였다. 피코와 친한 친구들은 종종 장난으로 이 연결고리를 언급하기도 했다고 한다(피코는 유럽에 서식하는 조류 가운데 위대한 연사로 꼽히는 까치와도 연분이 있었다. 라틴어로 까치를 피카Pica라고 부르기 때문이다). 철새인 개미잡이새는 이주 도중 봄마다 미란돌라를 찾았던 것 같다. 그런데 이 새는 결코 평범한 새가 아니다. 묘하게도 똬리를 트는 뱀의 모습을 흉내 내며 목을 길게 뻗이 비트는가 하면, 몸을 피하면서 신기한 울음소리도 낸다. 그리스어로 이 새를 잉크스Iynges(그리스 신화에 등장하는, 사랑의 묘약을 만든 마법사 요정/역주)라고 부르는 데에서 볼 수 있듯이, 고대 세계에서는 이 새소리에 마법의

36

안드레아 알차티, 『엠블레마타*Emblemata*』의 개미잡이새 목판화.

힘이 있다고 널리 믿었다. 우리가 어린 시절에 즐겼던 게임 이름으로 친숙한 **징크스**라는 단어도 여기에서 파생된 것이다. 이 새와 그 울음소리에는 상대방에게 막강한 영향력을 미치는 힘이 있다고 여겨졌다. 신화에 따르면, 아프로디테는 이아손에게 개미잡이새를 물레에 붙이는 방법을 가르쳐주어, 그가 **강력한 설득의 힘으로 메데이아의 마음을 불타오르게** 만들어 그녀를 사로잡을 수 있게 했다고 한다. 마찬가지로, 칼데아의 마법사들은 바람난 연인의 마음을 되돌리는 방법으로 바로 이 기법을 권했다고 한다. 이처럼 개미잡이새는 조류계에서 가장 막강한 매력을 지닌 새 가운데 하나이자, (천사처럼) 듣는 이의 마음을 잠재워 그의 의지를 꺾고 다른 사람의 의도대로 움직이게 할 수 있는 날개 달린 생명체였다. 그리

고 이런 새와 얽힌 또다른 운명의 장난의 주인공이 바로 피코였다.9

오늘날 우리에게 전해지는 피코의 유년기 이야기는 일시적이고 단편적인 데다가 나중에 기록된 것들이다. 그러니 장차 벌어질 일을 이미 알고 있는 사람들이 보기에는 초창기의 이런 징조들마저 의미심장했을 것이다. 어린 시절 이래로 피코의 주변에는 마치 불나방이 모여들 듯 온갖 전설이 모여들었다. 그래서 전해진 이야기만으로 그의 인생을 파악한 경우가 많았다. 이런 이야기들 속에서 그는 다른 사람들에게 세상이 돌아가는 방식을 알려주는 신비한 존재로 그려졌다. 피코가 비범한 삶을 살 운명이었다는 데에는 이견이 없었다. 다만, 많은 이상한 일들—새소리, 오랫동안 잠들어 있던 거의 알아들을 수 없는 언어의 마법, 사람은 실제로 하나일까, 아니면 많은 것이 연속되거나 심지어 동시에 존재하는 것일까 등의 의문들—이 어떤 식으로 그의 삶을 이루게 되었는지는 아직 밝혀지지 않았다. 하지만 어떤 경우든, 피코의 삶은 그의 어머니가 바랐던 것과 같이 조용하고 점잖은 성직자의 삶은 아니었다. 피코의 어머니는 그가 열다섯 살에 볼로냐에서 뛰어난 기억력을 발휘하고 있을 때 세상을 떠났다. 어머니의 기대에 부응해야 할 필요가 없어지자, 피코는 이내 교회법 공부를 때려치우고 페라라로 가서 철학에 집중했다.

이 대목에서 피코의 출생과 관련된 중요한 징후를 하나 더 언급하지 않을 수 없다. 마르실리오 피치노는 메디치 가문의 후원을 받아 훗날 르네상스로 일컬어지는 운동을 이끈 현자로 누구나 손에 꼽는 인물이다. 이런 그가 운명이라고 여겼던 사건이 있다. 그는 소수만이 아는 그리스어로 된 플라톤의 작품을 널리 사용되는 라틴어로 번역하는 선구적인 작업을 하고 있었다. 그런데 이 작업을 완료한 당일, 바로 그 시간에 피코가 피렌체에 입성한 것이다. 더군다나 그가 이 대대적인 작업을 시작한 것이 21년 전의 일이었는데, 공교롭게도 그때는 정확히 피코가 출생한 해였다. 이러한 날짜의 배열에 부여하는 의미가 무엇이든, 플라톤이 피코의 인생의 중심이었다는 데에는 의심의 여지가 거의 없었다. 어떤 의미에서 보면, 플라톤이 물꼬를 튼 사상의 흐름을 거의 2,000년 후 피코가 성공적으로 마무리하겠다고 마음먹고 나선 셈이었다.[10]

# 3

# 가볍고 날개 달린 성스러운 존재

어느 날 아테네 외곽을 거닐던 소크라테스는 우연히 그의 친구 파이드로스를 만난다. 가만히 보니 그는 어떤 생각에 푹 빠져서 누군가와 생각을 나누고 싶어하는 눈치이다. 두 사람은 일리소스 강둑을 따라서 함께 도시 밖으로 나가기로 한다. 두 사람 모두 맨발로 시원하게 물속을 걸으며, 입이 간질간질한 파이드로스가 이야기보따리를 풀기 좋은 한적한 장소를 물색한다. 바로 이 두 사람이 나누는 대화가 플라톤의 대화편 가운데 가장 시적인 작품으로 꼽히는 『파이드로스*Phaedros*』의 주제이다. 산책을 이어가던 두 사람은 플라타너스 한 그루를 발견하고는 그 그늘 아래 눕는다. 소크라테스는 이 나무의 꽃이 만개해서 그 향기가 온통 퍼져 있다는 데에 주목한다. 그런데 경계선이 명확히 보이지는 않아도 왜 그런지 양지와 음지의 사정이 다르다. 두 사람은 계속 강물에 발을 담근 채로 있다. 그들의 머리 뒤로는 강의 비탈면이 있어서 마치 일부러 머리를 뉜 것처럼 보인다. 소크라테스는 정신을 몽롱하게 만드는 아테네의 여름 열기와 함께 등장한 나른하면서도 귀를 뚫는 듯한 날카로운 매미들의 합창 소리에도 주목한다.[1]

파이드로스는 연설에 미쳐 있었다. 아테네 전체가 그러했다. 소크라테스와 마주쳤을 때, 파이드로스는 그날 아침 이름난 웅변가 리시아스의 연설을 듣고 속으로 이 연설을 연습하던 중이었다. 파이드로스는 리시아스의 연설에 너무도 매료되어 그에게 계속해서 연설을 반복해달라고 했다. 그래도 여전히 만족하지 못한 그는 아예 연설문을 얻어서 절정 부분을 속으로 낭송했다. 그런 다음, 혼자 길을 나서서 연습하면서 마치 강바닥으로 흐르는 물처럼 문장 하나하나를 마음속에 새겼다. 리시아스는 청중에 알맞게 말을 엮어 표현할 줄 아는 연설의 달인이지만, 그에 필적하는 사람은 또 있었다. 소크라테스는 시인 리킴니오스와 철학자 트라시마코스를 언급하면서, 이들이 **강력한 마법으로 청중 전체를 열정의 도가니에 빠뜨렸다가 다시 꺼낼 줄 안다**고 말한다. 철학자 소크라테스는 자신도 **담론이 좋아서 죽을 지경**이라고 하면서 순순히 동조하는 척한다. 마치 열매 달린 나뭇가지에 낚인 동물처럼, (소크라테스의 표현을 빌리자면) **무아지경의 춤을 함께 추는 열렬한 파트너**처럼 파이드로스의 낭송을 듣겠다고 약속하는 것이다.[2]

그러나 사실 소크라테스는 걱정스러웠다. 여름에 행해지는 부포니아 의식에서는 성스러운 아크로폴리스 언덕에 곡식을 쌓아두고 황소들을 풀어놓는데, 이때 가장 먼저 곡식을 먹으려고 하는 소가 희생 제물이 되기 때문이다. 그는 파이드로스에게 매미 이야기를 들려준다. 매미는 한때 뮤즈가 존재하기 전에 인간이었다. 그런데 뮤즈가 세상에 오면서 처음으로 노래를 가져오자, 사람들은 노래의 절묘한 황홀함에 완전히 취하고 말았다. 먹고 마시는 것을 잊을 정도로 노래에 빠진 그들은 잠시도 멈추지 않은 채 노래를 부르다가 그만 목숨을 잃었다. 음악의 아름다움을 위해서 목숨을 바친 이들의 순교 정신을 기리기 위해, 뮤즈는 이 순교자들에게 선물을 주었다. 이들을—먹고 마실 필요 없이, 세상에 나오는 순간부터 죽는 순간까지 노래를 계속하는—매미로 다시 태어나게 한 것이다. 이들은 생을 다한 후 천상으로 돌아가서는 지상에서 누가 뮤즈에게 경의를 표했는지 보고한다. 소크라테스는 아테네에 있는 모든 나무에는 음악적이고 운율적인 말이 지닌 압도적인 힘, 우리 자신과 자신의 이익을 망각하게 만드는 말의 힘을 상기시키는 것이 있다고 한다. 이렇듯 매미는 연설에 대한 혐오의 상징일 뿐만 아니라, 그 자체가 최면성 소음을 발생시키는 장본인이자 우리 인간에 대한 지배력을 확장하고 싶어하는 질투 많은 신들의 첩자이다.3

플라톤의 작품들 중 소크라테스가 이 문제를 언급한 것은 이번만이 아니다. 음유 시인 이온과의 대화에서도 그는 몇몇 연사들—시인뿐만 아니라, 축제에서 시를 낭송하고 부연하는 신기한 집단인 음유 시인—이 청중을 상대로 어떻게 이런 최면을 거는 듯한 효과를 발휘하는지 끝까지 파헤치려고 한다. 이온은 특히 호메로스 전문가였는데, 호메로스의 작품들은 그 자체가 청중을 장악하는 능력이 독보적인 것 같았다. 하지만 시의 본질적인 내용이 청중을 사로잡았을 리는 없다. 호메로스의 시에 등장하는 전쟁이나 부상, 마차 경주에 관해서는 일개 시인보다 장군이나 의사, 마부가 훨씬 잘 이야기할 수 있을 테니 말이다. 따라서 내용보다는 말하는 방식이 관건임이 틀림없었다. 그런데 말하는 방식은 온전히 연사의 통제 아래 놓여 있지 않았다. (소크라테스가 지적했듯이) 이는 반짝 스타나 후속작 없는 시인이 쓴 위대한 서정시를 보면 분명해졌다. 이런 경우, 연사에게는 즉흥적으로 힘이 생겼다가 없어졌다. 마치 연사에게는 신만큼의 힘이 없다는 사실을 신들이 직접 보여주는 것 같았다. 소크라테스의 말처럼, 만약 시인이 가볍고 날개 달린 성스러운 존재라면, 그 또는 그녀는 전적으로 자신의 통제 아래 놓여 있지는 않은 존재이기도 했다.

소크라테스는 이온에게 이렇게 말한다. 당신들을 움직이게 하는 것은 신의 힘이다. 이 힘은 자석이 지닌 힘과도 같다. 에우리피데스가 자석이라고 부르는 이 돌을 가리켜 사람들은 대부분 '헤라클레스의 돌'이라고 한다. 이 돌은 쇠반지를 끌어당기기만 하는 것이 아니라, 쇠반지에도 똑같은 힘, 즉 다른 반지들을 끌어당기는 힘을 준다. 그러면 쇠반지와 쇳조각 여러 개가 매달려 때로 긴 사슬을 이룬다. 이때 이들이 지니게 된 힘은 모두 그 돌에 달려 있다. 이와 마찬가지로, 뮤즈가 몇몇 연사들에게 영감을 주면, 이번에는 그들이 다른 사람들을 끌어당겨 영감을 준다. 파이드로스가 리시아스의 연설을 암기했던 것처럼 말이다. 이런 식으로 똑같이 열성적으로 영감을 받은 사람들이 사슬처럼 길게 연결된다.4

지금 우리가 보기에는 이상해 보일 수 있지만, 소크라테스는 상대적으로 새로운 기술 두 가지를 활용해서 말이 지닌 힘을 이해하려고 애쓰는 중이었다. 바로 자석과 사슬이었다. 그리스인들이 흔히 자석을 가리키는 이름에서 알 수 있듯, 헤라클레스의 돌은 거스를 수 없는 엄청난 힘을 지닌 물질로 여겨졌다. 특히 전혀 보이지 않게 힘을 발휘해서 쇳가루를 거의 건드리지 않고서도 끌어당기는 물질이라는 점이 충격적이었다. 고대와 중세 세계에서는 자력을 이용해서 불가사의한 것들을 만들어냈다. 가령, 아르시노에의 사원에서는 자력을 이용해서 여신상을 공중에 매달았고, 페르시아의 나흐츠반에 있는 그리스 정교회에서도 자석으로 똑같은 수를 썼다. 소크라테스 이전의 철학자 탈레스는 자석이 사물을 움직이는 방식을 보면 자석 자체에 영혼이 있음을 알 수 있다고 결론지었다. 자석에 관한 중세 시대의 권위자 페트루스 페레그리누스가 언급했듯이, 자석이 스스로의 자연스러운 욕망에 따라서 사물을 끌어당길 수 있다는 뜻이었다. 자석이 작동되면 그다음 차례로 쇳가루가 열정을 경험한다. 다시 말해, 작용을 받은 상태가 된다. 이렇게 되면 자석은 원거리 작용에 대한 반박할 수 없는 증거가 된다. 즉, 이 세상에는 물리적 접촉이나 공기의 이동 없이 완력이 아닌 다른 수단으로 서로에게 작동할 수 있는 것들이 존재한다. 무엇보다도, 우리는 자석을 통해서 강력한 힘을 지닌 말이 우리에게 어떻게 작용하는지 생각해볼 수 있게 되었다. 극작가 에우리피데스는 이렇게 말했다. 사람의 마음 패턴을 아는 자는 변화무쌍한 마음을 자신의 의도에 맞게 마치 자석처럼 밀거나 당길 줄 안다.5

두 번째 기적 같은 기술인 사슬은 이보다도 우리의 이목을 끌지 못한다. 없다면 우리 삶이 돌아가지 못하는데도 우리가 사는 세상에서는 워낙 평범해서 더는 주목의 대상이 되지 못하기 때문이다. 사슬은 소크라테스가 태어나기 수 세기 전 자석과 함께 지중해 동부에 처음 등장하기 시작하여, 인도-유럽어권에 속하는 대부분의 언어에 공통으로 존재하는 필수 단어 가운데 하나가 되었다. 많은 것을 하나로 만드는 힘, 많은 것으로 하나를 이루는 힘을 비범한 방식으로 보여주는 것이 바로 사슬이다. 아래로 늘어지는 사슬은 사슬을 이루는 쇠고리만큼 강하면서도 밧줄만큼 경이로울 정도로 유연하다. 덕분에 사슬에 묶인 사람들은 실제로는 전혀 자유가 없음에도 마치 자유가 있는 것처럼 느낀다. 묶인 사람이 벗어나려고 할 때에만 사슬의 꼿꼿한 힘이 드러난다. 소크라테스는 심지어 신적인 것이 우리에게 가하는 확고부동하면서도 감지할 수 없는 힘을 상상하는 방편으로 사슬을 생각했을 수도 있다. 왜냐하면 호메로스도 그러했기 때문이다. 『일리아스*Ilias*』 제8권에는 말다툼을 벌이는 가족들에게 화가 난 제우스가 등장한다. 그는 자신이 땅과 바다에 행사하는 힘은 황금 사슬과 같아서, 자신이 원하면 온 세상을 끌어올려 공중에 매달 수 있다고 말한다. 반면, 이 사슬은 어떤 경우에도 그를 한 발짝도 끌어내지 못한다. 제우스가 말한다. 그만큼 나는 모든 신과 인간 위에 군림한다. 그러한 자석과 사슬을 합치자—유연하면서도 끊어지지 않고 눈에 보이지 않는—무시무시한 무기가 되었다. 압도적인 말의 힘이 그런 것처럼 말이다.[6]

이처럼 우리가 시의 황홀함을 즐기는 탓에, 소크라테스는 이러한 말이 우리에게 미치는 영향이 심히 골치 아픈 문제가 된다고 생각했다. 만약 잘 준비된 연설이 **영혼을 조정하는 방편**이 된다면, 그 연설을 듣는 사람은 옳고 그름을 선택할 힘을 박탈당한 채 연설의 흐름에 이끌려 자기의 행동 방향을 결정하지 못하게 된다는 의미가 아닌가? 소크라테스는 사람을 취하게 하는 연설의 힘은 하늘이 내린 선물이 틀림없으며 이 선물이 연사를 움직인다고 주장했다. 그렇게 주장한 이유 중 하나는 만약 그렇지 않은 경우를 생각하기가 너무 끔찍했기 때문이다. 만약 이 강력한 도구를 제어하는 주체가 신들이 아니라 그저 연사라면, 이는 세상에 큰 위협이 된다. 이런 세상에서는 말재주만 있다면 누구나 청중의 마음을 앗아갈 수 있고, 이런 상태에서 한 일에 대한 책임 소재는 불분명해진다.

바로 이런 이유로 소크라테스는 대화를 선호했다. 대화 중에는 질문을 던지고 명확성을 요구하면서 연사의 마법 같은 연설의 흐름을 끊을 수 있다. 마찬가지 이유로, 소크라테스는 글로 남기는 것을 좋아하지 않았다. 글에는 저자에게 질문할 방도가 없기 때문이다. 따라서 소크라테스가 직접 쓴 글은 전혀 없으며, 우리가 아는 그의 말과 생각은 대부분 그의 제자 플라톤이 전한 것이다. 플라톤은 글을 쓰기 싫어했던 스승을 그의 작품 속 주인공으로 삼았다. 물론 이는 글에 대한 소크라테스의 소신을 거스른 행동이었지만, 플라톤은 대화 형식으로 그를 소환함으로써 최소한의 도리를 다했다.

고대 그리스인들은 동방으로부터 잇달아 건너온 숭배 의식들을 긴가민가하면서도 기쁘게 받아들였다. 그러면서 오랫동안 운율 있는 소리와 춤의 영향을 받았다. 디오니소스 혹은 바쿠스 신을 숭배할 때에는 무아지경에 이르게 하는 전염력 강한 다양한 기법이 동원되었다. 술의 신을 찬양하는 기이한 가사의 찬가를 부르거나 2개의 관으로 이루어진 아울로스라는 목관악기 소리에 맞춰 리듬감 있는 고함과 외침을 부르짖었다. 이렇게 하면 분위기가 뜨겁게 달아올라 한자리에 모인 사람들이 하나가될 수 있었다. 오르페우스는 돌을 춤추게 하고 물을 멈추게 할 수 있는 서정시를 지은 전설적인 시인이다. 많은 이가 그를 디오니소스의 예언자로 여겼으며, 디오니소스 신비 의례에 관한 노래들을 지은 사람으로 그를 지목했다(아마도 가장 먼저 지목한 사람은 피타고라스인 것 같다). 플라톤은 의식을 거행하기 위해서 오르페우스의 **작품을 시끌벅적하게** 낭송하는 자들에게 격분했다. 하지만 그의 스승이자 우상인 소크라테스조차 이런 광기의 유혹에서 자유롭지는 못했던 것 같다. 젊은 시절, 소크라테스가 코리반테스Korybantes에 가입했다는 단서들이 남아 있기 때문이다. 코리반테스는 이슬람 신비주의 수도승처럼 격렬히 춤추면서 **황홀** 상태에 빠지는 의례를 중심으로 하는 신비주의 숭배 집단이었다. 이 그리스어는 무아지경에 빠진, 얼이 빠진, 넋이 나간, 제정신이 아닌 상태를 뜻한다.7

사실, 주문을 거는 듯한 운율의 마력은 소크라테스가 우려하던 문제들 가운데 빙산의 일각에 불과했다. 심각한 지점은 따로 있었다. 만물의 차이가 없어진다는 곤란한 습성이 모든 문제의 핵심이었다. 이렇게 되면 어디에서 하나가 끝나고 그다음이 시작되는지, 또는 실제로 별개의 2개가 존재하기는 하는지가 불분명해졌다. 과연 사슬은 하나일까, 아니면 그저 많은 것이 특정한 방식으로 겹쳐서 이어진 것일까? 이런 종류의 수수께끼 같은 질문이 소크라테스 시대의 많은 철학자에게는 기본 중의 기본이었다. 그중에서도 이탈리아 남서부 해안지대의 그리스 식민지 엘레아 출신 철학자들이 가장 대표적이었던 것 같다. 고대 세계 전체로 널리 퍼진 이들의 사고실험은 모든 시공간이 의미를 잃는 깊은 심연 속을 들여다보는 일과 같았다. 아킬레우스와 거북이의 경주에서 거북이가 먼저 출발하면, 상식적으로는 아킬레우스가 절대 거북이를 따라잡지 못할 것으로 보인다. 아킬레우스가 원래 차이가 났던 거리만큼 따라잡는 동안 거북이는 더 멀리 달아나기 때문이다. 이런 과정이 무한히 반복되면 아킬레우스에게는 제아무리 작더라도 무한수의 거리가 남게 된다. 이와 같은 역설을 들려주면 듣는 사람은 감명받아 말문이 막혔다. 이를 바탕으로 엘레아 학파의 큰 스승인 현자 파르메니데스는 대대적으로 이렇게 선언했다. 사실, 만물 사이의 차이나 운동처럼 명백해 보이는 변화는 단지 착각에 불과하다. 실제로 **모든 것은 하나이다.** 세상에는 오직 하나만 있다. 이런 근본적인 진리를 인식하는 것이 우주를 이해하는 열쇠이다.

이와 같은 엘레아 학파의 주장은 황당하고 혼란스러운 계시처럼 여겨 졌다. 코리반테스의 혼란스러운 춤과 기이한 주신 찬가에 대응하는 철학 논리였지만, 이들의 주장 역시 심각한 우려를 낳았다. 중독성 있는 연설 에 옳고 그름을 구별하지 못하게 할 위험이 있는 것과 마찬가지로, 만물 사이의 구별이 없어지면 무엇인가를 알거나 그것에 관한 변치 않는 진실 을 말할 수 없게 된다. 그 무엇인가라는 것 자체가 환상이라, 실질적 혹 은 독립적, 영구적으로 존재하지 않기 때문이다. 이와 같은 구별의 부재 로 인한 무질서가 낳는 위험에 맞서기 위해, 소크라테스는 그의 사상 가 운데 가장 빛나고 오래 남을 아이디어를 고안했다. 그의 추론에 따르면, 이 세상의 만물이 끊임없이 변하면서 항상 쪼개지고 썩고 모양이 변하는 것은 사실이지만, **어떤** 것들은 실제로 영원하고 안정적이며 알 수 있는 것들도 있다. 가령, 숫자나 기하학 법칙은 장소나 시간에 따라서 달라지 지 않는다. 생각 역시 이 세상의 변덕스러운 것들보다는 영구적이고 변 함없다. 거품은 금세 사라지지만, 거품에 관한 생각은 나의 마음속에 그 보다 오래 간직될 수 있다. 거품에 관한 생각이 거품 자체보다 더 오래 지속되고 변함없다면, 어떤 의미에서는 무지갯빛으로 빛나는 거품보다 거품에 관한 생각이 더 **진짜**가 아닐까? 이러한 맥락에서 소크라테스는 물리적 세상 위에 이런 생각들의 영역이 존재하며, 이런 이데아의 세계에 서는 각각의 것들이 이상적인 상태로 영원히 존재한다고 주장했다. 이데 아에 대해서는 참 또는 거짓을 표할 수 있고, 이데아에 대해서는 알려질 수도 있으며, 이데아의 속성은 이성으로 발견될 수 있다. 사실, 우리 눈 에 보이는 우리 주변의 세계는 이런 이데아들, 이런 이상적인 것들을 형

편없이 본뜬 복제물로만 가득 차 있다. 따라서 우리는 주변에 있는 일시적인 물질적인 것들에 등을 돌리고 우월한 합리적 탐구의 세계, 즉 형이하학적인 물리적 세계 위에 있는 **형이상학적** 세계에 마음을 집중하는 것이 좋다.

지상의 것들이 지닌 비극적인 일시성에 대해서 이렇게 반응한 것은 비단 그리스 철학만이 아니었다. 지금의 파라과이 지역에 살았던 과라니족도 마찬가지였다. 이들은 영원히 존재하고 안정적이면서도 서로 분리된 상태로 남고 싶어하는 우리 인간 존재가 끊임없이 변화하고 서로 섞이는 것, 아이가 어른이 되고 어른이 썩어 먼지가 되는 것, 잡아먹고 다시 잡아먹히는 것, 이것이 이 세상의 거대 악이라고 생각했다. 개별적 존재의 취약성과 구별되지 않는 물질로 되돌아가는 습성이 과라니족에게는 절망의 씨앗이었다. 과라니족에 따르면, 만물은 전체로 보면 하나이다. 우리 중에 이를 원하지 않는 사람들에게는 이 사실이 공포스럽다. 지구상에 악이 새겨져 있는 이유는 바로 이 세상의 만물이 여럿이 아니라 단 하나라는 데에서 비롯된다. 심지어 자기 어머니의 젖에 화를 내는 신생아의 모습만 보아도 우리가 이 육신의 세계에 태어난 것을 얼마나 유감스럽게 여기는지 알 수 있다. 하지만 과라니족은 장차 다가올 세상에 희망을 품었다. 각각의 개체가 사라지지 않고 영원히 지속되는 세상이 온다고 믿은 것이다. 그들은 존재가 더는 하나가 아닌 사후 세계, 우리가 영속적으로 안정적인 신과 같은 상태가 되는 세상을 꿈꾸었다. 과라니 제사장들은 위대한 연사 또는 아름다운 말의 장인 네에포라ñe'ẽ porä라고 불렸다. 그들이 맡은 역할은 신들을 설득해서 우리가 예전의 신과 같은 존재 상태로 돌아가 영원히 안정적인 개별성을 유지할 수 있게 만드는 것이었다. 실제로, 세상이 점점 더 연결됨에 따라, 일자와 다자(또는 하나와 여럿/역주)의 관계에 대한 집착이 거의 보편적이라는 사실이 명백해졌다. 또한 이러한 경계를 탐색하는 기법들 역시 기묘하리만치 똑같다는 것도 분명해졌다. 바로 소리와 언어, 운율을 동원하는 방법이었다.[8]

소크라테스는 모든 것이 하나의 덩어리로 뭉뚱그린다는 난제를 풀었다. 물론, 그의 해법에는 비판과 반대가 쏟아졌다. 플라톤의 또다른 작품에는 이런 이데아를 두고 소크라테스와 파르메니데스가 충돌하는 장면이 등장한다. 두 사람 모두 상대방의 주위를 돌며 단단한 갑옷 사이의 약점을 노리다가 상대의 허점을 찌른다. 먼저 파르메니데스가 소크라테스를 조롱한다. 그는 소크라테스가 말하는 신성한 이데아의 세계에도 머리카락이나 먼지, 진흙 같은 것들의 천상 버전이 존재하냐고 물으면서 소크라테스의 주장이 모순임을 증명하려고 한다. 소크라테스는 잠시 수세에 몰린다. 과연 그런 하찮은 것들이 모종의 안정적이고 영원한 형태로 고이 간직되어 있을까? 진흙이나 점액은 정해진 형태 없이 불안정한 성질을 지니는데, 과연 이들은 이데아의 세계에서 어떤 형태를 띨까? 머리카락 역시 골칫거리이다. 머리카락 한 가닥은 거의 아무것도 아니지만, 한 움큼이면 확실히 무엇이 된다. 이는 아무것도 아닌 것들이 많이 모이면 무엇인가가 될 수 있고 어쩌면 그 역도 마찬가지임을 시사한다. 소크라테스는 잠시 생각을 멈추고 이렇게 말한다. 그런 것들의 이데아가 있다고 믿는다면 당치도 않은 일이다. 그래도 하나에 대해서 참인 것은 어쩌면 모두에 대해서도 참일 수 있다는 생각이 때때로 마음에 걸린다. 그런 생각이 들면 행여 터무니없고 고약한 생각의 구렁에 빠질까 봐 달아나고 만다. 그래서 방금 우리가 이데아가 있다고 말했던 것들에 생각이 미치면 거기에서 멈춰서 그

것들을 생각하느라 바쁘다. 본질적으로 소크라테스는 자신의 주장을 뒷받침하는 원동력을 인정하고 있다. 그의 주장에 설득력이 있든 없든, 우리는 그 주장을 **받아들여야** 한다. 다른 대안을 그야말로 생각할 수도 없고 (최소한 소크라테스에게는) 다른 대안이 너무나 섬뜩하기 때문에라도 말이다. 소크라테스는 대화가 끝날 무렵 엄중히 경고한다. 모든 시공간 속에서도 여전히 그대로인 이데아들의 존재를 부정하면, **논의를 지속할 힘을 철저히 파괴하는** 셈이 된다.9

파이드로스와 함께 일리소스 강둑에서 물속에 발을 담근 채 대화를 나누던 그날, 소크라테스는 넋을 앗아가는 연설과 만물 사이의 경계 소멸이라는 두 가지 위협에 맞서 공세를 퍼붓기 시작한다. 그는 누구도 흉내낼 수 없는 자신만의 방식으로 두 눈을 반짝이며 예리한 연극적 감각을 발휘한다. 먼저, 파이드로스가 시연한 연설은 꽤 매력적이기는 하나 내용이 부족하다고 일축한 뒤, 마치 비밀 의식을 행하는 제사장처럼 겉옷을 머리에 뒤집어쓴다. 그는 자신만의 비밀스럽고 황홀한 무아지경에 들어간 듯 보인다. 그러면서 소크라테스는 파이드로스에게 그 장소가 아름다워서 자기가 제정신이 아닌 것 같다고 말한다. 그리고 디오니소스의 제사장인 오르페우스처럼 신의 영감을 받아서 열광적인 찬가를 쏟아낼 것 같은 느낌이라고 한다. 소크라테스는 이런 신적인 광기는 두려워하거나 부끄러워할 만한 것이 아닐뿐더러 한때는 추앙의 대상이었다며 파이드로스를 안심시킨다. 특히 **뮤즈에게 홀리거나 그로 인해서 광기를 띠면** 노래와 음악에 담긴 디오니소스적인 격정적 황홀경이 순수한 영혼에 깃든다고 이야기한다. 그러나 소크라테스에게는 방종한 광란의 파티를 열기 위해서 자신의 예언자적 적성을 활용할 의도가 전혀 없었다. 그 대신, 그는 이렇게 조성된 분위기를 이용해서 긴 우화의 형식을 빌려 영혼의 모습을 보여준다.

　소크라테스에 따르면 영혼에는 한때 날개가 달려 있었다. 그래서 이데아나 이상처럼 만물이 완벽한 상태로 존재하는 최고천(하늘 중에서도 신과 천사가 산다는 가장 높은 곳/역주)에서 날아오를 수 있었다. 날 수 있는 신들은 만물의 참된 본질에 영원히 둘러싸인 채로 이곳에서 영구적으로 산다. 반면, 인간의 영혼은 육체를 얻으면서 날개를 벗어버리고 이곳 지상에 묶여 있다. 하지만 인간이 이 잃어버린 천국을 되찾을 방법은 있다. 육체에서 영혼을 끌어내는 강력한 충동을 이용하면 된다. 연인을 갈망할 때 드는 멍하고 어지러운 느낌 혹은 위대한 노래나 음악, 시에서 오는 황홀한 경험 같은 것들 말이다. 물론 이런 기법에는 위험이 따른다. 소크라테스에 따르면, 이제 우리는 날개 달린 존재가 아니라, 하늘을 나는 말이 끄는 마차의 마부인 셈이다. 우리가 말을 조종하지 못하면, 말은 우리를 천상에서 끌어내려 육체적 욕망과 방탕한 쾌락의 늪에 빠뜨릴 것이다. 하지만 소크라테스는 우리가 고삐를 놓치지 않고 버틸 수 있으면, 이런 기법들 덕분에 입문자들이 형이상학적 세계에 대한 통찰력을 회복할 수 있다고 약속한다. 그는 점점 격분하면서 옛 시절을 떠올린다. 지금 살아 있는 자들은 그때는 밝게 빛나는 아름다움을 보았고, 기쁨이 넘치는 신의 모습을 보았으며, 진정으로 가장 축복받았다고 할 만한 신비에 입문했다. 우리는 어떠한 악도 경험하기 전의 순수한 상태에서 이 신비를 기념했다. 그때 우리는 순수하고 단순하며 고요하고 행복한 환영을 볼 수 있었다. 우리가 본 그 모습은 순수한 빛으로, 순수한 우리 자신의 모습으로 빛났으며, 현재 우리가 가지고 다니는 살아 있는 무덤(우리 몸/역주) 안에 담기지 않았다. 하지만 이제

우리는 껍데기 안에 들어 있는 굴처럼 육체 안에 갇혀 있다.[10]

소크라테스는 황홀한 경험을 그의 목적대로 이용하는 도박을 감행한다. 그의 이런 도박은 위험할 뿐만 아니라, 이후에 일어나는 일에 가늠할 수조차 없는 영향을 미친다. 그는 성적 매력과 강력한 음악이나 언어, 춤, 노래가 육체이탈의 느낌을 주는 것이야말로 형이하학적 세계 너머에 다른 세계가 있다는 증거라고 주장한다. 또한 영혼은 그 세계를 동경하며, 자신의 육체적 형태를 벗어버리고 천상으로 올라가기를 갈망한다고 주장한다. 소크라테스가 생각하는 이 다른 세계는 안정적인 개념의 세계를 말한다. 이런 철학자의 낙원에서 사랑과 운율 때문에 생긴 고조된 감정들은 만물의 참된 본질을 이해하는 동력으로 사용되어야 한다. 그런데 이런 장소가 존재한다는 증거, 유동적이고 일시적인 육체의 세계 너머 그 이상의 무엇인가가 존재한다는 증거는 어디에 있을까? 그 증거는 바로 애초에 문제의 씨앗인, 저항할 수 없는 비합리적인 충동에서 나온다. 심지어 소크라테스는 광신도들과 연사들, 파르메니데스의 공통된 관념, 즉 만물의 구별은 환상이며, 우리는 우리 모두가 속해 있는 일자를 향해 불가항력으로 끌린다는 생각마저 자기의 것으로 만든다. 다만 소크라테스에게는 이것 역시 그의 형이상학적 세계를 입증하는 또 하나의 증거이다. 그에 따르면, 모든 이데아는 우리가 여기 지상에서 경험하는 것들의 완벽한 형상이기 때문에, 이데아들을 하나로 묶는 것은 바로 이 완벽한 상태이다. 덕분에 모든 이데아는 만물의 근본 원칙인 선善의 일부가 된다. 그리고 바로 이 원초적인 통합체로부터 다른 모든 만물이 형성된다. 고사리 잎처럼 하나의 잎자루에 작은 잎 여럿이 깃털처럼 갈라져서 달리듯, 나눗셈으로 수열이 생기듯, 하나의 통합체에서 만물이 펼쳐져 나온다. 하나가 반으로 갈라져서 둘이 되고, 다시 갈라져서 넷이 되는 식이다. 영혼이 하모니에 감명받는 이유는 바로 이런 식으로 만물이 서로 비율과 비례에 따라서 나누어지기 때문이다. 하모니 자체가 비례하는 여러 소리의 융합물이니 말이다. 음악에 감동한 영혼은 자신이 태초의 하나 된 상태primal Oneness에 속한다는 것과 자신은 사실 더 넓은 세계 영혼World Soul을 이루는 일개 부품에 불과하다는 것을 기억하는 것이다.

이처럼 소크라테스와 그의 제자 플라톤은 앎의 토대를 강력하고 황홀한 경험과 연결하여 폭발력 있는 결합물을 만들어냈다. 그 결과, 향후 수 세기 동안 하나 이상의 문명이 나아갈 방향이 정해졌다. 파이드로스와 나눈 대화에 등장했던 모든 요소는 훗날 다양한 조합을 이루며 다시 등장한다. 날개 달린 존재들과 지상과 천상 사이를 오갈 수 있는 그들의 능력, 광란 상태를 촉발하는 특정한 리듬의 힘, 특정한 연설이 도취된 청중에게 미치는 영향 등이 그런 요소들이다. 피치노는 자신이 플라톤의 저술을 번역한 것이 어떤 의미에서는 피코의 출생과 이동과 운명적으로 연결된 일이라고 느꼈다. 그가 그렇게 느낀 데에는 이유가 있었다. 플라톤에게서 연쇄 반응, 즉 사건들의 향방을 결정하는 드러나지 않은 연결에 대해서 생각하는 법을 배웠는데, 피코야말로 천상의 것들과 지상의 것들 사이의 매우 강한 연결을 보여주는 것만 같았기 때문이다.

# 4

## 그 철학자

피코가 페라라로 이동한 그해, 레반트 출신의 한 상인이 육중한 걸음걸이로 걷는 신기하고도 낯선 자를 베네치아에서 데려왔다. 그는 커다란 장막으로 몸을 가려 사람들의 호기심 어린 시선을 피했다. 이윽고 그는 페라라의 공작 앞에서 자신의 경이로운 모습을 처음으로 드러냈다. 그가 장막을 벗을 때 페라라의 한 일기작가가 현장에서 그 장면을 목격했다. 그에 따르면, 그 방문객은 황소보다 덩치가 크고 무거웠으며, 목도 없고 무릎도 없었다. 코는 팔처럼 길고 빵 덩어리처럼 두꺼웠으며, 짙은 색 털에 커다란 눈, 삽 모양의 거대한 귀를 달고 있었다. 그해 사육제의 마지막을 장식하는 가면무도회가 진행되는 동안, 이 생명체는 공작부인이 보는 앞에서 **매우 인간적이고 친근하게** 춤을 추었다. 일기작가의 기록에 의하면, 사람들이 기억하기로 페라라에 코끼리가 나타난 것은 이때가 처음이었다.[1]

페라라 목판화, 1499년.

피코가 페라라에 도착한 시점이 1479년 사순절 이전인지 이후인지는 분명하지 않다. 어느 쪽이 되었든 그는 행렬을 이루며 지나가는 온갖 새롭고 신기한 것들을 접했을 것이다. 그 시절에 사육제는 연간 열리는 축제들 가운데 가장 별난 축제로, 변장한 시민들이 길고 어두운 사순절이 시작되기 전에 자신의 갈망과 좌절을 지워버릴 수 있는 시간이었다. 사육제 기간에는 공작의 측근들과 페라라의 어린이들이 행인에게 달걀을 던지는 것이 풍습이었다. 그런데 그해에는 한 남자가 도를 넘고 말았다. 다른 시민의 아내에게 오물 한 통을 쏟아부은 것이다. 폐막식 가면무도회에서는 또다른 남자가 아마도 코끼리가 춤추는 모습을 보고 과하게 흥분했는지 신나서 팔짝팔짝 뛰다가 고름집을 뚫고 내장이 음낭까지 내려오는 바람에 음낭 탈장으로 죽고 말았다. 어느 법학도는 변장이 보장해주는 익명성을 이용해서 채무 관계였던 한 유대인을 칼로 찔렀다. 문제는 이 유대인과 채무 관계로 엮인 사람들이 워낙 많아서 이 범행 동기만으로는 용의자를 좁힐 수 없었다는 것이었다. 마침내 범인이 붙잡혔지만, 좋은 가문 출신이라 공작은 용서해주는 쪽으로 마음이 기울었다. 하지만 칼에 찔린 유대인이 사망하자, 유대 공동체에 신세를 지고 있던 공작은 조치를 취하지 않을 수 없었다. 그 법학도는 튀르키예인 같은 옷을 입고 사슬로 발목이 묶인 채 궁전 창문 밖에 매달렸다. 이 모습은 여러 사건이 벌어진 광장이라는 무대를 섬뜩하게 장식하는 뒷배경처럼 보였다. 사육제 동안 매우 기괴한 행동이 허락되면서, 구경거리와 폭력의 경계를 넘나드는 행위는 1년 내내 계속되었다. 그해 사육제 이후에는 빵집 주인 2명이 광장에서 공개적으로 크게 비난을 받았다. 빵을 부드럽게 하려고 밀가루 반죽에 양잿물을 첨가하고 짓무른 발로 반죽을 치댄 것이 적발되었기 때문이다. 이 두 사람 말고도 같은 행위를 저질러 붙잡힌 이들이 많았지만, 벌금을 내지 못한 사람은 이들 둘뿐이었다. 아마도 피코는 이런 복수극의 자극적인 분위기가 만연한 가운데 지롤라모 사보나롤라를 처음 만났던 것 같다. 젊은 도미니코회 수도사 출신 선동가였던 그는 당시 페라라에서 명성을 얻고 있었다. 피코는 말년에 바로 이 사보나롤라의 어두운 영향력과 밀접하게 엮이게 된다.[2]

페라라 도시의 삶은 이렇듯 축제마다 원한이나 묵은 감정을 해소해가면서 계절의 순환에 따라서 돌아갔다. 꽃이 피고 낙엽이 지듯, 무정부 상태가 되었다가 다시 질서가 회복되는 일이 주기적으로 반복되었다. 이는 새로운 일이 아니었다. 페라라 대성당의 남쪽 문인 순례자의 문Porta dei Pellegrini은 한때 기적과 같은 일련의 조각 작품으로 둘러싸여 있었다. 작품 속 각각의 달에 해당하는 인물들은 연례적으로 해야 하는 일을 수행하고 있다. 인물상은 모두 로마네스크 양식의 비율답게 통통한 모습으로, 특정 계절을 상징하는 우상처럼 표현되었다. 예를 들면, 2월은 가지치기, 4월은 사냥, 7월은 타작, 9월은 포도 수확이었다. 5월의 인물은 말위에 올라 방패를 든 모습인데, 이는 이탈리아 북부의 연례행사 중 하나인 출정을 기념하는 것이었다. 페라라의 공작이었던 에르콜레 데스테는 마치 손풍금을 연주하는 장인처럼 권력을 조율하는 데에 탁월한 인물이었다. 당시 이탈리아 반도에서는 수많은 작은 공국들이 힘을 겨루고 있었다. 그 안에서 데스테 공작은 끊임없이 이쪽에서 저쪽으로 동맹 관계를 바꿔가면서 그 누구도 자신을 무력화할 만큼 강해지지 못하게 만들었다. 에르콜레는 갈등과 충돌을 위해서 태어난 인물 같았다. 그의 아버지 니콜로가 워낙 많은 자녀를 둔 탓에, 지역 주민들이 **포 강 일대에 사는**

우리 / 우리는 모두 니콜로의 아들이라는 애정 어린 농담을 할 정도였다. 니콜로의 사생아 가운데 1명은 의붓어머니와 떠들썩한 불륜 관계를 맺고 함께 참수형을 당하면서 전설이 되었다. 에르콜레의 형제들에게는 모두 고대 그리스 로마 신화나 아서 왕의 전설에 나오는 영웅의 이름이 붙여졌지만, 그중에서 공국의 수장 자리에 오른 사람은 에르콜레(헤라클레스)였다. 그는 주변 열강에 맞서 놀랄 만큼 성공적으로 자신의 광활한 영토를 지켰다. 이탈리아의 소영주 대부분이 그러했듯이, 그 역시 문화와 교육을 과시하는 방법으로 통치의 폭력적 본성을 완화하고자 노력했다. 이런 맥락에서 미란돌라라는 벽지에서 온 피코에게는 페라라가 어마어마하게 국제적인 도시로 보였을 것이다. 페라라는 창문과 로지아로 대표되는 도시답게 어디에서든 번창한 모습과 장관을 선사했다. 피코와 사돈 관계였던 에르콜레에게는 명망 높은 지식인 인맥도 있었고, 북부 이탈리아에서 새로 발굴된 고대 유물 가운데 손꼽히는 수집품도 있었다. 하지만 사육제 기간에 벌어진 유대인을 향한 폭행과 튀르키예식 복장으로 집행된 처형이 시사하듯, 축제 동안 규칙의 적용이 유예되면서 전반적으로 긴장과 불안이 점점 고조되었다. 뒤이은 3월, 교황은 페라라의 4대 성당—산타마리아 델리 안젤리, 산니콜로, 산안드레아, 산토 스피리토—을 모두 방문하는 사람에게 특별 대사大赦를 내리기로 했다. 오스만 제국의 지중해 진격을 막을 요충지인 로도스 섬을 방어할 기금을 마련하기 위해서였다. 그러나 이런 긴급 조치로는 역부족이었다. 1480년 8월, 오스만 군은 이탈리아 남부 도시 오트란토를 점령하면서 유럽 본토의 심장에 첫 번째 거점을 마련했다.3

사실, 군사 작전 비용을 분담시키려는 이런 시도는 절망적인 상황에서 나온 방안이었다. 국제적인 신용 네트워크가 점차 군사 행동의 규모뿐만 아니라 상대방까지도 결정하고 있었다. 심지어 호황과 불황, 낭비와 극복할 수 없는 빚의 순환이 일상이 되어갔다. 당시 소규모 유대계 대부업 자들은 돈을 빌려주는 일을 할 수 있었는데, 그들이 이방인이었기 때문이다. 반면 그리스도교인들에게 대부업은 수요는 있었으나 종교적인 이유로 금지된 일이었다. 결국, 수단으로 이용된 유대계 대부업자들은 그 과정에서 편리한 희생양이 되었다. 이듬해, 트레비소에서 페라라로 유대인 15명의 소식이 전해졌다. 이 유대인들을 체포하는 데에는 반유대주의 자들의 영원한 무기인 피의 비방이 사용되었다. 즉 희생 제물로 삼을 목적으로 그리스도교 아이를 돈을 주고 샀다는 혐의를 유대인들에게 씌운 것이다. 그들 중 한 명에게서 발견되었다고 알려진 편지가 기소를 뒷받침할 유일한 증거였다. 부도덕한 내용이 담긴 이 조작된 편지는 어설프기 짝이 없었다. 이것은 유대인 공격에 공모한 사람들이 훨씬 많다는 것을 알고 있던 자들이 만든 작품이었다. 편지는 유대인의 목소리를 희화한 말투로 시작된다. 친애하는 형제여, 아브라함과 야곱의 하느님은 이스라엘의 아들, 모세의 율법은 지키고 유지하지만, 그 외 다른 모든 율법과 신자, 신앙, 특히 그리스도교 신앙과 거짓 추종자들을 저주하고 물리친다네. 편지는 수령인에게 그의 몫의 핏값을 지불하라는 독촉으로 마무리된다. 미루지 말게나, 이 돈은 자네 돈이 아니라 그리스도교 개들한테서 고리대금으로 번 것이니까. 그러니까 저들의 무기를 사용해서 전쟁을 일으켜보세. 메시아의 랍비 사무엘 서명. 이처럼 당시에는 유대인을 향한 공포와 불신이 이탈리아 전역을 휩쓸고 있었다. 이런 점을 고려하면, 피코가 이 같은 사회 분위기 속에서도 장차 히브리와 이슬람의 가르침을 중심으로 그의 알 수 있는 모

든 것에 관한 이론을 전개한다는 사실이 더더욱 놀랍기만 하다.4

어머니의 죽음 이후 피코는 철학을 공부하기 위해서 페라라로 왔다. 철학 공부를 시작한다는 것은 플라톤이 아니라 그의 제자 아리스토텔레스에서부터 출발한다는 것을 의미했다. 피코뿐만 아니라 당대의 모든 사람이 그렇게 생각했다. 성서를 '그 책The Book'이라고도 부르듯, 피코가 태어나기 전에는 '그 철학자The Philosopher'라고 하면 아리스토텔레스를 뜻했다. 중세 후기 사상은 아리스토텔레스에게 거의 완전히 지배되었고, 따라서 아리스토텔레스가 그러했듯이 플라톤의 철학 체계를 이루는 중심 이론들을 거부했다. 아리스토텔레스는 플라톤이 제시한 이데아 세계에 불만이 컸다. 플라톤의 이데아 세계에 비하면 이 세상의 물리적인 것들은 그저 찰나의 그림자에 불과했다. 그 철학자는 의문을 제기했다. 이것들, 즉 영원한 개념과 분명히 실재하는 그 개념의 화신 사이의 관계는 과연 무엇일까? 이 질문에 플라톤은 **분유**分有(또는 '참여'/역주)라는 모호한 개념—물리적인 것들이 이데아에 **참여**하고 그 역도 마찬가지이다—으로 답했다. 아리스토텔레스가 보기에 이것은 기껏해야 사랑스러운 비유이고, 나쁘게 보면 헛소리에 불과했다. 매력적이고 강렬하기만 한 명제를 내뱉는 것만으로는 충분하지 않았다. 그 철학자는 **땅도 포함해서 보여주어야 한다**고, 이데아가 어떻게 한 걸음씩 공들여 작용하는지 보여주어야 한다고 생각했다. 그는 우리가 감지할 수 있는 것들에서 출발해서 그로부터 우리가 형성하는 개념으로 옮겨가야 한다고 생각했다. 이를 위해서 아리스토텔레스는 놀라운 위력을 지닌 논리적 증명 체계를 만들었다. 이 체계에서는 수학 증명처럼 반론의 여지가 없는 토대 위에서 모든 형태의 논의가 전개되었다. 이 체계의 중심에 바로 삼단논법이 있었다. 이

방식으로 명제를 구조화하면 흔들리지 않을 것 같은 탄탄한 논리의 사슬이 구축되었다. 예를 들면 이렇다. 소크라테스는 사람이다. 모든 사람은 죽는다. 그러므로 소크라테스는 죽는다. 아리스토텔레스는 이와 같은 도구들을 사용해서 우리가 확립할 수 있는 것을 출발점으로 삼아 거기에서부터 만물의 모형을 구축했다. 그러면서 물리법칙과 동물의 몸부터 꿈, 연극, 윤리학, 정치에 이르기까지 세상에 관한 설명을 엮어냈다. 이런 그의 해석은 거의 2,000년 동안 여러 형태로 유라시아 사상계의 중심을 이루어왔다.5

아리스토텔레스의 철학 체계는 관찰할 수 있는 것들을 대상으로 할 때에는 매우 적합했다. 가령 생식 방식과 모양, 서식지에 따라서 동물을 분류하는 것이 그랬다. 하지만 눈에 보이지 않는 것들을 다루려 들면 문제가 더 복잡해졌다. 피코가 그 무렵 읽고 있던 아리스토텔레스의 논문 『영혼에 대하여*De Anima*』 속 내용이 그러했다. 아리스토텔레스는 이런 사례들에 대해서도 예의 냉철한 태도를 유지했다. 영적인 문제라고 해서 특별히 경건하게 다루려고 하지 않았다. 생명체들은 스스로 먹이를 먹는 모습이 관찰된다. 먹이를 먹으려면 먹이의 위치를 감지해서 그쪽으로 움직일 수 있어야 한다. 먹이라고 감지된 무엇인가를 향해 움직이고 싶은 욕구를 식욕이라고 불러도 좋다. 따라서 생명체, 즉 영혼anima 또는 정신을 지닌 것들은 감각과 식욕이 있고 움직여서 스스로 먹이를 먹는 것들이다. 생물은 외부의 것을 감지할 뿐만 아니라 그것에 관한 지식도 가질 수 있다. 우리는 하나의 특정 개체가 눈앞에 없을 때에는 그것을 감지하는 대신 그와 같은 유형의 것을 고려한다. 이렇게 함으로써 우리는 개별자를 지각하는 것에서 보편자를 아는 것으로 옮겨간다. 특정 나무만 생각하는 것이 아니라, 나무라고 생각될 수 있는 많은 사물의 존재에 대해서도 생각하게 되는 것이다. 생물 가운데 어느 작은 부류는 만물의 보편적 유형이나 부류에 대해서만 아는 것이 아니라, 이 지식을 구축하는 규칙도 알 수 있다. 아리스토텔레스가 말하는 이 작은 부류는 인간이었다. 여기에서 아리스토텔레스가 설명하는 바를 가장 잘 보여주는 예는 문법이었다. I like to drink wine이라고 말하는 것과, wine은 명사, I는 대명사, like는 동사, to drink도 (to가 붙은) 동사이며 영어 문법에 따르면 두 번째 동사는 원형을 써야 한다는 점을 아는 것은 완전히 다른 이야기이다. 아리스토텔레스는 지식을 지배하는 추상적인 규칙을 이해하고 그 규칙을 의식적으로 실행하는 이런 능력, 이런 자질이 인간 영혼의 본질을 규정한다고 보았다.[6]

아리스토텔레스가 제시한 체계는 인간의 영혼처럼 모호하고 포착하기 힘든 것에 적용하더라도 매우 명료하고 정확했기 때문에 후세의 사상가들에게 대단히 매력적이었다. 이런 증명 방식을 이용해서 인간 영혼의 작동 원리를 지도처럼 그리고 이해할 수 있다면, 이 증명 방식을 인간의 이해 범위 밖에 있는 것 같은 초자연적이고 신적인 것들의 작동 원리에도 적용할 수 있다고 생각하는 것이 이치에 맞았다. 어쩌면 특정한 종류의 리듬과 음악이 만들어내는 들뜬 느낌, 붕 떠 있는 듯한 느낌과 황홀감도 이런 식으로 이해할 수 있을 듯도 했다. 다시 말해 일련의 규칙, 즉 문법으로 단순화하는 방법을 통해서 파악할 수 있다고 여겨진 것이다. 어쩌면 이런 감정들을 통해서 접근할 수 있을 세계 역시 이해할 수 있을 듯했다. 인간이 자신의 물리적 존재가 지닌 제약을 초월하는 세계 말이다. 심지어 아리스토텔레스 스스로가 이러한 것들을 고찰했으며, 이 그림자의 세계를 비밀리에 연구하고 기록했다는 전설마저 생겨났다. 이에 따르면, 그는 자신이 발견한 방법을 제자인 알렉산드로스 대왕에게 가르쳤다고 한다. 또한 일상적인 사고와 사물들에 대한 방대한 저술뿐만 아니라, 이 그림자의 세계에 관한 숨겨진 글도 여럿 남겼다고도 한다. 이런 글들은 우리가 곧 만나게 될 예정이다.

아리스토텔레스의 논법이 이런 주술적 방식으로 사용된 것은 커다란 역사적 아이러니이다. 그는 강건하고 이성적인 사람이 되고 싶다는 욕망만으로 이렇게 사고한 것이 아니었다. 소크라테스가 느꼈던 두려움과 마찬가지로, 그 역시 생각이 다른 길로 빠졌을 때 만나게 될 구렁을 두려워했다. 예를 들어보자. 아리스토텔레스는 우리가 볼 수 있는 세계 너머에 다른 세계가 존재할 가능성을 열어두어야 한다는 일부 철학자들의 신념에 반대했다. 그런데 그의 반대 주장은 그다지 논리적이지 않았다. 그보다는 공포심 때문에 다른 대안에서 물러서는 모양새에 가까웠다. 하나의 다른 세계가 존재할 가능성을 인정하면, 무수히 많은 다른 세계가 존재할 가능성을 인정해야 하는 것이 논리적이기 때문이었다. 이렇게 되면 우리가 사는 세계와 아주 극미하게만 다른 세계들이 존재한다는 뜻이 된다. 그렇다면 우리가 여기 이 세상에서 하는 일을 지각하는 것의 의미나 가치를 유지하기가 매우 어려워진다. 이것은 오늘날까지도 철학자들을 괴롭히는 문제이다. 같은 의미에서 아리스토텔레스는 플라톤과 소크라테스의 이데아 세계에 반기를 들었다. 플라톤과 소크라테스의 이데아 세계에서는 이 세계의 일시적인 것들이 우리가 알 수 있는 영원하고 안정적인 형태를 가진다. 아리스토텔레스는 이런 발상의 의도보다는 이것이 잠재적으로 미칠 수 있는 영향에 주안점을 두었다. 한마디로 말해,

아리스토텔레스는 소크라테스가 만물 사이의 차이는 환상이라고 주장하는 자들과 여전히 너무 가깝다고 느꼈다. 그리고 소크라테스의 체계가 **모든 것은 하나**라는 악몽 같은 세계로 다시 붕괴될 위험이 있다고 여겼다. 따라서 아리스토텔레스는 자신의 체계 안에서는 이런 일이 벌어지지 않도록, 일련의 범주, 즉 만물의 위계를 제안했다. 이 위계 안에서는 각각의 부류가 서로 다른 부류로 축소되거나 바뀔 수 없다. 그 결과, 하나인 상태oneness로 다시 돌아가지 못하게 막을 수 있다.7

그러나 세계에 대한 아리스토텔레스의 설명에는 훨씬 근본적인 허점 하나가 실밥처럼 남아 있었다. 이 실밥을 잡아당기자, 계속해서 실이 풀리듯 엄청난 결과가 벌어졌다. 인간이 지식(또는 앎/역주)의 구조에 관한 규칙을 생성할 수 있다고 가정해보자. 그렇다면 우리가 각자 다른 사람에게는 실제 의미가 없는, 살짝 다른 자기만의 규칙을 만들지 않고 똑같은 규칙을 만드는 이유는 무엇일까? 틀림없이 그 규칙이 단순히 주관적이거나 임의적이지 않아서 그런 것만은 아닐 것이다. 어떤 의미에서 보면 그런 규칙이 실제로 존재하고, 우리는 그런 규칙을 만들기보다는 발견해가고 있기 때문일 것이다. 그런데 그런 규칙은 도대체 **어디에** 존재하는 것일까? 아리스토텔레스의 저서 『영혼에 대하여』에는 그답지 않게 신비주의적인 대목이 나온다. 그에 따르면, 지식은 우리 몸에서 만물을 감지하고 추론함으로써 생겨난다. 개별 인간들이 똑같은 결론에 도달하여 지식을 공유할 수 있는 데에는 이유가 있다. 일반적이고 구별되지 않은 마음의 질료에서 개개의 마음이 기원하기 때문이다. 이런 마음의 질료를 후대의 사상가들은 **보편 지성**이라고 부르게 된다. 이 대목을 보면, 마치 건물에 생긴 균열을 땜질하듯 아리스토텔레스가 미봉책으로 자신의 사상 체계 전체를 지키고, 우리를 다시 플라톤의 **분유** 개념에 매우 가까이 다가가게 하려고 시도하는 듯 보인다. 하지만 이것이 전부가 아니다. 훗날 많은 사람이 바로 이 대목에 집착하면서 폭발적인 결과를 낳는다.[8]

피코는 페라라에 도착한 뒤 3년간 아리스토텔레스의 사상에 몰입해서 푹 빠져 지냈고, 그러면서 공개 토론 무대에서 존경받는 권위자들을 압도하면서 선배 철학자들을 놀라게 만들기 시작했다. 한 이야기에 따르면, 청소년에 불과한 피코가 세상의 인정을 받는 어느 유명한 신학자에 맞서는 의미에서 자신의 사도좌 직무를 수행한다는 표시로 고대 로마의 복장인 토가를 입었다고 한다. 대중 연설가로서 그의 기량이 얼마나 대단했던지, 그가 세상을 떠난 뒤 많은 사람이 그의 연설 장면을 목격한 경험을 가장 큰 자랑거리로 삼았을 정도였다. 훗날 피코는 **소년 시절부터 자신이 철학자들의 학설을 땀 흘리며 공들여 공부했다고** 언급한다. 하지만 이렇게 표현했다고 해서 그가 공부만 하고 놀지 않았다는 뜻은 아니다. 당시에는 대학교 학사 업무조차도 사육제의 재판처럼 쇼맨십과 날것 그대로의 공격성이 결합한 형태로 진행되었다. 마침 피코가 도착한 그해에는 대학교 총장 선출 경쟁이 치열했다. 볼로냐 출신 교수의 추종자들이 키프로스 출신 학자의 지지자들과 크게 맞붙고 있었다. 그러다가 볼로냐 교수가 떨어지자, 경쟁은 무기를 동원한 싸움으로 변질했다. 도시의 평화를 지키기 위해서 패자는 추방되어야 했다. 그러나 이런 조치는 혼란을 막기에 역부족이었다. 패자의 편이었던 사람들은 당나귀에 학자 예복을 입힌 채 길거리로 몰고 나와 당나귀에 이름을 붙여 **"키프로! 키프로!"** 하며 외치고 다녔다. 그들이 경멸하던 상대편 학자가 당나귀로 유명한 키프로스 출신이라 그를 키프로스 당나귀라고 조롱한 것이다. 이 소란스러운 사건은 아마도 피코의 사촌인 페라라의 궁정 시인 마테오 마리아 보이아르도가 그 무렵 작업을 끝낸 번역 작품에서 영감을 받았을 것이다. 바로 북아프리카 작가 아풀레이우스가 지은 우스꽝스럽고 선정적인 고대 로마의 라틴어 소설 『황금 당나귀Asinus aureus』였다. 이 소설은 실수로 잘못된 마법의 주문을 걸어 당나귀로 변한 한 남자가 좌충우돌하는 이야기이다. 당나귀로의 변신은 한편으로는 문학적 장치이다. 이 장치 덕분에 당나귀는 사적 욕망과 악행을 예상치 않게 목격하는 증인이자 그 대상이 된다. 다른 한편으로 변신은 잃어버린 고대 문화로 이어지는 창문이기도 했다. 고대 문화에서는 이런 마법 같은 일들이 일상처럼 보였다. 이런 짐승 같은 천박한 이야기가 이탈리아어로 번역되자, 많은 귀부인과 교육을 적게 받은 궁정 신하들이 이 소설을 접하게 되었다. 보이아르도의 번역물 첫머리에 나와 있듯, 이런 기적 같은 탈바꿈이 일어난 세계에서는 **마법의 노래로 인해서 강물이 원천으로 되돌아가고, 바다가 얼어붙고, 날이 저물고, 밤이 고요했다.** 이 소설은 요절복통하면서도 외설적인 이야기에 초점을 맞췄지만, 진지한 연구 대상으로 삼을 만한 흥미로운 문제들도 가득했다. 볼로냐에서 피코와 체류 기간이 겹치면서 금세 친구가 된 위대한 인문주의자 필리포 베로알도는 이 소설에 관해서 장장 600쪽 분량의 해설서를 출판했다. 이 책의 서문에서 그는 아풀레이우스가 이집트, 인도, 페르시아에 뿌리를 두면서도 놀랍게도 플라톤과 심지어 아리스토텔레스의 사상과도 연결된 고대 마법의 장엄하고 오랜 전통에 속한다고 보았다.9

사실, 똑같은 주제를 무거운 역사 연구 대상으로 삼는 것과 더 많은 대중을 현혹하고 즐겁게 만들 재료로 다루는 것 사이에는 거의 경계가 없었다. 페라라 어디를 가든 사람들이 외래의 고대 마법 지식에 이처럼 매료되었다는 흔적을 발견할 수 있었다. 보이아르도 역시 그의 걸작 서사시 『사랑에 빠진 올란도*Orlando Innamorato*』 집필을 이미 시작하고 있었다. 동방의 한 여자 마법사가 프랑스 샤를마뉴 대제의 궁중에 마법을 걸고 그의 용맹한 기사들을 욕망과 유흥의 광란에 빠뜨린다는 내용이었다. 이 마법사 안젤리카는 인간이 아니라 천사에 가까워 보였다. 그녀의 아버지는 타타르와 인도 너머에 있는 막연한 상상 속의 장소인 캐세이(중세 이후 유럽에서 동쪽 끝에 있는 중국을 지칭하던 말/역주)를 통치하던 왕이었으며 온갖 마법의 주문에 능통했다. 이뿐만 아니라, 가장 위대한 페라라 르네상스 미술 작품에서도 동방의 마법사들은 가장 눈에 띄는 위치에 그려졌다. 카발칸티의 표현을 빌리자면, 스키파노이아 궁의 휘황찬란한 프레스코화는 선명함으로 공기를 떨게 만들었다. 이 가운데 살라 데이 메시(열두 달의 방/역주)는 궁중의 한 해를 보여주는 달력 그림으로 장식되어 있다. 암청색 바탕의 별자리 그림이 띠처럼 벽을 둘러싸고 있고, 그 위와 아래로 마상 창 시합과 사냥, 행렬 장면이 그려져 있다. 그중에는 아마도 피코의 형이 데스테 공작의 딸과 혼인하는 장면을 표현한 것으로 보이는 프레스코화도 있다. 하지만 별자리 위에 군림하는 고대 신들의 이미지는 이탈리아에서 볼 법한 그리스 로마식으로 부활한 모습이 아니다. 그 대신, 터번을 쓴 필경사 옆에 배치되어 있거나 신비한 상징으로 장식된 인물들로 둘러싸여 있다. 이는 당시 유럽을 휩쓸던 외래 지식에 대한 열광을 보여주는 한 단면이다.[10]

피코는 바로 이런 신들과 예언자들에 점차 집착하게 되었고, 훗날 고향 미란돌라로 돌아가서는 이들의 그림으로 가족 서재의 벽을 장식했다.

아쉽게도 서재와 그곳에 그려졌던 프레스코화는 모두 사라졌지만, 그림들을 묘사한 기록과 소장 도서 목록을 바탕으로 어느 정도는 재구성해볼 수 있다. 피코의 기억의 궁전이 어떻게 구성되었는지를 보여주는 일종의 조직도를 그려볼 수 있는 셈이다. 대개 서재 벽을 장식한 프레스코화는 소장 도서 목록을 그림으로 보여주는 역할을 했다. 책장 위쪽 벽에 그림을 그려 그 아래 보관된 책 속에 담긴 정신의 주인을 표현하는 식이었다. 그러면 독자는 마치 저자들 사이를 거닐 듯 그들이 내려다보는 곳 아래에서 그들의 작품을 찾으면서 서재에 소장된 도서를 쉽게 탐색할 수 있었다. 피코의 서재 프레스코화도 예외는 아니었던 것 같다. 이 프레스코화는 스키파노이아 궁 벽에 동방의 현인들을 그렸던 페라라 출신 화가 코시모 투라에게 의뢰되었다. 지금까지 살아남은 가장 젊은 시절의 피코의 초상화도 투라가 이 시기에 그린 것으로 보인다. 그는 데스테 스타일로 피코의 옆모습을 그렸는데, 아직은 섬세한 청년의 모습으로 표현되지는 않았다. (피코의 조카에 따르면) 그의 아름다운 몸과 얼굴 때문에 많은 여성이 그를 향한 사랑으로 열병을 앓았다고 한다. 투라가 그린 미란돌라의 벽화는 피코가 정수를 뽑아내고자 열망했던 범세계적 사상을 담은 백과사전과 다를 바 없었다. 그림에는 위대한 그리스 작가들이 페르시아와 메디아 복장을 하고 터번을 두른 사상가들과 함께 그려져 있었다. 전하는 바에 따르면 피코는 금화 7,000두카트라는 거금을 들인 장서를 소장했다고 하는데, 그의 소장 도서 목록을 보면 다음과 같은 사실을 알 수 있다. 피코는 투라가 그린 벽화 아래로 30여 개의 상자 안에 라틴어와 그리스어, 이방의 언어들로 쓴 책들을 모아두었다. 한 상자 안에는 히브리어로 된 가르침을 유럽의 다른 어떤 소장가보다 많이 담았다. 이외에도 피코는 얼마 되지는 않을지언정 귀한 아랍어와 아람어 문헌도 소장하고 있었다. 피코가 피렌체로 이주했을 때 소장 도서 가운데 얼마나 많은 도서를 미란돌라에 남기고 또 얼마나 많이 가져갔는지는 명확하지 않다. 하지만 어떤 의미에서는 어디를 가든 그의 서재는 늘 그와 함께였던 것 같다. 그의 조카가 남긴 기록에 따르면, **피코는 라틴어와 그리스어 소장 도서 전체를 엄청난 속도로 읽고 파헤친 다음, 뛰어난 기억력으로 책의 내용을 모두 기억 속에 간직했기 때문이다.** 어떤 주제를 꺼내든, 바로 앞에 책을 펼쳐두고 이야기한다 싶을 정도였다. 추측건대, 피코의 서재에 있는 칼데아의 현인 조로아스터의 초상화 아래에는 사라진 언어로 쓰인 책들이 놓여 있었을 것이다. 그리고 그는 이들 책 내용을 로마에서 논쟁할 때 세상에 알리려고 했을 것이다.[11]

당시에는 이탈리아 여행자들이 직접 작성한 아시아 문화에 관한 최신 기록물들이 몇몇 유통되고 있었다. 그러나 이 기록물들의 관심은 최근에 있었던 만남—반反오스만 동맹을 제안하기 위해서 우르비노 근처를 최근에 방문한 페르시아 사절단—보다는 다른 곳에 집중되었다. 바로, 한때 이탈리아 반도에서 흔히 접할 수 있었으나 오래 전 기억에서 사라져버린 동방의 지혜에 관심이 쏠려 있었던 것이다. 이 시기에 발굴되어 에스테 궁으로 보내진 고대 조각품들 가운데 아마도 가장 흥미로운 작품은 날개 달린 청년의 모습이 조각된 대리석 평판일 것이다. 피코가 살았던 시대의 사람들은 머리 위에 원형 불꽃이 있는 이 인물을 모든 교회의 벽화와 제단화에서 볼 수 있는 천사 중 하나로 여겼을 법하다. 하지만 이 작품은 친근하게 느껴졌던 만큼 그 기이함이 더 부각되었을 것이다. 날개 달린 이 인물의 머리 위에는 그를 빙 둘러싼 뱀의 머리가 자리하고 있

다. 이 뱀은 적이 아니라 오히려 그의 일부처럼 보인다. 이 남성의 몸통에는 사자와 염소의 얼굴이 튀어나와 있다. 그리스도교에서 묘사하는 악마의 모습처럼, 날개 달린 이 존재도 발에 말굽이 달려 있다. 이처럼 알 듯 말 듯 혼란스러운 이미지는 페라라 사람들이 안다고 여겼던 천사와 악마의 이면에 숨겨진 불편한 역사를 시사한다. 이 인물상은 한때 로마 제국 전역에 퍼졌던 광신교의 한 분파인, 초자연적인 힘을 지닌 시인 오르페우스의 추종자들이 전하는 이야기 속 창조의 신 미트라의 모습을 표현한 것이다. 피코는 아직 어린 나이였지만, 신과 시인의 구별이 사라진 이런 이상한 세계 속으로 막 뛰어들 참이었다.[12]

---

◀ 현재 모데나 갤러리아 에스텐세에 소장된 에르콜레 데스테 소유의 오르페우스교 신 파네스.

# 5

# 오르페우스 이야기

이제 이탈리아의 영주들은 연극 공연을 점점 더 좋아하게 되었다. 공연 덕분에 사육제의 에너지를 궁전 안으로 옮겨와 모든 일에 대한 결정권을 쥐게 되었기 때문이다. 의심의 여지 없이, 당대의 가장 위대한 작품은 만토바 추기경을 위해서 무대에 올린 『오르페우스 이야기 *La favola di Orfeo*』였다. 이 주제를 선택한 것은 성서를 바탕으로 한 성서극 sacre rappresentazioni 대신 고대 그리스 로마식 연극이 각광을 받던 당시의 최신 유행을 따른 것이었다. 페라라에서 상연된 로마 희극작가 플라우투스의 희곡 『메나에크무스 형제 *Menaechmi*』(훗날 셰익스피어의 『실수 연발 *The Comedy of Errors*』의 모태가 된 작품)는 에스테 궁 안마당으로 무려 1만 명의 관중을 끌어모았다. 그러나 『오르페우스 이야기』에 비하면 다른 작품들은 모두 습작에 지나지 않는 듯했다. 음악은 당시의 가장 저명한 즉흥 연주자 바초 우골리니가, 대본은 '폴리치아노'라는 이름으로 더 유명한 몬테풀차노 출신의 안젤로 암브로지니가 맡았다. 훗날 이 작품의 무대 배경을 설계하게 되는 인물이 다름 아닌 레오나르도 다빈치라는 점만 보아도 이 작품의 규모와 무게감을 짐작할 수 있다. 폴리치아노는 격정에 휩싸여 연이어 단 이틀 만에 이 작품을 탈고했으며, 오르페우스의 비극적 운명을 공유하는 의미에서 상연 후에 작품을 갈기갈기 찢어버렸더라면 좋았을 터라고 주장했다. 이 저명한 지식인이 세계 최초의 오페라를 단 이틀 만의 노력으로 얻은 일회성 성과물처럼 대수롭지 않은 듯 이야기한 의도는 분명했다. 스프레차투라sprezzatura를 멋지게 과시하고 싶었던 것이다. 스프레차투라란 힘들여 애쓰거나 사전에 계획하지 않아도 드러나는 탁월성을 가리키는 용어로, 당대의 문화에서는 가장 확실한 천재성의 징후로 칭송되던 요소였다. 폴리치아노가 즐겨 말했듯, 돈 주고 살 만한 가치가 있는 포도주는 굳이 광고할 필요가 없는 법이다. 그가 피코를 처음 만난 때가 바로 이렇게 대성공을 거두던 즈음이었다. 피코를 만난 뒤 그는 (그의 편지에 나오는 사랑스러운 표현처럼) 플라톤의 반지가 자석에 달라붙듯 피코에게 종속되었다.[1]

많은 면에서 폴리치아노는 피코와는 매우 다른 부류의 사람이었다. 비교적 미천한 출신이었던 그는 16세에 『일리아스』 중 두 권을 라틴어로 번역하면서 로렌초 데 메디치의 주목을 받고 로렌초의 자녀들을 교육할 가정교사로 메디치 가문에 입성했다. 하지만 『오르페우스 이야기』를 집필하던 시기에는, 자녀 교육에 관한 최종 결정권을 가졌던 것으로 보이는 로렌초의 아내와 격한 의견 대립 끝에 피렌체를 떠나 망명 중이었다. 폴리치아노의 이런 욱하는 성정은 아첨이나 비판에 굴하기를 거부하는 그의 행동과도 전적으로 일치했다. 훗날 그는 이런 글을 남긴다. 어리석거나 경솔한 칭찬이나 비판을 받는다고 해서 가치가 높아지거나 낮아지는 것은 아니다. 그림자가 그렇다. 그림자는 아침과 저녁에는 길어지지만, 한낮에는 짧고 땅딸막해진다. 하지만 그림자 길이가 달라진다고 해서 내가 낮보다 저녁에 갑자기 덩치와 키가 커진다고 생각해서는 안 된다. 폴리치아노는 폭풍 같은 행동력과 시인으로서의 재능을 지녔지만, 아주 다른 부류의 일인 문헌학에 자존심을 걸었다. 문헌학은 고전 세계의 단편적인 유물을 원래의 영광스러운 모습으로 복원하려는 목표 아래 고대 문헌을 연구하는, 일종의 탐정 업무 같은 세심한 학문이다. 또한, 세월이 흘러 희미해진 대목들을 암호 풀듯 해석하고, 위대한 작품들 가운데 훗날 날조된 부분을 가려내는 것도 문헌학이 지향하는 목표이다. 이런 식으로 고된 노력이 요구되는 문헌학은 일견 무미건조하고 현학적으로 보일 수도 있다. 하지만 이 학문이 대단한 역할을 한다는 사실을 잊지 말아야 한다. 한편으로는 1,000년 동안 표현되지 않았던 말과 생각을 복원하는 역할을 하고, 다른 한편으로는 가장 공경받던 문헌들이 싸구려 위작이라는 사실을 증명하는 역할도 하기 때문이다. 문헌학자 로렌초 발라가 『콘스탄틴 기증장 *Donatio Constantini*』이라는 문헌이 조작되었음을 밝힌 것이 바로 그런 사례이다. 그는 문헌을 연구하는 과정에서, 바티칸이 세속적 권력을 주장하는 근거로 삼았던 콘스탄티누스 황제의 칙령이 진본이 아니라 로마 제국 몰락 후 수 세기가 지난 뒤 조작된 문서라는 사실을 증명했다.[2]

폴리치아노는 짐짓 겸손을 가장해서 자신의 걸작에 『잡록*Miscellanea*』이라는 제목을 붙였다. 일련의 짧은 메모로 이루어진 이 작품에서 그는 여러 언어로 된 고대 세계의 지식을 이리저리 가뿐히 넘나들면서, 이들 고대 문헌 속에 단단히 묶여 있던 수수께끼의 매듭을 우아하게 풀어낸다.

여기에서 그는 전형적인 방식으로 쿠인틸리아누스의 '악어의 수수께끼'를 언급한다. 수수께끼 속 이야기는 이렇다. 한 이집트 여성의 아기를 악어가 낚아챈다. 이 교활한 파충류는 그녀를 시험대에 올린다. 만약 그녀가 의문의 여지 없이 참인 것을 하나 알려주면 아기를 돌려주겠다는 것이다. 아기의 어머니는 악어가 아기를 돌려주지 않을 것이라고 답한다. 이렇게 되면 역설의 사슬이 꼬리에 꼬리를 물고 정신없이 이어져, 악어가 패배를 인정하고 아기를 돌려주지 않을 수 없게 된다. 만약 돌려주지 않으면 그녀의 말이 참이 되기 때문에 아기를 돌려주어야 한다(하지만 그녀의 말이 참이 되지 않게 하려면 아기를 돌려주어야만 한다). 폴리치아노는 또다른 장에서 풍요로웠던 것으로 유명한 시바리스 부족을 언급한다. 여기에서 그는 명징하지 않았던 구절의 의미를 또다른 문헌을 인용하여 분명하게 밝히는데, 그 구절이란 특정 선율에 맞춰 뒷발굽으로 서서 춤추도록 말을 훈련하는 퇴폐적인 방법에 관한 이야기이다. 폴리치아노는 이런 방종이 재난이 되었다고 설명한다. 플루트 연주자 중 한 명이 배신자가 되어 진군하는 기사들에게 똑같은 선율을 연주했고, 그러자 모든 말이 뒷발로 서면서 기사들이 말에서 떨어졌다는 것이다. 또다른 부분에서는 패닉panic이라는 단어가 목축의 신 판Pan을 기리는 광적인 의례에서 여성들이 광란의 비명을 질러 통제할 수 없는 공포를 조성한 데에서 유래했다고 설명한다. 한편 그는 풀 만한 가치가 있는 매듭을 하나 발견했다면서, 헤라클레스의 매듭에 관한 이야기와 이 매듭을 이용하는 법을 상세히 들려준다. 전령의 신 헤르메스 또는 메르쿠리우스의 지팡이인 카두세우스에 뱀 2마리를 묶을 때 사용한 절대 풀 수 없는 매듭법이다. 그는 피코에 대한 자신의 애착을 풀리지 않는 이 마법의 매듭에 비유하기도 한다.3

폴리치아노와 피코가 언제 어떻게 만났는지는 정확히 알려진 바가 없다. 다만, 「오르페우스 이야기」가 상연되었을 때 혹은 그 직후였을 것으로 보인다. 폴리치아노가 피코에게 그가 소장하고 있는 그리스어 도서 목록을 요청하자, 피코도 목록을 보내면서 폴리치아노의 목록을 요청했다. 고대의 가르침에 전념한 이들 인문주의자 집단 안에서는 상대방에게 자기가 소장한 도서 목록을 공개하고, 소장 도서를 돌려보고, 가장 신성시하는 책을 공유하는 것이 가장 큰 애정 표현이었다. 피코는 폴리치아노와 연을 맺기 시작한 초창기에 자신이 직접 지은 에로틱한 경구 모음도 보냈다. 청소년기의 마지막을 보내던 이 신동은 자신보다 열 살 많고 더 지혜로운 남자에게 잘 지도해달라는 요청과 함께 원색적인 성욕으로 가득한 서신을 주고받기 시작했다. 또한 시 원고와 함께 보낸 메모에서 자신의 시를 꾸짖고 필요하면 매도 들어달라고 부탁했고, 실수를 발견하면 손톱으로 할퀴거나 찔러서 벌해달라고도 했다. 훗날 피코는 그의 가장 대담한 철학 작품에서 그가 아는 한 남자에 대한 글을 썼다. 그 남자는 식초에 절인 회초리로 피가 날 때까지 맞아야만 만족감을 느끼는 남다른 성욕의 소유자였다. 피코가 이 이야기를 언급한 이유는 제아무리 이목을 끄는 놀라운 습관이라도 별들이 점지해주는 것이 아니라 경험을 통해서 얻는다는 사실을 보여주기 위해서였다. 이 이야기 속 익명의 친구는 성장기에 다른 소년들로부터 성행위 후에 아픔을 당하는 경험을 하면서 마음속으로 영원히 이 두 가지를 하나로 결부시키게 된 것이다. 이 이름 모를 피학성애자가 폴리치아노였는지 혹은 피코 자신이었는지는 명확하지 않다. 하지만 확실한 것은 두 사람이 주고받은 초창기 편지가 이런 종류의 격한 고통을 부르는 몸짓으로 가득했다는 점이다. 예를 들면 폴리치아노는 피코가 요청한 대로 수정하기 위해서 피코가 보낸 시들 가운데 몇 편을 찔렀지만, 마음만은 사랑 때문에 쓰러진 목축의 신 판과 같다고 답한다. 피코는 답장으로 **누군들 당신의 칼날에 죽음을 맞이하고 싶지 않겠냐**고 하면서, 폴리치아노의 꾸지람이 너무 순한 맛이라 아쉬울 따름이라고 한다.4

이 두 젊은 남성의 관계는 예사롭지 않았고 강렬했다. 두 사람은 세상에 나타난 새로운 존재 방식―장차 **우정**이라고 불리게 될 유대 관계―에 점점 집착했다. 이런 종류의 관계는 마치 언제나 존재했던 것처럼 여겨질 정도로 이제는 익숙해졌다. 하지만 우리가 가족 말고 필요나 의무가 아닌 공통된 취향과 생각으로만 연결된 사람들과 긴밀한 유대를 이루는 습성은 언제 어디에서나 존재했던 것이 아니다. 사실, 이것은 다소 범상치 않은 현상이다. 이런 새로운 인문주의적 관계는 고대 문헌을 재발견하면서 여기에 등장하는 우정이라는 고대의 발상을 모델로 삼은 것이었다. 동성 사이의 이런 관계는 이성 사이에 천하게 주고받는 생식 관계와는 대조되는 것으로 규정되었다. 하지만 그렇다고 해서 반드시 동성 간 관계가 순결하다는 의미는 아니었다. 친구 사이를 더 가깝게 만들어야 한다는 목표 앞에서 이를 추구하는 방법은 중요하지 않았다. 프랑스 수필가 몽테뉴는 자신이 직접 경험한 정열적인 친밀감에 대해서 이런 글을 남겼다. 내가 이야기하는 이런 우정 안에서는 두 사람의 영혼이 서로 완전히 녹아드는 탓에 두 사람 사이의 경계가 지워질 뿐 아니라 완전히 사라진다. 이런 감정들은 플라톤 추종자들로 하여금 만물이 하나라는 근본적인 생각을 떠올리게 했다. 가령, 철학자이자 마법사 아폴로니우스가 친구에게 느낀 이런 매력은 저항할 수 없을 정도였으며, 소크라테스 이전

사상가인 엠페도클레스는 이를 우주의 화학적 구조를 이루는 근간으로 보았다. 즉, 나중에 명명된 **선택적 친화력**을 통해서 단순한 재료들이 하나로 결합하여 더 복잡한 구조를 이루게 된다고 본 것이다. 플라톤과 그 추종자들의 의도에 따르면, 성욕은 연인을 황홀한 초월 상태로 몰아가는 데에 사용한 뒤, 일단 필요한 기세에 도달하면 버려야 하는 대상이었다. 하지만 피코와 폴리치아노가 그들의 충동적 욕구를 다른 곳으로 돌리는 데에 항상 성공했는지는 분명하지 않다. 심지어 폴리치아노 사후에 이 두 가지 황홀경 기법을 결합한 것이 치명타가 되어 그가 죽었다는 전설마저 생겨났다. 죽는 순간, 그는 리라를 손에 꼭 쥐고서 어떤 젊은이를 향한 욕망에 불탄 채 점점 광란에 빠져들면서 마치 백조처럼 자기 노래에 빠져 죽었다고 한다. 좋든 싫든, 피코와 폴리치아노의 초반 관계에 관한 내밀한 세부 내용 중 일부는 베일에 싸여 있다. 이후에 쓴 편지에 따르면, 피코는 청년답게 에로틱한 시와 함께 추파로 가득했던 편지들이 공개되지 않도록 불태웠다고 한다. 폴리치아노는 자신이 활활 타오르는 열정으로 불꽃을 키운 것이 불에 기름을 부은 격이라고 농담조로 말했다. 이후 불타는 책에서 나오는 불빛은 이들 인문주의자 집단 사이에서 계속 입에 오르내리는 농담거리가 되었다. 하지만 훗날 이 불빛은 (금서 화형식과 맞물려/역주) 훨씬 더 암울한 운명을 맞게 된다.5

폴리치아노의 오페라는 오르페우스 신화의 주요 무대를 살짝 벗어나 시작한다. 양치기 무리 가운데 1명이 오르페우스의 아내 에우리디케에게 반하는 장면으로 시작하는 것이다. 다른 양치기들은 사랑에 빠진 처량한 양치기의 애가를 듣고 느낀 감정을 미천한 어휘를 사용해서 묘사하려고 한다. 떨어지는 달콤한 물의 속삭임도, 소나무를 소리 내어 떨게 만드는 산

들바람도, 마음을 달래주는 너의 시만큼 기분을 좋게 만들지 못한다네. 하지만 이 청년이 보여준 반갑지 않은 호의는 비극을 낳는다. 에우리디케가 그를 피하려다가 그만 뱀을 밟으면서 뱀에게 물려 죽고 만 것이다. 이 소식을 전해 듣고 비탄에 잠긴 오르페우스는 아내를 되찾기 위해서 지하 세계로 내려가기로 한다. 그가 쓸 수 있는 유일한 수단은 그가 부르는 마법의 노래뿐이다. 하지만 이는 한때 사이렌도 압도한 적 있다고 전해지는 강력한 무기이다. 오르페우스의 목소리에는 저주받은 자들의 영원한 형벌마저 멈추게 하는 힘이 있다. 폴리치아노는 지옥의 신 하데스의 입을 빌려, 오르페우스의 목소리가 지닌 이 비범한 힘을 표현하고자 한다.

저자는 누구인가?
이런 달콤한 음악으로 심연을 뒤흔들고
현의 울림으로 익시온이 묶인 불의 수레바퀴를 멈추고
시시포스가 굴리던 돌에 기대어 쉴 수 있게 만들고
다나이데스의 항아리를 마르게 만들고
탄탈로스의 물이 오르내리지 않게 만드는 그는 누구인가?
지옥을 지키는 케르베로스조차 넋을 잃고
복수의 여신들마저 불평을 거두네.

오르페우스의 노래가 뿜어내는 저항할 수 없는 힘 앞에서는 죽음마저 역부족이다. 결국 하데스는 오르페우스가 살아 있는 자들의 땅으로 돌아갈 때까지 아내를 보아서는 안 된다는 조건을 붙여 에우리디케를 풀어준다. 하지만 땅 위로 올라가면서 뒤따라오는 아내의 발소리가 들리지

않자 오르페우스는 확인하기 위해서 뒤를 돌아보고, 그 순간 그녀는 흔적도 없이 사라져 다시는 돌아오지 못하게 된다.[6]

폴리치아노는 『오르페우스 이야기』가 대단한 노력을 들이지 않은 대수롭지 않은 작품이라고 주장했지만, 그가 이 이야기를 소재로 선택한 것은 결코 우연이 아니었다. 당시 오르페우스라는 인물은 피렌체 지성계의 중심에 있었다. 피코 역시 몇 년 후에 이 인물에게 끌렸다. 자신의 인생 역작이 피코와 결부되었다고 느꼈던 위대한 플라톤 번역가 마르실리오 피치노는 그 과업을 준비하기 위해서 오르페우스의 작품이라고 알려진 시 몇 편을 번역하기도 했다. 이런 선택은 철학자의 선택치고는 이상해 보일 수 있지만, 여기에서 명심해야 할 점이 있다. 피치노를 비롯한 동시대인들이 플라톤의 작품을 이해할 때 길잡이가 되어준 것은 플라톤을 뒤따르고 그의 작품을 해석했던 사람들이며, 그중 가장 중요한 역할을 했던 사람들은 기원후 3세기에 북아프리카와 레반트에서 전성기를 구가했던 사상가들이라는 점이다. 이들은 플라톤의 저술을 독파하는 일을 진정한 종교의 반열에 올렸다. 플로티노스와 이암블리코스, 프로클로스 같은 '신플라톤주의자'에게 플라톤은 단순히 위대한 철학자가 아니라 신의 계시를 받은 인물이었고, 그의 저술은 연구와 칭송의 대상이지 의심의 대상이 아니었다. 일찍이 소크라테스가 우려했듯, 사람을 상대할 때에는 중간에 끼어들어서 질문할 수 있지만, 대화 대신 글을 접하는 사람들은 생각을 만드는 과정에서 수동적인 존재로 전락한다. 철학사에서 가장 의미심장한 변환점 가운데 하나에 있었던 이 사상가들은 플라톤

---

◀ 폴리치아노의 「오르페우스 이야기」 제작을 위한 레오나르도 다빈치의 무대 배경 설계도.

의 앎에 도달하는 변증법적 기법이나 이데아를 고정하는 형이상학적 틀에 집중하지 않는다. 대신, 이데아의 세계 너머로 플라톤이 손짓을 보냈던 신비주의적인 하나됨Oneness과 그가 초월에 대한 견해를 수립할 때 빌려왔던 고대의 황홀경 의례에 초점을 맞춘다. 원래 플라톤은 그리스 문화의 신비주의적이고 비이성적인 무아지경의 충동이 스스로 등을 돌리게 만들려고 했다. 이를 위해서 그는 이 충동을, 이성적 마음으로 쉽게 접근할 수 있는 곳 아래에 있는 어떤 영원한 것의 모형으로 삼았다. 하지만 의도와는 달리 이런 시도는 정작 그가 대체하고자 했던 바로 그 요소들을 전수해주는 결과를 낳았다. 피치노가 플라톤의 작품들을 번역하기 시작할 즈음, 세상에는 한 가지 신념이 생겼다. 소크라테스는 독창적인 사상가라기보다는 디오니소스의 시인 겸 예언자—다름 아닌 오르페우스—에게서 전달받은 전통을 전수하기만 했던 사람에 불과하다는 것이었다. 그 근거는 그가 파이드로스에게 말할 때 스스로 광란 상태에 빠지기 위해서 열광적인 찬가를 동원했다는 것이었다.7

이런 이유로, 15세기의 피렌체는 주로 시인 오르페우스로 분하는 방법으로 플라톤에 대한 집착을 드러냈다. 피치노 역시 오르페우스가 지은 것으로 알려진 시들을 번역했을 뿐만 아니라, 이 전설적인 시인의 문체까지 흉내 냈다. 효과는 놀라웠다. 그가 리라를 들고 시를 낭송하자, 많은 동시대 사람이 그를 가리켜 오르페우스의 망령이 다시 살아났다고 할 정도였다. 특히 폴리치아노와 로렌초 데 메디치는 모두 전설 속 시인의 영혼이 피치노에게 옮아갔다고 주장했다. 인문주의자 필리포 부오나코르시는 항문 성행위, 우상숭배, 반란 혐의가 제기된 후 1460년대에 로마에서 폴란드로 달아난 인물이다. 그런 그마저 이들 지역에서부터 피치노를 위해서 새의 깃털로 만든 망토와 뿔 손잡이가 달린 검을 가져왔다. 그는 피치노가 노래와 리라는 이미 갖추고 있으니 이런 복장을 하면 진짜 오르페우스가 될 것이라고 말했다. 아마 이런 신기한 의복은 타타르 사람들에게서 받은 기념품이었을 것이다. 폴란드 동부와 그 너머에 살았던 타타르 부족은 주술사들이 깃털 망토를 입고서 (소크라테스가 그러했듯이) 육체이탈 경험을 새의 비상 및 새의 노래와 연결했다. 이것이 사실이든 사실이 아니든, 이탈리아 인문주의자들은 비非그리스도교 세계의 의례적 관행 안에서 메아리처럼 반사되어 나오는 고대 황홀경 기법을 금세 발견할 수 있었다.[8]

피치노가 오르페우스의 마법의 목소리를 연구할 때, 문제의 핵심은 조화 공명에 있었다. 자기력과 함께, 건드리지 않고도 다른 것에 영향을 줄 수 있는 두 번째 방법이 바로 조화 공명이었다. 기타의 현 하나에서 혹은 크리스털 잔 테두리에서 만들어진 음이 다른 곳에 있는 대응물에서도 같은 소리가 나게 만드는 경우처럼 말이다. 사람 마음을 동요하게 만드는 이런 속임수는 오래 전부터 극적 효과를 내는 데에 사용되었다. 가령, 구조물의 여러 지점에 빈 화병을 설치해서 특정한 높이의 소리가 만들어질 때 화병이 울리게 하는 식이었다. '음향 항아리'라고 알려진 이 장치는 유럽에서는 스트라스부르 대성당에서 볼 수 있었고, 전 세계적으로는 비잔티움 교회와 모스크에서 흔히 사용되었다. 같은 시기에 동아프리카 해안에 있었던 도시 게디에서는 건축가들이 명나라 도자기 그릇을 사용해서 이런 효과를 냈다. 피렌체의 문헌학자들이 발견한 바에 따르면, 이 장치는 폴리치아노가 되살려낸 바로 그런 공연에서 무대 효과 장치로 처음 사용되기 시작한 듯하다. 고대 건축가이자 작가인 비트루비우스가 고대 그리스 극장에 '소리 항아리echea'가 있었다고 언급한 적이 있기 때문이다. 이 항아리들 덕분에 배우들과 멀리 떨어져 있어도 그들의 목소리는 허공에서 들리는 것처럼 느껴졌다. 많은 철학자들이 공명이라는 이 비범한 현상과 그 외 다른 종류의 원격 작용 사이의 유사점에 골몰했다. 가령, 신플라톤주의자인 플로티노스는 하나의 현이 울려서 또다른 현의 인식을 일깨우는 방식, 즉 두 현이 조화를 이루며 하나의 음계에 맞춰진 결과에 주목했다. 그러면서 기도와 주문의 힘을 이해하는 한 방법으로 이를 활용했다. 기도와 주문은 마치 같은 음조에 맞춰져 있는 것처럼 다른 곳에 있는 것들에 영향을 미쳤기 때문이다. 이런 결론에 도달한 것은 신플라톤주의자들만이 아니었다. 중국에서도 많은 사상의 중심에 감응이라는 개념이 있었다. 감응이란, 공명의 한 형태라고 여겨지며, 세상에 있는 서로 다른 것들 사이의 관계를 말한다. 중국에서도 감응을 자력에 비유했다. 신플라톤주의자들과 중국 사상가들은 양측 모두 만물과 공명하는 주요 음이 존재한다고 생각했다. 또한, 인간이 완벽함에 이르는 길은 이 음을 발견해서 자기 자신을 우주 전체와 맞춤으로써 중국 도가 사상에서 말하는 동어대통同於大通을 경험하는 것이라고 보았다. 피치노는 초창기에 작성한 플라톤 철학 요약서에서, 그에게 시적 광란을 불러일으켜 그의 영이 초월에 도달할 수 있게 해준 것이 바로 이런 종류의 조화였다고 결론을 맺는다.9

폴리치아노가 다룬 오르페우스 이야기는 시인이 지하 세계에서 귀환하는 것으로 끝나지 않는다. 이 작품에 등장하는 유일한 주문인 오르페우스의 노래가 죽은 자들에게 미친 영향을 다루는 것으로 막을 내리지도 않는다. 마지막 막에서는 아내를 잃은 오르페우스가 황야로 떠나면서 다시는 여자를 사랑하지 않겠다고 맹세하고, 그 탓에 한 무리의 마이나데스로부터 반감을 산다. 산비탈을 알몸으로 누비는 마이나데스는 그들의 신 디오니소스를 황홀경 상태에서 숭배하면서 유혈이 낭자하고 욕정이 넘치는 난장판 주신제를 지내는 여성들이다. 오르페우스의 맹세에 그들은 점차 분노에 휩싸여, 죽어 마땅한 오르페우스를 죽이자고 뜻을 모은다. 돌과 불, 나뭇가지 그리고 그들의 신 디오니소스의 신성한 지팡이인 티르소스로 무장한 그들은 변절자 오르페우스에게 사형을 선고하고 그의 가슴을 찢어서 뛰고 있는 심장을 꺼내려고 한다. 그들의 광기는 광적인 찬가를 합창하면서 절정으로 치닫는다. 소크라테스가 그 위력을 활용했던 바로 그 율동적인 찬가이다. 고대 세계 전반에 걸쳐 이 찬가는 매우 유명하다. 전해지는 말에 따르면, 극작가 에우리피데스의 희곡 『바카이*Bakkhai*』에 등장하는 디오니소스 찬가는 그 위력이 대단해서 노예가 된 그리스인들이 반란을 일으킬 때 이 찬가를 이용했다고 한다. 고대 그리스 시인 핀다로스가 지은 찬가에는 이 시가들과 관련된 의례가 자세히 묘사되어 있다. 정신없이 탬버린을 흔드는 것을 시작으로, 노란 소나무 숲 아래 횃불이 활활 타오르면, 몸부림치는 목에서 우레와 같은 신음과 황홀경에서 나오는 고함이 터져 나오네. 폴리치아노의 오페라에서는 오르페우스의 심장 적출 장면이 무대 밖에서 이루어진다. 하지만 여성들이 돌아와 그들의 희생자는 갈기갈기 찢어져 숲 여기저기로 흩어졌다고 발표한다. 모든 나뭇가지에서 그의 피가 뚝뚝 떨어지고, 팔다리가 서로 떨어져 나갔으며, 그의 몸은 조각나서 이리저리 뒹굴고 있다. 그들의 신에게 팔다리가 잘린 시인이자 예언자를 희생 제물로 바친 것이다. 피 맛에 취하고 디오니소스의 신성한 포도주에 취한 그들은 점점 제의에 빠져들어 빙글빙글 춤추며 열띤

노래를 부른다. 서로 누구의 몸과 목소리인지 구분하기 어려워질 정도가
된다.

Ognun segua Baccho te

Baccho Baccho eu hoe

Chi uuol beuere chi uuol beuere

Vegna a beuere uegna a beuere……

Ognun gridi Baccho Baccho

Et pur cacci del uin giu

Poi con suoni faren fiaccho

Beui tu et tu et tu

I non posso ballar piu

Ognun gridi heu hoe

Ognun segue Baccho te

Baccho Baccho hue hoe

이 찬가 가운데 번역 가능한 부분은 술을 마시며 부르는 시끌벅적한
노래로, 디오니소스 신의 영광을 위해서 술에 취하자고 선동하는 부분이
다. 그러나 이 노래의 다른 부분은 해석이 불가하다. 무아지경과 흥분 상
태에서 내지르는 외침으로만 이루어진 아무 의미 없는 말이기 때문이다.
이런 외침은 주신의 광기에 빠졌다는 암시인 동시에 그렇게 되게 만드는
것 자체이기도 하다. 유후!10
　오르페우스의 이야기는 시의 위력을 보여주는 우화이다. 시에는 창조

하고 파멸시키는 힘, 영원한 운동을 멈추고 죽은 자들을 되살리는 힘, 많은 사람을 머리는 많아도 몸통은 단 하나인 군중으로 만드는 힘, 대개의 사람에게 형언할 수 없는 행위를 하도록 선동하는 힘이 있다. 이를 보여주기 위해서 이 이야기는 성과 음식, 폭력에 대한 욕망을 충격적으로 버무렸다. 이런 문제들을 무대에 올리기로 마음먹은 폴리치아노는 한자리에 모인 군중에게 그저 여흥만 제공할 심산이 아니었다. 그에게는 피렌체 사상계의 심장을 관통하던 문제들의 답을 찾고자 하는 마음도 있었다. 이런 질문들은 되돌이표처럼 오르페우스에게 되돌아갔다. 폴리치아노는 피렌체에서 베르길리우스에 관해서 몇 차례 대중 강연을 했는데, 이때 오르페우스의 시를 묵상하는 것으로 강연의 포문을 열었다. 또한 그는 헝가리 국왕을 위해서 지은 학구적인 시에서 오르페우스의 시적인 노래들이야말로 소크라테스가 말했던 바로 그 마부와 같다고 했다. 따라서 육체의 굴레에 갇혀 있던 영혼을 육체에서 해방시켜 그 너머로 옮긴다는 것이었다. 또한, 야만스러운 인간의 영혼을 처음 길들여서 법 앞에 복종하게 만든 것도 바로 이런 설득력 있는 달콤한 말솜씨라고 했다. 폴리치아노는 점점 과열된 목소리로, 치밀어오른 분노에 도취해서 '유후!'라고 외치는 자의 마음에 가득 찬 열정을 칭송했다. 이 사람의 마음속에는 신이 살기 때문이다. 신이 그의 텅 빈 마음속에 머물며 그를 완전히 장악하고, 그가 가진 인간의 심장을 찬가로 가득 채우기 때문이다. 그러나 노래가 지닌 황홀한 힘에 대한 폴리치아노의 열정에 모두가 공감했던 것은 아니다. 피치아노는 스스로 오르페우스를 본보기로 삼아 그를 따라 했지만, 그럼에도 경계의 끈을 늦추지 않았다. 그는 이런 종류의 목소리가 워낙 위력적이라서 전염성이 강하다고 경고했다. 그저 노래를 낭송하거나 따라서 들으면서 수동적인 참여자로 시작했던 사람들도 급기야는 그 운율에 사로잡혀 노래가 시키는 대로 움직이고 행동하게 된다는 지적이었다.

폴리치아노의 작품은 초월과 문젯거리라는 두 가지 가능성을 모두 보여주었다. 노래가 지닌 힘을 널리 입증함으로써, 그것이 이 세상에서 사용할 막강한 도구인 동시에 다른 어딘가로 들어가는 입구가 된다는 점을 보여주었다. 하지만 넋을 잃게 만드는 이런 운율이 듣는 사람을 신의 생각과 행동의 경지로 올리는 데에만 사용되는지, 아니면 그 힘이 더 사악한 목적으로도 사용될 수 있는지는 불분명했다. 게다가 간담을 서늘하게 하는 뜻 모를 비명, 의미 없는 소리가 마이나데스의 황홀경을 유발했다는 것은 무슨 의미일까? 비이성적이고 무의미해서 이해할 수 없는 것들이 가장 강력하다면, 인간은 이성적으로 행동해야 한다는 명령은 어떻게 이해해야 할까? 의미가 없는 것들의 힘을 보여주는 것은 마이나데스의 비명만이 아니었다. 르네상스 수집가들이 소중히 간직했던 고대 마법의 부적intaglio도 마찬가지로 대부분 뜻 모를 문구를 지녔다는 특징이 있었다. 사문석으로 만든 이런 부적 중 하나에는 사자 머리를 한 신의 모습과 함께 chuch bachuch bakachuch bazakachuch bakaxichuch bainchooch라는 낱말들이 새겨져 있다. 침묵의 신 하포크라테스에게 헌정된 또다른 부적에는 앞뒤 어느 쪽으로 읽어도 똑같은 ablanthanalba라는, abracadabra를 혀 짧은 소리로 발음한 듯한 회문이 새겨져 있다. 이런 말들은 뜻이 있을 것만 같지만 실제로는 아무 의미도 없는 소리를 모아둔 것이다. 특정 음절을 앞뒤로 반복하면 사람들과 어쩌면 초자연적인 세계에도 모종의 영향력을 미칠 수 있다고 생각한 고대의 이런 지식은 과연 무엇이었을까? 이런 믿음을 지녔던 것은 고대 그리스인들만이 아니었다. 지금의 브라질 땅에 살았던 아라웨테족의 샤먼들은 막강한 권력을 행사하기 위해서 **신들의 음악** 마이 마라카Maï marakã를 사용했다. 일종의 허밍과 웅웅거리는 소리로 된 이 음악에는 의미 없는 구절들도 포함되어 있었다. 이 말들은 신들이 이 세계를 떠날 때 인간들에게 남겨두고 간 신의 언어로 여겨졌다. 게다가 피코와 그의 동시대인들에게 친숙한 부적은 탈리스만talisman이라는 이름으로 불렸는데, 아무 의미 없는 소리로 된 이 이름은 어떤 아랍 단어를 뒤에서부터 읽은 것이라고 여겨졌다. 문제의 단어는 바로 무살라트musallat로, 무엇인가에 영향력이나 지배력을 행사하다를 뜻했다.[11]

# 6

# 학문의 장인

유럽 전역으로 명성을 떨친 한 청년이 있었다. 그는 소년의 티는 벗었으나 완전히 어른이라고는 볼 수 없는 나이에 이미 남다른 지력과 기억력을 발휘한 것으로 유명했다. 불과 열 살에 성서를 통달한 뒤, 계속해서 수학과 철학, 법학뿐만 아니라 천문학과 자연과학, 형이상학을 이어서 공부했다. 지식에 대한 그의 허기는 거인 가르강튀아의 왕성한 식욕만큼이나 엄청났다. 훗날 이 신동은 그때의 일을 이렇게 회상했다. 그 시절 나는 단 하룻밤도 통잠을 자거나 다른 일에 정신을 팔지 않았다. 밤이 되면 집으로 돌아와 눈앞에 등불을 밝히고 서둘러 책을 읽고 글을 썼다. 잠이 오기 시작하거나 지치는 것 같으면 포도주 한 잔을 마시고 기운을 차렸다. 그의 이해력 너머에 있는 것은 아무것도 없었다. 그는 이렇게 말했다. 의학은 어려운 과학 축에 들지 않는다. 그래서 나는 단기간에 의학을 통달해버렸다. 유명한 의사들이 찾아와 그의 발치에서 가르침을 구할 정도였다. 그는 정체 모를 병에 걸린 지역 유지를 치료하면서 권력층의 주목을 받았다. 치료에 대한 보상으로 그가 요구한 것은 오직 하나, 희귀 도서로 가득한 권력자의 멋진 도서관에 가서 공부를 계속할 수 있게 해달라는 것뿐이었다. 그에 따르면, 이런 식으로 했더니 열여덟 살에 모든 과학 공부를 끝내게 되어 그 후로는 달리 새로 발견할 것이 아무것도 없었다.[1]

이 이야기는 피코를 둘러싸고 전해지는 전설과 기가 막히게도 비슷하다. 하지만 이번 이야기의 주인공은 피코가 아니라 11세기 페르시아 지성계의 거목 이븐 시나이다. 그의 이름은 지중해를 건너 여러 언어를 거치면서 '아비센나'로도 불렸다. 이븐 시나는 비범한 삶을 사는 동안 오늘날 우즈베키스탄에 속하는 부하라의 사마니드 도서관에서 만난 책들을 바탕으로 아랍어권을 휩쓴 운동을 이끈다. 바로 팔라시파falasifa, 즉 철학자들이 전념했던 팔라사파falasafa(철학 연구 운동)의 선봉에 선 것이다. 그는 사마니드 도서관을 이렇게 기억했다. 방이 많은 집에 들어갔는데, 방마다 책이 가득한 상자가 켜켜이 쌓여 있었다. 아랍 책과 시의 방, 법의 방, 이런 식으로 방마다 다른 학문 분야의 책이 보관되어 있었다. 고서들의 색인을 보고 요청하면 어떤 책이든 받을 수 있었다. 그곳에 소장된 도서 중에는 거의 알려진 바 없는 책들, 처음이자 마지막으로 본 책들도 있었다. 이렇게 이븐 시나는 철저한 경비를 받는 도서관에서 군침을 돌게 하는 잊힌 책들의 목록을 접했다. 그리하여 긴 세월 동안 상자 안에 잠들어 있던, 들어본 적 없는 경이로운 것들이 깨어나는 시대가 마침내 열렸다. 팔라시파들이 가장 애지중지했던 도서는 바로 스승 아리스토텔레스의 저술들이었다. '그 철학자'의 저작물은 바로 이 팔라시파들의 손을 거쳐 피코가 출생하기 수 세기 전에 그리스도교 유럽을 정복했다. 이뿐만이 아니다. 피코가 (그의 조카의 표현처럼) 수 세기 동안 우리 민족이 잃어버렸던 많은 것을 찾기 위해서 페라라를 떠나 안전하게 자유로운 생각을 할 수 있는 파도바 대학교로 이주한 이유 역시 아리스토텔레스 사상을 바탕으로 팔라시파들이 발견한 것들을 배우기 위해서였다.[2]

　팔라사파 운동이 남긴 가장 중요한 유산은 아찔하고 급진적인 영향력을 지닌 고대 사상을 기꺼이 다시 들여다보려는 분위기를 조성한 것이다. 이븐 시나와 그의 친구 알-비루니 사이에 있었던 **물 도둑**clepsydra이라는 장치를 둘러싼 유명한 논쟁이 그 좋은 사례이다. 이번에도 논쟁의 대상은 눈에 보이지 않는 힘이었다. 두 사람은 구멍을 통해서 물을 위로 흐르게 하거나 아래로 떨어지지 않게 할 수 있는 신비한 힘을 두고 의견을 주고받았다. 대개 이런 속임수는 자연이 진공을 혐오한다는 것을 증명하기 위해서 사용되었다('호로르 바쿠이horror vacui', 즉 공백 공포 또는 빈 공간에 대한 두려움/역주). 하지만 진공이 존재하지 않는다는 생각 역시 문젯거리였다. 만약 진공의 존재가 허용되지 않는다면, 이는 우리 우주의 경계 너머에 또다른 세계가 있어야만 한다는—그리고 그 너머에는 또다른 세계가 있어야 한다는—뜻이 된다. 이렇게 되면 아리스토텔레스를 공포에 빠뜨려 뒤로 물러서게 만든 무한히 많은 세계로 가는 길이 다시 열린다. 이븐 시나도 이 길은 가고 싶어하지 않았다. 그는 우리의 이해 영역 너머에 있는 세계들 안에는 그 세계들을 이해할 수 있는 다른 사람들이 있다고 주장했다. 그러면서 인간은 자신이 사는 우주의 극히 일부분만 알 수 있다고 주장했다. 그의 동료 알-비루니는 이런 폭탄 같은 발상에 훨씬 더 열린 자세를 지닌 인물이었다. 박학다식했던 알-비루니는 많은 저술을 남겼는데, 그 가운데 특히 세계 연대표와 요가에 관한 소책자,

그림자의 본질에 관한 포괄적인 논문이 대표작이다. 아마도 이웃한 인도 땅의 사상적 영향을 받아서 개방적이었던 듯하다. 그는 인생의 대부분을 인도에 바쳤고, 인도야말로 그리스 사상을 이루는 잃어버린 요소들의 살아 있는 보고라고 여겼다. 그는 인도 문화 연구를 시작할 때 먼저 독자들을 안심시키는 일부터 했다. 인도인들은 유일신을 믿고 여러 다양한 대상으로 이루어진 하나의 세계를 믿는 사람들이라고 한 것이다. 이는 당시 어떤 문화를 소개할 때 가장 기본적으로 요구되는 최소한의 조건이었다. 하지만 이렇게 말한 다음 그는 진실은 더 복잡하다고 재빨리 인정했다. 그는 그리스인과 힌두인 중에는 만물은 하나이며, 인간만이 돌과 무생물의 세계를 앞서는 특권을 누리고, 인간이 제1원인, 즉 조물주에 한 단계 더 가까이 있다고 생각하는 사람들이 양쪽에 모두 있다고 했다. 하지만 인간이 조물주에 더 가깝다는 것만으로는 인간이 무생물보다 더 나을 바가 없었다. 골치 아프게도, 동쪽에 사는 이 이웃 사람들은 다양한 물체 사이에 본질적인 차이가 없다는 세계관에 전혀 거부감이 없는 듯 보였다. 더 나아가, 일부 그리스인들처럼 인도인들도 진정한 지혜는 차이의 임의성을 인식하는 데에 있다고 결론지었다. 이는 그들의 경전인 베다에 소중히 담겨 있는 지혜였다. 알-비루니가 남긴 기록에 따르면, 이런 경전들은 상상할 수 없을 정도로 오래된 고대의 문헌이었다. 이런 문헌은 실제로 수없이 사라졌다가 다시 발견되었다. 한번은 물고기 한 마리가 깊은 물속 자신의 안식처에 있던 경전을 뱃속에 품은 채 수면 위로 가지고 올라온 적도 있다고 전해진다. 또 한번은 멧돼지가 엄니로 경전이 묻혀 있던 곳을 파헤쳐서 발견했다고 한다. 기록을 남기던 그를 당혹스럽게 만든 사실도 있었다. 심지어 그가 활동하던 시절에도 인도의 사제들은 실제로 무슨 뜻인지도 모른 채 베다 경전을 낭송했다는 것이다. 하지만 이렇듯 의미를 모르더라도 불교도들이 만트라를 채용해서 인도에서 중국과 그 너머로 퍼뜨리는 데에는 아무런 문제가 없었다. 더군다나 이들 지역에서는 만트라에 대한 지식이 높은 가치를 인정받았다.3

이븐 시나는 여러 세계가 존재할 가능성은 받아들이지 않았지만, 적어도 아리스토텔레스의 지식론 가운데 한 가지 주장은 옳다고 확신했다. 인류 전체가 공유하는 단 하나의 보편적 지성—이븐 시나는 이를 가리켜 '천사'라고 불렀다—이 존재해야 한다는 주장이었다. 따라서 그는 이 주장이 플라톤의 사상과 양립한다는 것을 증명하고자 했다. 하지만 아리스토텔레스의 주장이 플라톤과 맞아떨어지든 맞아떨어지지 않든, 이슬람 신학자들이 지적하는 문제들은 도무지 극복할 수 없었다. 아리스토텔레스의 주장에 따르면, 개인들이 죽어서 개별로 행동하기를 멈추면, 그들의 마음은 보편적 지성의 공동 저장고로 돌아가 구별과 차이가 일체 사라진다. 이는 사후 세계의 개인별 보상과 형벌이라는 교리와 융화될 수 없는 발상이다. 실제로 존재의 본질에 관한 이런 근본적인 질문들은 이성적 분석으로 알아낼 수 있는 것이지 경전 속 계시나 심지어 신에 대한 믿음이 필요한 것이 아니라는 생각은 초창기 팔라시파의 사상에 대한 반발을 일으켰다. 이런 반격을 선도하는 나팔수 역할을 했던 알-가잘리는 『철학자들의 부조리Tahāfut al-Falāsifa』와 『종교학의 소생Ihyā̕ 'Ulūm al-Dīn』 등의 저술에서 이렇게 주장했다. 신에게는 고삐 풀린 듯 통제할 수 없는 힘이 있어서 법이나 논리가 아니라 당신의 마음에 얼마나 드느냐에

▶ 비슈누 신의 아바타 마츠야(물고기/역주)가 깊은 물속에 있던 베다 경전을 다시 브라마에게 돌려주는 장면.

*The several Gods worship'd by the Gentiles in the East Indies.*

따라서 만사를 판단하고 결정한다. 그러니 이는 이성적 분석으로는 결코 세계를 완전히 이해할 수 없으며, 사안에 따라서는 신앙을 바탕으로 한 순종이 요구된다는 뜻이다. 이에 따라서 알-가잘리는 이제는 불가피하다고 느껴질 정도로 뻔한 수를 두었다. 헤아릴 수 없는 신성한 것의 대표적인 사례로 운율이 인간 영혼에 미치는 영향을 제시한 것이다. 따라서 나는 이렇게 말하고 싶다. 선율과 인간 영혼의 관계는 가장 높은 곳에 계시는 신만이 아는 비밀이기 때문에, 선율은 경이로우리만치 효과적으로 인간 영혼에 작용한다고 말이다. 시와 노래가 듣는 사람들에게 미치는 영향은 시와 노래에 쓰인 말을 분석하는 것으로는 이해될 수 없었다. (알-가잘리가 주장하듯이) 잘 듣지 못하거나 제대로 이해하지 못하는 사람들, 심지어 상황 파악도 하지 못하는 요람 속 아기들도 이런 노래의 영향을 받는다는 사실만 보아도 분명히 그렇다. 이뿐만이 아니다. 낙타들도 마찬가지였다. 낙타 몰이꾼은 달콤한 노래로 낙타가 탈진할 때까지 몰고 다니는 것으로 유명했다. 알-가잘리가 생각하기에 이런 신비한 수수께끼가 일어나는 이유야말로 신의 계시의 본질이며, 그의 저술의 바탕이자 중심인 수피 신비주의의 핵심이었다. 그에 따르면, 영혼이 소리를 통해서 감명받는 원인을 아는 일은 수피교도에게 허락된 계시 관련 학문 중 가장 미묘한 부분에 속한다. 그러나 모두가 이런 의견에 동의했던 것은 아니다. 그리스도교 세계에 억류되었던 이슬람 역사가 레오 아프리카누스는 수피교도들을 이렇게 묘사했다. 그들 가운데 일부는 때로 시를 노래하는 소리를 듣고 마음을 빼앗겨 옷을 찢기도 했다. 사람들은 이런 자들은 신의 사랑의 불길에 휩싸여 흥분해서 머리가 돌았다고 여겼다. 하지만 레오는 비꼬는 듯한 말투로 이어서 이렇게 덧붙였다. 내 생각에는 그보다는 그런 사람들은 음식을 너무

많이 먹어서 탈이 난 것 같다. 한 사람이 3인분씩 먹어대니 말이다.4

피코가 파도바를 찾은 것은 이븐 시나의 사상보다는 그의 뒤를 이은 12세기의 사상가 이븐 루시드에게 끌렸기 때문이다. 이슬람 치하의 스페인 출신 철학자인 그는 팔라시파의 저작을 그리스도교 유럽으로 전수한 장본인이었다. 이븐 루시드는 마음이 물질과 분리될 수 있으며, 분리되기 때문에 물질의 특성인 부패의 대상이 되지 않고 영원하다는 주장 또한 받아들였다. 또한, 여러 마음이 보편적으로 참된 결론에 각각 독립적으로 도착한다는 사실을 설명하려면, 이 마음들이 하나의 공통된 유일무이한 실체에서 파생되었을 수밖에 없다는 주장도 수용했다. 그런데 이렇게 되면 아브라함 신앙의 명령과 전적으로 양립할 수 없다는 문제가 남았다. 일단, 논리를 통해서 지배하고 발견할 수 있는 엄격한 법칙으로 신의 권력을 제한한다는 생각은 신의 위엄에 대한 모욕처럼 보였다. 다른 한편으로, 모든 개개의 마음이 파생되는 원천이자 육체의 구속에서 벗어날 때 되돌아가는 곳인 단 하나뿐인 보편 지성이 존재한다는 생각은 죄와 사후 세계라는 개념을 완전히 전복시키는 것이었다. 만약 죽은 다음 우리 개인의 의식이 서로 구분되지 않는 하나의 덩어리로 흡수된다면, 과연 개인에게 진정으로 사후의 삶이 있다고 할 수 있을까? 우리 모두 하나로 뒤섞여 서로 구별되지 않는다면, 이생에서 쌓은 덕이나 악이 다음 생에서 무슨 소용이 있겠는가? 피코의 스승 피치노가 말했듯이, 우리는 마음이 하나일 가능성을 고려할 때마다 혐오감이 들어 여럿이라고 생각을 바꾼다. 살아남고 싶은 욕망 때문에라도 말이다. 인간의 마음과 영혼이 항상 하나의 독립된 개체인 것은 아니라는 발상은 대부분의 사람들에게는 한번 생각해보기도 싫을 정도로 등골 오싹한 이야기였다. 하지만 이는 피코에게는 해당하지 않았다. 그에 대한 전설에 따르면 그는 임종 때 인간의 마음과 영혼이 항상 독립된 것은 아니라는 생각을 철회했다고 한다. 이것으로 보아, 그는 죽기 직전까지 이런 발상을 믿었다고 알려졌던 것 같다.5

이처럼 논리와 신앙 사이에 해결할 수 없을 것 같은 교착 상태가 계속되자, 이에 대한 해법으로 12세기의 알-안달루스(중세시대 이슬람 통치 아래의 이베리아 반도/역주)에서 이븐 루시드가 기발한 해결책을 떠올렸다. 체계 전체가 무너지지 않도록 방지하면서도, 종교적 근본주의자들이 철학적 탐구 과정을 차단하지 못하게 설계한 경이로운 궤변이었다. 바로 이중진리라는 개념으로, 이성이 어떤 것의 절대적 필요성을 증명하는데 신앙이 이와 정반대되는 것을 요구하는 경우, 두 가지 모두 각자 나름대로 사실이 틀림없다는 주장이었다. 사실상 이븐 루시드는 하나의 거품을 만들어낸 셈이었다. 이 거품 안에서는 현세의 삶에서 철학적 결론을 분리함으로써 급진적인 철학 사상이 지속될 수 있었다. 다시 말해, 현인들은 특정한 것들이 사실임을 알 수 있었지만, 보통 사람들은 마치 그와 정반대가 사실인 것처럼 계속 행동할 수도 있었고 그래야만 했다. 그렇게 하지 않는다면 끔찍한 결과가 생길 것처럼 느껴졌기 때문이다.6

이중진리의 원칙은 훗날 파리의 철학자들을 통해서 그리스도교 사상에 유입되었다. 바로 이 원칙 덕분에 파도바는 급진적 사상의 세계적 온상으로 번성할 수 있었으며, 이븐 루시드는 보편적 지성은 제한된 의미에서만 참이기 때문에 이단이 아니라고 주장할 수 있었다. 바로 이 논리가 더 광범위하게 적용된 덕분에 대학이라는 유럽의 특정 기관들 한가운데에서 매우 다양한 사고방식이 공존할 수 있었다. 이론의 여지 없이 유일한 진리라고 주장하지 않는 한, 대안적 우주관들이 용인된 것이다. 피코를 파도바로 이끈 주된 요인 가운데 하나는 그곳에 엘리아 델 메디고가 있었기 때문인 것 같다. 베네치아 식민지 크레타 섬의 칸디아 출신 유대계 학자였던 델 메디고는 이븐 루시드 사상의 최고 권위자였으며 파도바 대학교의 히브리 학부에서 학생들을 가르치고 있었다. 얼마 지나지 않아서 피코의 영향권 안에 들어온 그는 아직 피코가 읽을 수 있는 언어로 번역되지 않은 이븐 루시드의 저술을 피코와 공유하기 시작했다. 히브리어로 된 문헌을 델 메디고가 어린 제자를 위해서 라틴어로 옮겨준 것이다. 그는 자신을 따르는 이 특출난 추종자에게 반했던 것이 분명하다. 그가 피코에게 보낸 편지들을 보면 이탈리아어와 라틴어가 혼용되어 있고, 드문드문 히브리어와 그리스어 용어도 눈에 띈다. 하지만 이 편지들은 두 사람의 관심사에 대한 그들의 생각이 매우 달랐으며, 위험할 정도로 빨리 진도를 나가고 싶어하는 어린 학생에게 교수가 단단히 화가 나 있었음을 보여준다. 델 메디고는 이렇게 썼다. 나리께서도 잘 아시다시피, 앞서 말했던 아리스토텔레스와 이븐 루시드가 남긴 말 중에는 거의 모든 음절 하나하나에 연구할 만한 발상이 다 들어 있습니다. 델 메디고는 장차 피코가 존경받는 아리스토텔레스 학자가 되리라고 확신했지만, 그러려면 두 사람이 머리를 맞대고 앉아서 생각의 흐름을 차례대로 하나하나 철저히 공부하는 시간이 필요하다고 생각했다.7

그러나 이처럼 공을 들이는 꼼꼼한 접근 방식은 피코의 본성에 맞지 않았다. 그는 이내 델 메디고에게 이븐 루시드의 저술을 번역해서 자세히 설명해달라고 부탁했을 뿐만 아니라, 기초적인 히브리어도 가르쳐달라고 했던 것 같다. 물론, 피코가 히브리어를 배우고 싶어했던 이유 중 하나는 족쇄 같은 스승의 경고에서 벗어나 팔라시파의 유대 번역물을 직접 읽고 싶다는 욕심 때문이었다. 하지만 그는 히브리어 자체에도 매력을 느꼈던 것으로 보인다. 오래 전부터 유럽인들은 히브리어에 신비감을 느꼈는데, 이는 히브리어가 구약성서의 언어이자 하느님이 아담에게 사용했다고 여겨지는 언어였기 때문이다. 심지어 단테는 세상의 다른 모든 언어는 바벨탑을 세운 자들로부터 전해 내려왔지만, 하느님의 언어—히브리어—는 오직 신성모독을 삼갔던 사람들만이 계속 사용할 수 있게 허락되었다고 주장했다. 하지만 유럽 학자들의 히브리어 지식은 여전히 극히 제한되어 있었기 때문에, 피코의 히브리어 연구는 많은 면에서 선구적이었다. 피코와 그의 동시대인들은 이 낯선 셈어파 언어에 신비감과 호기심을 느꼈다. 그들 중에는 히브리어 문자의 친숙하지 않은 상징적 모양에 매력을 느끼는 이들도 있었다. 이는 특히 히브리어의 음절과 글자 형태에 하느님의 목소리의 흔적이 보존되어 있다는 믿음 덕분에 더욱 그랬다. 엘리아 델 메디고의 지도를 받으며 피코가 발견하게 되듯, 히브리어에 신성이 깃들어 있다는 믿음은 히브리어에서 이국적 신비감을 느끼는 이들에게만 국한되지 않았다. 오히려 그 반대였다. 유대 사상의 중심이 되는 유구한 전통에 따르면, 하느님은 최초의 언어에 초자연적인 특성을 가득 담았다. 암호처럼 소리뿐만 아니라 글자 모양에도 숨은 의미를 부여했기 때문에, 이를 올바로 활용하면 우주의 비밀을 알아낼 수 있다고 여겨졌다. 피코가 카발라kabbalah라는 이 예술 혹은 학문을 처음 접한 것은 엘리아 델 메디고를 통해서였던 것 같다. 하지만 그의 스승은 제자가 이 주제에 강하게 끌리는 것을 유감스럽게 생각한 듯, 이 전통의 기본 중의 기본 이상은 그에게 전해줄 수 없었거나 전해주고 싶지 않았딘 것 같다. 하지만 피코는 존재의 심오한 구조와 언어 사이의 신비한 연관성을 풀 해법을 카발라에서 찾을 수 있다고 보았다. 그 연관성이란, 낯선 언어를 듣거나 익숙하지 않은 외래 문자를 볼 때 속 깊은 곳에서부터 본능적으로 느껴지는 것이었다. 반면, 델 메디고는 아마도 두려움을 느낀 것 같다. 이런 비술적祕術的인 내용을 만지작거리면, 그가 파도바에서 누렸던 관용의 범위를 넘어서는 일이 될지도 몰랐다. 그렇게 되면 그리스도교 서양 세계의 일부 지역에서 이방인들과 그들의 사상에 상대적 평화를 허용했던 불안한 체계가 더 흔들릴 수 있었다.[8]

피코가 파도바에서 스승으로 모셨던 또다른 교수와 주고받은 편지들을 보면, 피코의 사고가 어떤 방향으로 뻗어 나갔는지 어느 정도 감을 잡을 수 있다. 젊은이답게 충동적이고 고집이 셌던 피코는 교수의 충고가 담긴 편지를 받자, 그 편지에서 반복해서 언급된 그 시대의 자명한 신성한 진리 가운데 일부를 지적하는 답장을 보냈다. 바로, 팔라시파의 저작물과 이를 서양에 소개한 자들의 저술은 역사의 쓰레기 더미로 보내져야 하며, 그 이유는 이들의 작품이 종잡을 수 없는 괴로운 용어로 표현되어 있어서 거의 읽을 수 없는 지경이고, 그리스 원본에 대한 지식이나 올바른 라틴어 문체에 주의를 기울이는 모습을 전혀 보이지 않기 때문이라는 것이었다. 그 교수의 편지는 새로운 인문주의 유행에 따라 **어떤 작품의 내용이 제아무리 가치 있다고 하더라도 문체가 우아해야 살아남을 수 있다**고 표명하고 있었다. 피코는 이 편지에 대해서 존재의 가장 심오한 본질에 관한 문제를 다룰 때 말솜씨는 전혀 상관없다고 주장하는 대담한 답장을 보냈다. 철학 저술은 대중을 매혹하거나 감동을 주려고 생산되는 것이 아니기 때문이다. 그에 따르면 철학 저술은 예리하지 않더라도 다른 뾰

족한 수단이 없기 때문에 언어라는 도구를 써서 존재의 근본적인 진리를 어떻게든 알아내고자 작성하는 것이었다. 실제로도 달리 도리가 없었다. 진정으로 중요한 것들을 논할 때면 상대방에게 어떻게 들릴지는 거의 생각하지 말아야 한다. 듣기 좋게 들리는 진리만이 아니라, 어떤 언어로 듣든 똑같이 타당한 진리를 추구해야 한다. 이런 피코의 입장은 당대의 유행을 따르던 모든 지식인의 생각과는 워낙 대조되는 것이라서, 많은 사람이 피코의 편지를 널리 돌려본 뒤 농담이겠거니 여겼다. 매우 세련되고 박식한 라틴어로 표현된 편지였으니 더욱 그랬다. 사람들은 그가 최대한 설득력 있는 방법으로 웅변력을 저격함으로써 자기의 웅변력이 통달 수준임을 과시한다고 생각했다. 하지만 그의 인생 경로를 보면 그가 어디까지나 진지했음을 알 수 있다. 어렸을 때부터 신동이라고 추앙받았음에도, 혹은 어쩌면 그러했기 때문에, 피코는 다른 사람들에게서 인정받는 데에 거의 관심을 보이지 않았다. 그 대신, 현실적인 무엇인가를 해야 할 때 그런 정신력을 사용하기로 마음먹었다. 멋진 말을 주고받으면서 명성이라는 값싼 보상에 만족하기보다, 세상을 변화시키지 못하게 사고를 제한하는 경계선을 넘어서는 데에 그 능력을 발휘하고자 했다. 멋진 말로 다른 사람들을 이끄는 것과, 이런 일이 어떻게 일어나는지 이해하는 것은 완전히 다른 문제였다. 사람들을 향해 숨겨진 힘을 발휘하는 것과, 울림을 전달하는 우리 존재의 심오한 구조를 파악하는 것은 전연 다른 일이었다. 피코는 사고의 한계에 대한 좌절감을 누구보다 절절하게 느꼈던 것 같다. 생각이 제아무리 열렬하고 단호하더라도, 그 생각이 스스로 품은 범주 안에만 묶여 있어서, 바깥세상을 지배하는 정해진 법칙에는 결코 일말의 변화도 주지 못하는 것 같았기 때문이다.9

바로 이때가 피코의 인생에서 선환점이었다. 이제부터 그는 사람들이 용납할 수 있는 생각의 경계를 넘어가는 모험을 감행하기 시작한다. 그리고 그의 이야기는 그의 사후 수십 년이 지난 뒤 전통 설화로 재탄생한다. 먼저, 16세기 독일 땅 북쪽에서 신통한 능력을 지닌 한 청년의 이야기가 만들어진다. 그는 전통 학문 분야를 접하고는 금세 싫증을 느끼고 초자연적인 비술적 지식에 집착한다. 그리고 결국 막강한 힘을 얻기 위해서 자신의 영혼을 지옥의 속박에 넘기기로 악마와 계약을 맺는다. 훗날 이 신화는 '파우스트 박사'라는 인물로 연결되었다. 어쩌면 일부 이야기는 요한 게오르크 파우스트라는 역사적 실존 인물에 바탕을 두었을 수도 있다. 하지만 『파우스트 전승 설화집Historia von D. Johann Fausten』(1587년 독일에서 출판된, 가장 오래된 파우스트 전설/역주)에 기록된 이야기들은 영원한 저주를 받을 위험을 무릅쓰고 이미 규정된 지식의 한계를 뛰어넘는 모험을 감행한 사람들에게 매료되어 탄생한 것들이다. 그리고 이 신화에는 궁극적으로 피코의 인생 이야기에서 파생된 것처럼 보이는 부분이 많다. 파우스트 신화의 영국판 연극은 셰익스피어의 경쟁자였던 극작가 크리스토퍼 말로가 집필했다. 이 희곡의 첫 장면에서 어린 신동은 이미 자신이 능가해버린 전통 규율들을 재빨리 집어던진다. 피코가 그러했듯이, 그도 처음 시작할 때는 겉으로는 신학자가 되기로 했지만, 나중에는 아리스토텔레스의 저술에 빠져 살다 죽기로 결심한다. 그런 다음에는 '그 철학자'의 논리로도 다른 하찮은 필멸의 인간들을 설득하는 것 이상은 할 수 없다는 결론을 내린다. 파우스트는 이븐 시나처럼 의학을 아주 쉽게 통달하고, 피코처럼 법학을 업신여긴다. 이 학문은 오직 외부의 쓰레기 같은 것만 겨냥하는, 돈만 밝히고 틀에 박힌 일이나 하는 사람에게나 어울린다.

내가 하기에는 너무 노예처럼 굴종적이고 자유가 없이 편협한 분야이다. 그는 신학조차도 세상과 인간에 대한 신의 섭리를 실제로 바꿀 수 없어서, 불가피한 상황의 흐름에 아무런 영향을 주지 못한다고 여긴다.[10]

『파우스트 전승 설화집』은 세상에 어떤 실질적인 변화도 가져올 수 없는 이 학문들의 미미한 능력에 절망한 청년이 칼데아어, 페르시아어, 히브리어, 아랍어, 그리스어와 숫자, 문자, 주술, 주문을 사용하는 사람들에게 둘러싸여 지내는 이야기를 들려준다. 이들은 주술, 마법, 예언, 마술, 주문처럼 이런 지옥 같은 예술에 속하는 다른 의식들도 많이 지낸다. 그는 저들의 책과 말, 이름을 워낙 좋아해서 밤이고 낮이고 그 안에서 공부한다. 물론, 이런 설화에는 이야기꾼의 시각과 도덕성 있는 훈화에 필요한 요소들이 작용하기 때문에 피코의 실제 삶이 다소 왜곡되기는 했다. 그럴지언정 설화에 등장하는 연속된 사건들과 공부한 언어 목록을 보면, 파도바 시절과 그후 피코의 삶이 어땠는지 잘 알 수 있다. 그는 이 언어들을 공부하면서 글자와 주문, 기이한 책과 말과 이름에 정신없이 집착했고, 이런 강박관념에서 끊임없이 생겨나는 악마의 관행을 비난했다. 말로의 희곡 첫 장면에 등장하는 극적인 표현을 보면, 파우스트처럼 피코도 다음과 같은 결론을 내린 것 같다.

선, 원, 도표, 문자, 글자
아, 이것들은 파우스트가 가장 원하는 것들이라네.
오, 이 같은 이익과 기쁨,
권력, 영예, 전능의 세계는
열심히 공부하는 학문의 장인에게 무엇을 약속하는가?

조용한 양극 사이를 움직이는 만물은

내 명을 따르리라. 황제와 국왕의 명은

여러 지방에서만 복종받을 뿐.

그들은 바람을 일으키지도, 구름을 가르지도 못하네.

하지만 그의 지배력은 이를 능가해서

인간의 마음처럼 멀리 펼쳐지네.

건전한 마술사는 강력한 신이라네.


　피코는 동료들을 설득하거나 깊은 인상을 남기는 것 같은 사소한 목표를 넘어서서, 점차 지식을 발견하는 데에 집착했다. 그의 지식은 하나의 종교나 사상적 전통에만 국한되지 않았다. 오히려 세상의 여러 지식으로부터 모인 지식, 모든 것을 하나로 묶는 숨겨진 보편적 진리를 찾는데에 매달렸다. 이런 지식을 통달하면 세상에 영향력을 행사해서 저항할 수 없게 만드는 힘이 약속되었다. 이런 지식을 추구하자, 피코는 불가항력처럼 피렌체로 끌렸다. 그와 똑같은 야망을 품은 것 같은 폴리치아노와 피치아노를 중심으로 한 무리에도 마음이 갔다. 그러면서도 피코에게는 이 영역에서 그들이 이룬 성취를 자신이 머지않아 능가하리라는 자신감이 있었다.[11]

# 7

# 소리 안에 담긴 도서관

피코는 피렌체를 여러 차례 방문했던 것 같다. 훗날의 기록에 따르면, 폴리치아노와 인연을 맺기 시작한 초반에 이곳을 처음 방문했다고 한다. 그는 시큰둥하고 오만한 데다가 이 도시의 부르주아 문화에 그다지 감명받지 못한 듯한 모습으로 폴리치아노에게 나쁜 인상을 주었다. 아마이 시점이면 청소년 피코가 피렌체의 특징을 아직 이해하지 못했을 가능성이 있다. 페라라에 비해서 피렌체가 고상하고 귀족적인 분위기가 덜했던 데에는 이유가 있었다. 피렌체의 주요 시민들과 그들을 이끌던 거상 메디치 가문이 이탈리아의 다른 소영주들과는 완전히 다른 게임을 벌이고 있었기 때문이다. 겉모습이나 느낌, 도시 건축 면에서 피렌체는 거칠게 예속시키는 봉건 영주들의 전형적인 지배 방식을 지향하지 않았고, 그보다는 고대 공화국의 영광을 되살리고자 했다. 도시 한가운데에는 공작의 성이 아니라 통치위원회의 회합 장소였던 팔라초 델라 시뇨리아(현재 시청으로 사용 중인 베키오 궁전/역주)가 우뚝 솟아서 시내를 내려다보고 있었다. 나머지 다른 가옥들은 유독 튀는 것 없이 모두 비슷한 높이로 서 있었는데, 이런 양식을 만든 것은 코시모 데 메디치와 그의 손자 로렌초였다. 이들은 은행업과 무역으로 막대한 부를 쌓아 피렌체가 전쟁이 끊이지 않는 이탈리아 도시국가들 가운데 지배적 위치에 오르도록 이끌었다. 그리고 이는 공화국을 위한 그들의 보잘것없는 봉사에 불과하다고 주장하면서, 그럴 필요가 없어지면 언제든 공적인 자리에서 물러나겠다고 했다. 이들은 한편으로 건축과 당대 가장 유명한 예술가들과 사상가들을 후원함으로써 대인으로서의 면모를 보였고, 다른 한편으로는 (고대 로마를 본보기 삼아) 정떨어지는 부산한 상업 활동에서 벗어나 평화롭고 목가적이며 관조적인 생활을 할 소박한 시골 저택을 도시 외곽에 짓는 겸손함을 보여주었다. 피렌체 사람들은 피코가 처음 도착했을 때의 모습을 그의 운명적 역할에 썩 어울릴 법한 방식으로 기억하며 그를 칭송했다. 피렌체 아카데미아의 수장 피치노가 훗날 남긴 글이 그 좋은 예시이다. 그는 피코가 피렌체에 도착한 그날, 심지어 정확히 그 시각에 플라톤의 저술을 번역하는 대대적인 작업이 마침내 완수되었다고 했다. 이뿐만 아니라, 피코가 도착한 시간은 코시모 데 메디치의 영혼이 낙점한 것이라고도 했다. 이처럼 피치노가 피코를 거창하게 신화화한 이유는 스물한 살 청년 피코가 보인 비범한 행동 때문이었던 것 같다. 피코가 침착했던 것인지 아니면 무엇인가에 홀린 상태였는지는 모르겠지만, 그는 피치노의 위대한 업적을 짤막하게 축하하더니 곧바로 화제를 바꾸어 다음에 그가 할 일을 제안했다.[1]

이후 수년간 메디치 가문은 피코의 주요 활동 무대가 되었다. 이곳은 탐구심이 풍부한 사람들에게는 낙원이었으며, 재능 있는 인재들이 모인 느슨한 형태의 협회와 같았다. 로렌초는 인재들을 끌어모아, 그의 보물 사이를 누비면서 새로운 보물을 만들 자유를 주었다. 피치노는 번역 작업을 이어가면서 플라톤의 기일이 되면 카레지에 있는 메디치 빌라에서 매년 연회를 개최했다. 이 자리에서는 『오르페우스 이야기』로 스타가 된 즉흥 시인 바초 우골리니가 예언의 노래를 들려주기도 했다. 그런가 하면, 어린 미켈란젤로 부오나로티도 얼마 후 로렌초의 후원 아래 조각 공부를 시작하면서 보티첼리와 기를란다요가 이미 소속되어 있던 미술가 집단에 합류했다. 미켈란젤로는 폴리치아노가 제안한 주제로 조각가로서의 경력에 첫발을 내딛었는데, 몇몇 이야기에 따르면—피코가 도착하기 한두 해 전에 완성된—보티첼리의 유명한 작품 「비너스의 탄생」 역시 고대 문헌을 꼼꼼히 독파한 폴리치아노의 지도를 받아 섬세하게 완성되었다고 한다. 피코에 따르면, 그가 피렌체에 끌린 이유는 그곳의 도서관들에 대한 기대 때문이었다. 그중 단연 으뜸은 메디치 도서관이었다. 그곳은 인문주의자라면 동경하지 않을 수 없는 꿈의 기록물 보관소였다. 여기에는 그리스 군도를 비롯한 그 외 지역에서 중개인들이 끝까지 찾아낸 고대 문헌들이 보관되어 있었다. 훗날 로렌초는 특유의 우아하고 관대한 태도로 이렇게 말했다. 피코와 폴리치아노가 사용하기 알맞은 도서관을 짓기 위해서라면 기꺼이 파산도 마다하지 않으리라. 그 과업을 완수하는 데에 도움이 된다면 가구라도 내다 팔리라.

폴리치아노는 점차 피코를 곁에 두면서 도서관에서 나날을 보냈다. 강의 준비를 하고, 여러 메모로 이루어진 그의 걸작 『잡록』을 집필했다. 그는 오랜 세월 누구도 펼쳐본 적 없던 문헌 속 수수께끼를 풀기 위해, 기억을 더듬어가며 다른 책에서 유사한 용어가 사용된 부분을 찾아냈다. 예를 들면, 수에토니우스가 쓴 클라우디우스 황제의 전기 속 한 대목에는 피에 대한 끝 모를 굶주림에 허덕이던 황제의 모습이 묘사되어 있다. 클라우디우스가 검투사 쇼에 동원된 장인들의 작업이 마음에 들지 않는다며 그들끼리 결투를 벌이게 했던 장면이다. 폴리치아노는 바로 이 대목에 나오는 한 구절에 주목했다. 그에 따르면, 다른 문헌들은 대부분 문제의 구절을 장식품auto ornatum으로 보고 수공예품이라고 설명하는 오류를 범했다. 하지만 메디치 도서관에 소장되어 있던 12세기 문헌에서는 이 단어를 automaton으로 보는 것이 타당했다. 그는 자동 장치를 뜻하는 automaton은 기계공들이 가시적 원인 없이 저절로 되는 것처럼 보이도록 제작했던 것들을 묘사하기 위해서 사용된 것으로 보인다고 썼다. 같은 시기에 폴리치아노는 이처럼 자동으로 움직이는 신기한 물건에 여러 날 동안 마음이 꽂혔다. 그 대상은 바로 시계공 로렌초 델라 볼파이아가 메디치 가문을 위해서 만든 신형 천문시계였다. 폴리치아노는 한 친구에게 보낸 편지에서 이 시계에 대해서 1분 1초도 놓치지 않을 것처럼 자세히 묘사했다. 시계 장인이 대리석 오벨리스크 꼭대기에 행성의 운동을 본떠 만든 회전하는 황동 디스크 여러 장을 설치해서, 보름달이 뜨는 시간과 일출과 일몰 시간, 황도 12궁 별자리 위치, 심지어 일식과 월식이 일어나는 때를 예측했다는 내용이었다. 폴리치아노는 이 시계를 그저 하나의 도구나 장난감이 아니라, 과거로 통하는 창문으로 여겼다. 그는 고대 발명가 아르키메데스가 설명한 장치도 이와 유사한 성질의 것이 틀림없다고 확신했다. 기술의 발견으로 천체의 운동을 이토록 놀라우리만치 정밀하게 재현할 수 있게 되었다면, 아직 밝혀내지 못한 다른 운동들 가운데 인간의 창의력을 발휘할 대상이 될 만한 것은 과연 또 무엇일까?[2]

바로 이 메디치 도서관에서 베일에 가려졌던 몇 가지 비밀이 드러났다. 고대인들의 지식이 사라지거나 묻혀버린 것이 아니라 민속 전통이 되어 전해 내려오고 있었음이 밝혀진 것이다. 알고 보니 고대의 지식은 배운 사람들의 코앞에서 민속이라는 형태로 이어져오고 있었다. 폴리치아노가 남긴 또다른 메모는 고대 로마의 우주 지리학자 대ㅅ플리니우스의 저작 가운데 한 대목을 다룬다. 문제의 작품은 알려진 세계에 대해서 백과사전식으로 설명하는 『자연사Naturalis Historia』이다. 이 책 가운데 **과연 말에 힘이 있는지**를 다루는 장이 문제였다. 여기에서 폴리치아노는 대부분의 판본에는 빠져 있으나 메디치 도서관 소장 원고에는 등장하는 용어 하나를 복원했다. 대다수 판본에 수록된 변질된 문헌에서는 **번개숭배는 일반 민중의 풍습**이라고 간단히 언급되어 있었다. 이러면 말의 힘과는 아무런 관계가 없어서 거의 의미 없는 문장이 된다. 하지만 메디치 도서관이 소장한 13세기 문헌을 보니, 과거 어느 시점에 필경사들이 별 의미 없어 보이는 단어를 생략한 것이 문제로 드러났다. 그래서 이 구절은 실제로는 **쪽 소리**(포피스마poppýsma, 만족이나 동의를 표하기 위해서 입술로 부드럽게 내는 작은 소리, "쪽" 하는 소리를 나타내는 라틴어/역주)**를 내면서 하는 번개숭배는 일반 민중의 풍습**을 나타낸다고 보아야 했다. 그런 다음, 폴리치아노는 고대 극작가 아리스토파네스의 작품과 그 외 작품에서 이를 뒷받침할 증거를 수집했다. 이런 **쪽 소리**가 의성어이며, 입술을 맞부딪히는 것을 표현하는 그리스어임을 보여주기 위해서였다. 실제로 고대 세계에서는 번개가 치면 입술을 맞부딪히는 방법으로 반응하는 것이 관례였다. 나아가 폴리치아노는 이런 쪽 소리가 고대 세계뿐만 아니라 그가 살던 시기에도 길들지 않아 사납게 날뛰는 말을 진정시킬 때 사용된다고 지적했다. 그러면서 민속 풍습 안에 고대 지식을 보관하는 고유의 도서관이 있는 셈이라고 주장했다. 이런 깨달음은 점차 폴리치아노 외에 다른 이들에게도 찾아왔다. 이탈리아 남부에 있는 타란토는 디오니소스를 모시는 고대 주신제가 열렸던 장소였다. 심지어 피코가 살던 시절에도 이곳에서는 운율감 있는 소리에서 나오는 놀라운 힘에 초점을 맞춘 현지 숭배 의식이 열렸다. 이 의식은 광란과 착란의 춤을 추는, 현지의 유행병을 고치는 치료법이었다. 이 병은 아마도 그 일대에서 타란툴라라고 불리던 거미에 물려 걸리는 것으로 추정되었다. 이 거미는 수많은 이상한 이야기들의 단골 소재였다. 레오나르도 다빈치는 이 거미와 관련해서 사람들이 흔히 품었던 믿음을 그의 노트북에 기록했다. 그 믿음이란 타란툴라한테 물리면, 그들이 물린 순간에 했던 생각이 물린 사람의 마음속에 확고부동하게 못 박힌다는 것이었다. 이 타란텔라 춤을 추는 사람들은 주로 여성이었는데, 이들이 춤에 취해 추는 선정적인 동작은 15세기 사람들에게 충격적이었다. 지역 전통에 따르면, 이들은 특정한 선율이 연주되어야만 제정신으로 돌아갈 수 있었다. 즉, 이런 선율이 감염자들에게 영향을 주어 그들을 원래의 모습으로 회복시킨 것이다. 쪽 소리로 말과 번개를 진정시키고, 타란텔라 춤으로 거미를, 낙타 몰이꾼의 노래로 알-가잘리의 낙타를 다스린다는 믿음은 모두 한곳을 가리켰다. 그곳에는 사람들 뇌리에서 절반쯤은 사라져버린 소리와 소리가 지닌 힘에 대한 지식이 있었다.3

피코는 메디치 가문에 금세 자리를 잡더니, 얼마 지나지 않아서 로렌초에게 그의 시에 대한 의견을 담은 편지를 보냈다. 단테의 시보다 우아하면서도 페트라르카의 시보다 본질적이니, 어떤 면에서는 이들 두 시인의 작품보다 훌륭하다는 내용이었다. 실제로 로렌초는 뛰어난 시인이었다. 그전에는 사랑과 사육제를 소재로 한 가벼운 작품을 쓰다가 얼마 전부터는 더 성숙하고 성찰적인 작품을 쓰기 시작한 참이었다. 피코의 편지 내용이 그저 아부성 빈말만은 아니었던 셈이다. 한편, 이 편지는 피코가 파도바에서부터 고민하기 시작한 소리와 의미의 관계를 충분히 생각해볼 기회이기도 했다. 피코 스스로 자신에 대해서 폴리치아노에게 말했듯, 어쨌든 피코는 시인치고는 철학자였고 철학자치고는 시인이었다. 이편지에 따르면, 말솜씨로 평범한 것을 평범하지 않게 만드는 페트라르카의 능력은 불안의 근원이다. 피코는 고대 그리스 로마의 모범에 따라서 이를 아시아의 악습이라고 비난한다. 그것은 그저 벌어진 틈을 메우려고 말로 채우고, 아름답게 꾸미기만 하는 것이 아니라 전체를 돋보이게 하려고 음량이 풍부하고 화음이 맞는 소리를 소환하는 것이었다. 내용이 문체보다 중요하다는 주장은 최소한 플라톤 시대 이래로 늘 존재해왔다. 이런 주장은 동쪽의 알려지지 않은 곳에서 전해진 걱정스러울 정도로 매혹적인 '아시아의' 의례를 겨냥한 경우가 많았다. 이제는 이런 주장이 워낙 익숙하고 통상적인 믿음이 되어서, 우리는 무엇이 중요한지 그리고 왜 그런 믿음을 끊임없이 재확인해야 하는지 자주 잊는다. 다시 말해, 우려스럽게도 우리는 말의 실제 내용보다 그 소리에 마음이 더 움직일 수 있다는 것을 상기해야만 한다. 이런 가능성 때문에 인간은 자신이 듣는 말을 이성적으로 판단하는 판사에서, 소리의 패턴에 휘둘리는 무기력한 도구로 바뀔 위험이 있다.4

피코는 1480년대에 피렌체에 주기적으로 머무는 동안 폴리치아노와 거의 딱 붙어서 지냈던 것으로 보인다. 이 한 쌍의 인문주의자는 시간을 쪼개어 함께 공부도 하고 애정 어린 유희도 즐겼다. 훗날 폴리치아노는 두 사람의 관계를 보여주는 감동적인 이야기를 하나 들려준다. 그가 시골에 있는 메디치 저택 가운데 한군데로 내려가서 연구에 매진하고 있을 때였다. 한번은 피코가 변장을 하고 그를 찾아왔다. 그는 그곳을 처음 찾은 사람인 양 연기하면서 폴리치아노에게 피코 델라 미란돌라라는 자를 어떻게 생각하냐고 물었다. 그는 영혼의 단짝이 자신에 대해서 무엇이라고 하는지 들은 다음에야 변장을 벗고 정체를 밝혔다고 한다. 세상에 피코의 **닮은꼴은 없다**는 폴리치아노의 표현처럼, 누구보다 눈에 띄는 이 청년이 자기 외모를 숨기려고 한 것만큼 무모한 시도는 없을 것이다. 그래도 폴리치아노는 아마도 이런 시도에 속는 척하면서 다정하게 잘 맞춰주었을 것이다. 두 사람의 모습은 피렌체에 있는 당대의 가장 경이로운 기적 같은 그림들 중 하나에서 엿볼 수 있다. 바로 코시모 로셀리가 산탐브로조 성당의 성혈 예배당에 그린, 눈부시게 장엄한 프레스코화에 그들이 구경꾼으로 등장하기 때문이다. 이 그림의 전경에는 무리 지어 어슬렁거리는 세 인물이 보인다. 이 무리가 눈에 띄는 이유는 천사 같은 양성적인 모습의 피코에게서 느껴지는 기운 때문이다. 그의 양옆으로 머리카락 색이 짙고 턱이 각진 폴리치아노와 피치노가 서 있다. 이들 세 사람은 배경에 있는 여성 무리와는 동떨어져 있는데, 이 여성들은 2세기 반전에 이곳에서 일어났던 포도주가 피로 변하는 기적을 구경하고 있다. 저명한 미술사가 조르조 바사리는 로셀리가 그린 피코의 초상화가 워낙 뛰어나서 그림이 아니라 마치 살아 있는 것처럼 보인다고 평가했다. 일각에서는 피코가 보티첼리의 작품 「동방박사의 경배」에도 등장한다고 주장했다. 이번에 그는 로렌초 데 메디치와 함께 서서 자신이 성취할 업적을 상징하듯 경배하는 동방박사들을 향해 손짓하고 있다.5

이 인물들은 도메니코 기를란다요의 작품에도 거의 모두 등장한다. 산타 마리아 노벨라 성당의 토르나부오니 예배당에 그려진 그의 작품은 당대의 가장 위대한 연작 작품이라고 해도 손색이 없다. 이 거대한 프레스코화에서는 기적이 일어나는 현장 옆으로 내로라하는 피렌체의 저명인사들이 희미하게 빛나는 붉은색 비단옷을 걸친 채 삼삼오오 무리 지어 서 있다. 기적 장면을 표현한 이 그림은 그 자체로 작은 기적과 같다. 그림자와 원근법은 벽 뒤로 공간이 쭉 뻗어 있는 것처럼 보이게 만들며, 인물들은 전경의 단차에 따라서 그림 한가운데에 있는 제대祭臺를 향해 쏠릴 것 같다. 중세의 어느 이슬람 학파는 그리스도를 그린 그림에는 그림자를 그리지 않아야 그 그림이 우상으로 오인되지 않는다고 믿었다. 이런 신념에 따른다면, 뇌리에서 떠나지 않는 깊이감과 그럴듯함이 느껴지는 기를란다요의 그림을 보면 대부분 우상숭배자가 되겠다 싶다. 바로 이 그림의 왼편 하단 모퉁이에 보이는 사람들이 폴리치아노를 비롯한 당대의 주요 학자들이다. 여기에는 크리스토포로 란디노의 모습도 보인다. 보티첼리가 삽화를 그리고 그가 주해한 단테의 『신곡』 판본은 큰 성공을 거두었다. 피렌체를 떠나 망명을 해야 했던 피렌체의 위대한 시인 단테의 삶이 마침내 이 책 덕분에 보상이라도 받는 것 같았다. 기를란다요의 프레스코화 중앙에 등장하는 성서 속 이야기는 대체로 사람들에게 익숙지 않은 장면일 것이다. 장차 세례자 요한이 될 아들이 태어나기 전, 한 천사가 아버지가 될 스가랴에게 저주의 말을 하는 순간을 그린 장면이다. 복음에 따르면, 천사 가브리엘이 연로한 사제 스가랴에게 나타나,

116

그와 그의 아내 엘리셰바에게 요한이라는 이름의 아이가 태어날 것이며, 그 아이는 메시아의 길을 준비하게 될 것이라고 알린다. 하지만 스가랴가 천사의 말을 믿지 않자, 천사는 의심에 대한 벌로 그에게 아들이 태어날 때까지 말을 하지 못하는 저주를 내린다. 이 그림에서는 피코의 모습이 확인되지 않지만, 군중 속에서 믿기지 않을 정도로 천사처럼 보이는 인물을 발견할 수 있다. 그는 기를란다요의 친구 로셀리가 묘사한 피코의 모습과 놀랍도록 비슷하다. 이 인물의 머리 위로는 누군가가 군중 앞에서 연설adlocutio하는 자세로 말하는 모습을 묘사한 기둥 장식이 보인다. 듣는 사람을 마음대로 요리할 수 있는 말의 힘을 보여주는 상징물이다. 이런 장면은 고대 로마의 주화인 세스테르티sestertii에도 새겨져 있다. 황제가 부대 앞에서 수게스툼suggestum이라는 연단 위에 올라 연설을 통해서 그들을 하나로, 즉 머리는 여럿이지만 몸은 하나로 만드는 모습이 담겨 있는 것이다. 기를란다요가 그린 장면은 천사의 말이 지닌 힘을 보여주는 일종의 우화이다. 가브리엘 천사는 무엇인가를 발표하는 것만으로도 그렇게 이루어지게 만든다. 이 이야기에서 가브리엘은 믿음이 부족하고 불경스러운 스가랴의 입을 저주로 막고, 앞으로 오게 될 그리스도의 강생이라는 눈부신 반전 안에서 자신의 말이 살이 되어 실현되게 한다. 이 시기의 한 철학자는 가브리엘 천사가 휘두르는 힘을 설명하기 위해서 심지어 새로운 동사를 만들어냈다. 바로 안젤리차레angelizare, '천사의 경지로 올리다'이다. 말을 듣는 사람에게 기적이 일어나게 하여, 말하는 사람과 듣는 사람 사이에 구별이 없어져 모두 하나가 되어 행동하게 만든다는 의미이다.

천사는 그 시대의 어느 미술 작품에서든 등장한다. 그림의 맨 꼭대기에 걸터앉아 있는 모습이, 마치 무지개 날개의 대천사부터 날갯짓하는 치품천사 세라핌에 이르기까지 모두 그림이라는 새장 안에 모여 있는 것처럼 보인다. 대천사는 중성적 면모를 지닌 아름다운 청소년의 모습으로, 등 뒤에 달린 거대한 한 쌍의 날개를 제외하면 사람과 구별되지 않는다. 천사 가운데 가장 높은 치품천사는 인간의 얼굴을 하고 있다는 점을 제외하면 대개는 새와 다르지 않다. 이 시기의 사상가들은 천사에 매료되어 있었다. 천사와 관련해서 많은 사람의 골치를 아프게 했던 한 가지 문제는 천사의 무리가 총 몇 명이냐는 것이었다. 「요한 묵시록」 제5장 제11절에 나오는 최후의 심판 장면에서는 천상 왕좌를 에워싼 천사의 수가 수백만 수억만이었다고 기록되어 있다. 하지만 이것으로 만족하지 못하고 더 정확한 통계 조사로 천사의 수를 따지는 것이 바람직하다고 여긴 사람들이 있었다. 이 문제와 관련해서 최고 권위자는 성 바울로의 제자로 알려진 디오니시오스 아레오파기테스라는 사람이었다. 피치노는 이 사람의 저술에 몰두해 있었는데, 디오니시오스에 따르면 거의 무한 수의 천사가 존재했다. 인간은 천사들 가운데 가장 낮은 품계에만 접근할 수 있을 뿐, 그 위에 있는 대천사나 주품천사, 역품천사, 능품천사, 권품천사, 좌품천사, 지품천사, 치품천사에게는 다가갈 수 없었다. 단테는 『신곡』중 「천국」편에서 천사의 무리가 체스에서 둘 수 있는 수천 가지 수보다 더 많다고 추산했는데, 이렇게 되면 백자리 수가 넘는다. 훗날, 이보다 더 정확한 수치를 원했던 한 예수회 학자가 계산한 바에 따르면, 천사의 총수는 적어도 58494093197555440108325890601385984000000000 00000000000000000000000000000000은 된다고 한다. 하지만 (그가 추측하기로) 실제로는 1,062자릿수가 될 가능성이 컸다. 이는 아르키메데스가 우주를 채우는 데에 필요한 모래 알갱이 수를 계산한 예상치(8 × 10⁶³/역주)보다 999자리 더 큰 수이다. 한편에서는 천사의 수가 이렇게 많으면 천사마다 이름을 붙이는 과정에 지나치게 많은 수의 소리가 필요해진다고 지적했다. 이 경우에는 한 천사가 자신의 이름은 신비한 것이라고만 밝힌 성서의 증언이 확인되는 셈이었다(「사사기」 13:18). 피코와 동시대를 살았던 사람들 중에는 이보다 더 나아간 사람도 있었다. 그는 모든 천사에게 이름을 붙이는 데에 필요한 무수히 많은 음절을 동원하면, 일상적인 언어 사용법으로는 아무것도 의미하지 않는 말들을 헤아릴 수 없이 많이 만들게 되며, 이 경우 이런 말들은 무의미하기는 해도 우리로 하여금 천사들 앞에 허리 굽혀 경배하고 싶다는 저항할 수 없는 욕망을 불러일으킨다고 했다. 디오니시오스 아레오파기테스가 생각하기에, 신성神性을 향해 상승 중인 언어가 이처럼 휘청거리는 것은 일자the One가 존재하는 곳, 바로 어마어마한 최종 침묵에 접근했다는 신호였다.[6]

페라라 궁전 안뜰에 서 있는 미트라신 조각상이 시사하듯, 천사는 아브라함 계통 종교만의 전유물이 아니었다. 천사라는 단어 자체부터 '전령'을 뜻하는 그리스어 앙겔로스angelos에서 온 말이었다. 천사는 발에 날개가 달린 헤르메스의 직위를 뜻하는 말로 일찍이 호메로스의 시에 등장한다. 헤르메스는 신들의 명령을 인간들에게 전달하는 동시에 영혼의 인도자psychopompos로서 인간들을 그들에게 운명 지어진 장소로 인도하는 역할도 했다. 한편 헤시오도스는 3만 명에 달하는 이 중재자들의 임무가 인간과 신을 중재하는 것이라고 했다. 플라톤 시대가 되자 이 다이몬daemones들은 또다시 늘어나서, 사람마다 수호 정령이 있다고 믿게 되었다. 이후 고대 로마인들은 이를 수호신을 뜻하는 제니우스genius라고 불렀는데, 이 단어는 이런 존재들, 즉 정령을 가리키는 아랍어 단어 지인jinn과 매우 비슷하다(이 아랍어는 결국 다시 프랑스어로 번역되어 '지니genie'가 되었다). 초창기 고대 그리스에서는 다이몬은 인간계와 천상계 사이의 존재로, 천사는 지하 세계에서 온 중재자로 각자의 위치를 정리했다. 그랬던 것이 훗날 유대교와 페르시아 신앙과 뒤섞이면서 위치가 역전되었다. 천사가 성서 속 말라키Mal'akī(히브리어로 '사자'나 '전령'을 의미/역주)와 결부되고, 다이몬이 루시퍼와 그 추종자들을 뜻하게 된 것이다. 이후 천국의 체계를 도표화하기 위해서 노력하는 동안, 성서 속에 여기저기 흩어져 있던 천사에 관한 언급들이 한데 모여 다른 전통들과 섞였다. 원래 성서에 등장하는 천사들 모두에게 날개가 달려 있지는 않았지만—그래서 천국에 올라가려면 사다리가 필요했다—점차 날개가 천사를 구별하는 대표적인 특징이 되었다. 천사들의 주요 역할이 천상의 음악을 만드는 것이라는 생각도 여러 천구의 조화에 관한 고대 그리스의 사상과 융합되어 등장했다. 이는 플라톤이 말한, 불가항력을 지닌 말을 하는 천사들의 합창과 점차 연결되었다. 단테는 「천국」 편에서 천사의 노래를 접한 경험을 이렇게 묘사한다. 결국 나를 그처럼 달콤한 사슬로 묶은 것은 그 노래 말고는 없었을 정도로 나는 그 노래에 매료되었노라. 상황이 이렇게 되자, 아마도 천사들이 쓰는 언어에 관한 의문이 고개를 들 수밖에 없었을 것이다. 단테는 천사들의 지력이 워낙 강해서 의사소통을 위한 말이 필요 없을 정도였으며, 생각하는 것만으로도 서로의 생각을 완전히 알 수 있었다고 한다. 그러면서 단테는 이처럼 완전하게 생각을 공유한다면 실제로 천사들을 개별 존재로 간주할 수 있냐는 또다른 의문을 제기한다. 피코 역시 어떤 의미에서 천사는 각자 공유하는 생각의 종류에 따라서 규정되어 부류별로 하나씩만 존재한다고 추측했다. 이처럼 천상의 존재에 관한 다양한 전통들이 뒤섞인 결과, 천사들은 공유된 진리, 즉 보편적 직관을 증언한다는 결론을 부정하기가 어려워졌다. 어떤 의미에서 그들은 실제로 그러했다.7

피코는 피치노에게 플라톤의 전작을 번역하는 후속 작업으로, 플라톤 추종자였던 플로티노스의 저술을 라틴어로 번역하는 과제를 안겼다. 플라톤의 저술에 숨겨진 비밀을 가장 잘 설명할 수 있는 사람이 플로티노스 같았기 때문이다. 플라톤은 존재를 하나로 통합하는 일자(또는 최초의 하나/역주)와 거기에서 나오는 많은 것들 사이의 관계를 설명할 때 오직 수수께끼 같은 우화로만 이야기했다. 그래서 그의 추종자들은 그런 우주의 구조에 대해서 더 명료하고 충분한 답을 얻고 싶은 마음이 굴뚝 같았다. 성공적인 발상이 으레 그렇듯, 플라톤의 전철을 밟은 추종자들은 그의 철학으로부터 당황스러울 정도로 복잡한 다양한 체계를 만들어 냈다. 그 결과, 플라톤 철학은 열심히 공부하는 입문자들만 접근할 수 있는 신비한 밀교가 되어버렸다. 대부분이 지중해 동부와 아프리카 북부 출신인 이 철학자들은 3세기에서 5세기 사이에 알려진 세계를 가로질러 플라톤 철학을 명확히 규명하러 나섰다. 플로티노스의 제자이자 전기작가인 포르피리오스에 따르면, 플로티노스는 페르시아와 인도의 철학을 배우고 싶어서 알렉산드리아를 떠나 동쪽으로 갔다고 한다. 반면, 포르피리오스의 제자 이암블리코스는 이집트 종교의 신비를 깊이 탐구했다 (훗날 이암블리코스의 저작을 피치노가 번역한다). 이런 식으로 그들은 플라톤의 지혜란 그가 만들어낸 것이 아니라 고대의 지식을 전달하기만 한 것이라는 플라톤의 저술 속 호기심 자극성 실마리들을 따라갔다. 플라톤의 작품에는 고대 그리스인들은 고대 이집트인들에 비하면 어린아이에 불과하다는 기록이 있다. 그리스인들은 그들이 발견한 위대한 진리를 되풀이해서 망각했던 반면, 이집트인들은 진리를 상형문자라는 비밀 문자로 적어서 사원의 돌에 새겨 안전하게 보존했기 때문이다. 이러한 생각은 계속해서 발전하여 로마 제국 시대가 되자 플라톤이 이집트 사제들 밑에서 공부했다는 확신으로 바뀌었다.[8]

그러자 퍼즐의 빠진 조각들을 다른 곳에서 찾는 것이 당연해졌다. 그들의 생각이 옳으며, 실제로 하나의 사고방식을 이루는 부분들이 세계 전역에 흩어져 있다는 충분한 확증이 있었다. 물론 이런 사고방식은 그 어디에서도 완전한 모습으로 남아 있지 않았으며, 그 조각들이 알쏭달쏭한 경우도 많았다. 가령 페르시아의 조로아스터교에서는 불을 제1원소로 숭배했다(그래서 '배화교拜火教'로도 불린다/역주). 조로아스터교의 주요 의례 중에 사제는 얼굴을 가린 채 성가를 부르며 황홀경에 빠졌다. 소크라테스가 파이드로스와 대화하는 동안 했던 것처럼 말이다. 인도에도 불 의례가 있었다. 이곳에는 존재의 핵심에 일종의 신성한 언어인 브라만Bráhman이 있다는 믿음도 있었다. 이 언어를 담은 베다 경전의 시와 성가는 사제 계급인 브라민에 의해서 유지되고 낭송되었다. 고대 그리스인들의 지식이 그러했듯이, 베다 경전도 여러 차례 의미를 알 수 없게 되었다가 다시 알게 되는 일이 반복되었다. 사실 일부러 의미 없는 음절을 추가해서 다양한 운율에 맞추는 방법으로 의미를 불분명하게 만든 경우도 많았는데, 이것이 피코가 관심을 기울이던 골치 아픈 아시아식 소리 사용법이었다. 의미 없는 주문처럼 보이는 힌두교 성전 샤스트라shastra에 통달한 사람들은 어마어마한 위력을 지닌 무기를 마음껏 사용할 수 있었다. 가령 대서사시 『마하브라타*Mahābhārata*』에서는 주인공인 영웅 아르주나에게 '브라마의 머리'라는 샤스트라가 주어진다. 이 주문만 있으면, 수천 개의 삼지창, 치명적인 곤봉, 독뱀 같은 날아가는 무기가 나와서 악령과 강력한 악마를 죽일 수 있다고 한다. 실제로 이 주문은 세상이 끝날 때 세상을 파괴해서 원자로 만드는 무기가 된다고도 전해진다.9

플라톤의 추종자들은 이렇게 발견한 것들로 스승의 이야기 속 빈틈들을 메워 하나의 체계를 완성했다. 이 체계 안에서 영혼은 아름다움의 경험 등을 통해서 자신이 본래의 하나됨에 속한다는 사실을 기억한다. 플로티노스의 말을 빌리자면, 아름다움은 첫눈에 인식되는 것이다. 영혼이 오랜 지식을 바탕으로 이름을 대는 그 어떤 것이다. 영혼은 그것을 알아보고는 환영한다. 그리고 그것과 하나로 화합하기 시작한다. 그것은 경탄과 함께 기분 좋은 골칫거리를 유발한다. 갈망과 사랑과 어디까지나 즐거운 떨림을 유발한다. 그대의 존재 전체에 전율을 주는 디오니소스적인 황홀한 환희를 유발한다. 이처럼 그대의 온 영혼이 위로 올라가고자 애쓰게 되고, 이처럼 육신을 탈피해서 진정한 자기 안에 함몰되는 삶을 갈망하게 된다. 사실, 인간만이 아니라 모든 존재가 이런 식으로 자기 자신을 사랑할 수 있다. 플로티노스는 이렇게 말한다. 우리는 우주를 영혼 없는 거주지라고 생각할 수 없다. 제아무리 광활하고 변화무쌍하더라도, 종류별로 쉽사리 핀잔 듣는 물질들로 이루어진 것이라고 여길 수 없다. 나무와 돌 그리고 그밖에 그곳에 존재하는 무엇이든, 모두가 뒤섞여 하나의 조화로운 우주cosmos가 된다. 명심해야 한다. 구성원 모두가 자기 삶에 따라서 살고 있지만, 욕망에 의해서 모든 부분은 끊임없이 서로에게 끌리고 있다. 이 말은 하나와 다른 하나의 끊임없는 결합, 하나와 하나가 모여 무한한 새로운 형상을 창조한다는 것을 설명한다. 플라톤 추종자들은 마법의 부적을 사용하거나 어쩌면 가장 위력적인 방법으로 주문과 음악을 사용해서 이 조심성 많은 세계에 영향을 줄 수 있다고 믿었다. 세상에 있는 어떤 것들을 다른 것들에 반하게 만들어 양측을 하나로 모을 수 있다고 믿었다. 이런 만물의 결합을 가리키는 데에 사용된 단어가 바로 시냅스synapse로, 이는 연결고리들이 모여 하나의 사슬을 이루듯 만물을 하나로 모으는 것을 표현한 고대 그리스 용어이다. 물론 본래의 통일체와 조화를 이루며 작용하는 것이 이 마법이 지닌 본연의 모습이었다. 하지만 사악한 인간들은 이 마법을 원래대로 의롭게 사용하지 않고 다른 수단으로 전용하여 이 세상 만물에 직접 작용하게 할 수 있었다. 의견은 분분했다. 이런 운율과 조화가 만물 그 자체에 직접 작용한다고 믿었던 사람들이 있는가 하면, 그렇지 않고 만물의 본질과 연결되어 따라다니는 영spirit에 작용한다고 믿었던 사람들도 있었다. 후자의 경우, 세상에 있는 만물의 수만큼 영이 존재한다는 것을 뜻했다. 신플라톤주의 철학자 이암블리코스는 그때까지 저술된 책 가운데 이미 신적 존재의 분리를 다룬 책이 몇 권이나 되는지 기록했다. 한 이집트 사제가 쓴 책만 무려 6,525권이었다. 또다른 사제는 에테리얼etherial과 엠피리언empyrean이라고 불리는 영들에 대해서 100권을, 또다른 사제는 셀레스티얼celestial에 대해서 1,000권을 썼다(세 가지 명칭 모두 고대에 천사와 같은 영적 존재를 가리키는 용어로 사용된 것들이다/역주). 나중에 나온 주장에 따르면, 고대 그리스인들과 로마인들이 기도드렸던 신들은 더 거대한 이 신들의 집합 가운데 일부에 불과했다. 이런 신들과 소통하는 데에는 신비하고 미개한 언어를 사용하는 것이 더 유리했다. 이런 언어들이 오래된 탓도 있었지만, 묘사하는 대상과 더 단단히 연결되어 있기 때문이기도 했다. '짖는 소리', '웃음소리', 쪽 소리 같은 의성어들이 그러했다. 의성어는 합의된 용어로써 쓰이기만 하는 것이 아니라, 언급하는 소리 자체를 재현한다. 더군다나 이런 언어에는 다른 언어로 표현할 수 없는 것들이 많았다. 그래서 이런 언어를 다른 언어로 번역하면, 그 과정에서 원래 발휘되던 힘이 상실되었다.[10]

디오니시오스 아레오파기테스의 천사론과 플라톤 추종자들이 발전시킨 영 또는 작은 신들의 우주 사이에 유사성이 있다는 지적은 피하기 힘들었다. 일각에서는 디오니시오스가 그렇게 이른 시대에 살았을 리도 없고 성 바울로의 제자가 되었을 수도 없다는 의혹이 고개를 들기 시작했다. 반면, 다른 일각에서는 이것은 단순히 같은 진리가 다른 시대, 다른 장소에서 나타나기 시작했다는 증거일 뿐이라고 보았다. 이런 논리를 따른다면, 그리스도교 성서가 가장 높은 수준의 계시일 수는 있지만, 그렇다고 우주에 관한 진리가 그의 전유물은 아니라고 믿는 것이 상식적이었다. 이에 따라 그리스도교 문헌 속에 혼란스럽고 불분명하게 남겨진 부분들은 오랜 진리를 증명하는 이런 다른 증언들로 보완할 수 있다고 여겨졌다. 물론, 이교도 문헌에 보조적 역할 이상을 부여할 수 있다고 감히 주장한 사람은 거의 없었다. 확실한 사실은 피치노에게는 이런 전통이 중요하다고 굳이 설득할 필요가 없었다는 것이다. 피코의 제안대로 플로티노스의 저술이 번역할 가치가 있다고 설득할 필요도 없었다. 사실, 그는 헤르메스 트리스메기스투스라는 베일에 싸인 인물이 저자라고 알려진 『피만데르*Pimander*』라는 문헌을 이미 번역한 바 있었다. 이 문헌은 다른 문화권들로 대물림된 고대 이집트인들의 신앙 체계를 기록한 가장 오래된 문헌 가운데 하나로 꼽던 것이었다. 한편, 고대 이집트인들이 이

헤르메스 트리스메기스투스를 묘사한 모자이크 상감, 시에나 대성당 바닥의 일부.

런 지혜의 유일한 원천이 아니라고 믿는 사람들도 있었다. 이런 주장을
폈던 주요 인물로는 게오르기우스 플레톤이 있었다. 비잔티움 그리스인
(또는 동로마 시대 그리스계 로마인/역주)이었던 그는 15세기 초에 이탈리
아를 방문한 적이 있었다. 플레톤은 자신이 브라민과 페르시아인, 그리
스인의 사상을 종합했다고 주장하면서, 플라톤 추종자들이 정한 지침에
따라 고대 그리스 신을 향한 숭배를 부활시키는 급진적인 계획을 기획하

기도 했다. 그는 세상에 관한 똑같은 계시가 조로아스터라는 인물을 통해서 고대 페르시아인들에게도 내려졌다고 알렸다. 그가 조로아스터의 가르침을 처음 접한 것은 크레타 섬에 있던 한 유대계 다신교 집단을 통해서였다. 그는 조로아스터가 트로이의 목마 작전보다 5,000년 앞서 살았던 인물로 알려져 있다고도 했다. 피치노는 헝가리에 있던 한 친구에게 보낸 편지에서, 지난 1,000년 동안 존재의 가장 심오한 신비가 얼마나 다양한 길로 갈라져 전해 내려왔는지를 보여주며 이 복잡한 계보를 설명했다. 모든 인간을 그들의 지적 능력에 따라서 경이로운 방식으로 사로잡고자 하는 신의 섭리를 통해, 오래 전 페르시아에서는 조로아스터 덕분에, 이집트에서는 헤르메스 덕분에, 둘 사이에 아무런 차이도 없는 종교 철학이 나타났다. 그후, 이 교리는 오르페우스 아래 트라키아인들 사이에서 유지되다가, 마침내 아테네의 신성한 플라톤에 의해서 완성되었다.[11]

　이처럼 발견과 드러남으로 점철된 들뜬 분위기에서는 자신이 이런 고대의 전통을 통달한 사람이며 그 힘을 현대에 계승하는 사람이라고 주장하는 자들이 필연적으로 등장하기 마련이다. 이런 인물 가운데 하나가 그 유명한 예언자 조반니 다 코레조였다. 1484년, 그는 스스로를 '메르쿠리오'라고 부르면서 역사에 길이 남을 모습으로 로마에 나타났다. 책과 검을 들고 그를 따르던 수행원 2명은 이상한 휘장이 달린 하늘색 제복을 입고 있었다. 휘장에는 산꼭대기에 번개구름이 걸려 있고 거기에서 번개가 튀어나오는 그림이 그려져 있었다. 메르쿠리오 본인은 피투성이 머리가 그려진 흰색 셔츠를 입고 당나귀 등에 올라타고 등장했다. 손에는 지팡이 대신 가느다란 갈대를 들었고, 안장에 달린 바구니 안에는 해골 하나와 상자 2개가 들어 있었다. 여기에는 꽉 찬 것은 꽉 차 있고, 빈 것은 비어 있다라는 글귀가 적혀 있었다. 머리에는 가시관을 썼는데, 그 위의 은색 초승달에는 이렇게 적혀 있었다. 이 자는 나의 종 피만데르, 내가 선택한 자이다. 이 피만데르는 달이 차듯 점점 가득 채워지는 나의 최고 자녀, 나의 마음에 드는 자녀이다. 그는 바티칸을 통과한 다음, 첼리몬타나 문을 지나고 로마 시내로 들어가 산 조반니 라테라노 성당 밖에서 설교했다. 그는 바구니에서 해골을 꺼내어 갈대 지팡이로 세 번 두드리며 설교를 마무리했다. 배포된 설교집에는 다음과 같은 제목이 적혀 있었다.

피만데르이자 지혜의 천사인 나, 코레조 출신 조반니 메르쿠리오는 가장 위대하고 숭고한 그리스도의 황홀경 속에서 큰 목소리로 오직 소수에게만 이 하느님 왕국의 생명의 물과 같은 말씀을 들려주노라.

메르쿠리오의 제자 가운데 예언자 에녹의 이름으로 불렸던 라차렐리라는 자에 따르면, 이 경악스러운 공연은 메르쿠리오가 자기 옷을 서양의 그리스도교인들이 가장 거룩한 장소로 여기는 성 베드로 성당 제대 위에 올려두는 것으로 절정에 달했다고 한다.[12]

훗날 메르쿠리오는 자신이 히브리와 그리스, 라틴의 고대 지식을 모두 통달했다는 데에서 권위가 나온다고 주장했다. 자신이 이 세상의 모든 지식에 정통하고 자연의 모든 신비와 비밀을 이해하고 있기 때문에 그 모두를 능가한다고도 했다. 비록 서커스 거울에 비친 왜곡된 형상과 같지만, 이런 그의 모습에서는 보편 철학에 대한 피코의 열망이 겹쳐 보인다. 메르쿠리오의 행위가 불가사의한 상징과 문헌으로 메시아의 기운을 만드는 데에 크게 의존했던 것은 분명하다. 그러면서 그는 사람들의 충동적인 욕구를 십분 이용했다. 이해하지 못하는 것을 해독하고 싶고, 이런 수수께끼를 풀어서 선택받은 자로 인정받고 싶은 사람들의 마음 말이다. 메르쿠리오와 피코 사이에는 본질적인 차이가 있지만, 공통점도 있었다. 바로 고대 세계로부터 물려받은 일부 핵심 사상에 매료되었다는 사실이다. 메르쿠리오의 제자 에녹에 따르면, 그의 스승은 특정한 말을 특이하게 노래하는 작업operation을 통해서 힘을 얻었고 그 힘을 다른 사람들에게 전달할 수 있었다고 한다. 세상을 창조하는 동안 하느님이 숨결을 불어넣은 것과 마찬가지로, 노랫말 속에 영을 주입하는 방법으로 듣는 사람을 변화시켰다는 말이었다. 훗날, 이런 이상한 작업은 피코가 존재의 심오한 조화와 언어 사이의 관계를 탐구하는 사고 과정의 일부를 이루게 된다.13

발견의 흥분에 젖어 있던 탓에, 이런 생각의 흐름은 너무 앞서가는 경향이 있었다. 그래서 이런 문헌들과 인물들의 역사를 대체로 성급하게 추정했다. 하지만 당시의 환경을 생각하면 이해할 만도 하다. 이 시기에는 알려진 세계 밖 멀리에서부터 최신 자료들이 이탈리아 인문주의 세계로 홍수처럼 밀려들고 있었다. 이와 동시에 문헌의 시작점으로 다시 거슬러 올라가는 일이 진행되고 있었다. 그 과정에서 완전히 동떨어진 시대와 장소에서 똑같은 직관과 신념이 기록된 경우가 많다는 사실이 명백해졌다. 이런 공통된 신념 가운데는 주로 소리와 운율의 경험과 관련된 것들이 많았다. 인도와 이집트처럼 멀리 떨어진 문화권에서도 경험의 본질로부터 도출한 결론은 놀랄 만큼 유사했다. 실제로 유럽의 지리적 지평이 확장됨에 따라, 이런 경험과 이런 결론이 고대인들에게 알려진 세계에만 국한된 것이 아니라, 고대 세계는 알지도 생각지도 못했던 땅에서도 존재했다는 사실이 분명해졌다. 모든 것이 분명해지는 시대를 산다는 것은 그야말로 신나고 흥분되는 일이다. 그러니 이 모든 것을 하나로 묶었던 열쇠를 찾는 경쟁이 과열되었던 것도 충분히 이해할 만하다. 하지만 피코는 이 경쟁에 다른 경쟁자들이 있다는 생각은 한 번도 하지 않았던 것처럼 보인다. 달리기 경주에서 무리를 이끄는 우두머리처럼, 그는 결승선만 보고 결승선만을 생각했다.

# 8

## 파리의 파뉘르주

고대 그리스 철학은 이집트와 인도의 현인들로부터 수집한 것이라는 믿음은 시간이 흐르면서, 배움을 향한 사랑이 낯선 사상을 찾아 떠나고 싶다는 사상가의 근거 없고 끊임없는 욕망과 떼려야 뗄 수 없다는 확신으로 굳어졌다. 성서를 라틴어로 번역한 성 히에로니무스의 말을 빌리자면, 우리는 책으로만 알던 이들의 면면을 직접 보려고 로마 영토를 가로지르고, 새로운 사람들을 찾아내고, 바다를 건넜던 사람들의 오랜 역사를 읽는다. 이 글귀는 유럽 최초로 인쇄된 서적의 서문에 들어 있는 문장이다. 다시 말해, 성 히에로니무스의 불가타 번역본 구텐베르크 성서를 읽는 사람들은 아테네를 떠나 순례자이자 제자가 되는 길에 나선 플라톤의 이야기를 가장 먼저 읽게 된다는 뜻이다. 플라톤은 자신의 사상을 마음에 품고만 있기보다는 다른 사람들로부터 배움을 얻고자 했다. 그래서 온 세계를 거의 다 누비며 지식을 추구했고, 그 과정에서 해적에게 붙잡혀 결국에는 포로이자 보증인, 노예로 잔혹한 폭군에게 팔렸다. 성 히에로니무스가 보기에, 새로운 사상을 찾아 모험에 나선 플라톤의 전설을 능가하는 경우는 하나밖에 없었다. 바로 티아네우스의 고대 후기 철학자 아폴로니오스의 여행기였다. 아폴로니오스는 알바니아와 캅카스, 페르시아를 거쳐 마침내 인도에 도달해서 인도의 현인 야르카스를 만났다. 이 현인은 왕좌에 앉아 마법의 잔에 담긴 술을 마시면서 브라민과 자연의 비밀에 관한 담화를 나누고 있었다. 훗날 필로스트라토스가 쓴 그의 전기 『아폴로니오스의 생애*Vita Apollonii*』를 통해서 피코가 알게 되듯, 아폴로니오스는 엘람과 바빌로니아, 칼데아, 메디아, 아시리아, 파르티아, 시리아, 페니키아, 아랍, 팔레스타인을 거쳐 알렉산드리아로 돌아왔다. 그리고 마침내 명상과 육체 통제의 달인, 인도 나체 수행자들의 땅 에티오피아에 도착했다. 성 히에로니무스는 독실한 그리스도교인이라면 이 철학자 겸 탐험가들을 본받아야 한다고 촉구했다. 이 말에 자극받은 피코는 얼마 후 다시 길을 떠났다. 그의 조카가 쓴 전기에서는 그를 이 두 위대한 방랑 구도자들과 비교한다. 그의 이번 목적지는 파리였다.[1]

피코의 인문주의자 친구들 대부분은 파리로 가겠다는 그의 생각을 일종의 퇴행으로 여겼을 수도 있다. 그들의 눈에는 고대 세계의 밝은 빛에서 멀어져, 유행이 지나도 한참 지난 스콜라 철학 사상의 반계몽주의 덤불을 향해 가는 것처럼 보였을 테다. 피코의 파리 대학교 10년 후배인 위대한 인문주의자 에라스뮈스는 이곳을 불모지처럼 재미없는 곳이라고 신랄하게 묘사했다. 이곳에서는 인생을 순전히 사소한 트집 잡기로 소모하는 사람들이……아무 소득 없고 골치만 아픈 미묘한 문제에 총기를 다 허비한다. 무엇보다 최악은 더듬더듬 천박하고 지저분한 문체의 글을 쓰느라 지능을 낭비한다는 것이다. 그러면서 그들은 신성의 가장 위대한 신비마저 암흑 속에 가두었다. 에라스뮈스는 농담조로 자신은 그곳에서 온 힘을 다해 멋진 라틴어를 쓰거나, 우아하거나, 재치 있게 말하지 않으려 노력하고 있다고 했다. 이렇게 하면 결국에는 그들이 자신을 인정해줄 것이라는 희망이 좀 있다고 믿었기 때문이다. 에라스뮈스는 더 비밀스러운 유머도 던졌다. 소르본 대학교 박사들이 에피메니데스의 피부를 성스러운 유물로 보관하고 있다고 주장한 것이다. 에피메니데스는 자신이 크레타 사람이면서도 크레타 사람들은 모두 거짓말쟁이라고 선포한 역설로 유명한 인물이었다. 언쟁을 즐기는 이 천하의 허풍쟁이는 복잡한 실뜨기처럼 그 자신도 결코 풀 수 없게 삼단논법을 꼬는 것을 좋아했다. 그가 죽은 뒤 발견된 그의 피부에는 (에라스뮈스가 농담조로 기록한 바에 따르면) 수수께끼 같은 글자가 새겨져 있었다. 그래서 소르본 대학교 교수들은 이 섬뜩한 시신 텍스트를 신탁이라고 여기며 숭배했다고 한다.[2]

이처럼 신랄하고 무시하는 듯한 발언을 쏟아내기는 했지만, 에라스뮈스 역시 피코와 똑같은 이유로 파리의 매력에 끌렸다. 한두 세기 전에 서양 그리스도교 세계에 물밀듯 들어왔던 아랍의 가르침이 거의 1,000년 만에 촉매제가 되어 유럽 사상계에서 가장 대범한 실험을 촉발한 곳이 바로 파리였기 때문이다. 하느님의 우주의 신비를 이해하는 데에 아리스토텔레스의 정밀성을 적용할 수 있느냐를 둘러싼 대논쟁이 벌어진 곳이 바로 파리 대학교였다. 또한, 토마스 아퀴나스와 그의 추종자들이 이븐 시나와 이븐 루시드의 사상에 인도되어, 존재를 원자로 쪼개어 탐구하는 방법으로 창조의 기반을 이해하려고 했던 곳도 바로 이곳 파리 대학교였다. 에라스뮈스가 농담조로 말하기는 했지만, 사실 머리카락을 쪼개는 것 같은 사소함에 대한 그의 지적은 예리했다. 미니마 나투랄리아minima naturalia—세상의 물질을 나누어 만들 수 있는 가장 작은 조각—같은 문제들이 스콜라 철학자들의 주요 관심사였으니 말이다. 그들은 플라톤을 그토록 괴롭혔던, 머리를 빙빙 돌게 만드는 역설로 되돌아갔다. 그들 중 일부는 변화란 무한히 나눌 수 있는 우주를 가로질러 진행될 수 없다고 주장했다. 그 과정에서 무한히 많은 수의 단계에 직면하기 때문이다. 하지만 분할에 한계를 두는 것 역시 하느님의 전능을 제한할 염려가 있는 자연법칙 중 하나로 보였다. 페르시아에서와 마찬가지로 파리에서도, 이성으로 우주를 깊이 탐구할 수 있다는 주장은 이내 반발을 불러왔다. 반대론자들은 이런 주장을 하느님의 위엄에 대한 공격으로 보았다. 그들은 (알-가잘리가 그랬듯이) 하느님에게 자신의 의지에 따라서 만물을 창조하는 절대적인 힘이 있으므로 이성이 신앙에 완전히 굴복하는 것만이 유일한 답이라고 주장했다. 이번에도 논란의 중심에 있었던 것은 인간의 마음과 마음 사이의 경계가 인위적이고 일시적이라는 발상이었다. 아퀴나스는 팔라시파의 보편 지성과 거리를 두려고 애썼으나 소용없었다. 1277년, 저주받은 이븐 루시드가 제시했던 200개 이상의 견해가 이단으로 낙인찍혔고, 이와 함께 아퀴나스와 아리스토텔레스의 사상 전체가 불미스럽고 위험한 대상이 되고 말았다.3

그러나 아리스토텔레스 이후 수 세기 동안—만물을 아우르고 서로 전환할 수 있게 만드는—하니의 일관된 코드를 찾고 싶은 유혹은 뿌리칠 수 없는 유혹임이 누차 드러났다. 이에 따라 그의 영향력은 거의 아무런 도전도 받지 않고 군림했다. 심지어 고대 후기부터 피코의 시대까지 살아남은 대중적인 보드게임도 있었다. 리드모마키아Rhythmomachia라고 하는 이 게임은 피타고라스의 제자에 의해서 전해진 것으로 추정된다. 이 게임을 통해서 참가자들은 등차 비율과 등비 비율, 조화 비율 변환법을 연습하면서 숫자와 도형과 소리가 본질적으로는 모두 같다는 것을 배웠다. 비슷한 충동을 느낀 피코가 일찍이 파비아 대학교를 찾았던 이유 중 하나도 칼큘라토레스calculatores라고 불리던 사람들에 대해서 알고 싶었기 때문이었다. 계산하는 사람들이라는 뜻의 이 명칭은 자연의 모든 측면을 숫자로 전환해서 수학적으로 설명할 수 있다고 믿었던 아리스토텔레스 사상가들을 가리키는 말이었다. 양에 집착하는 근대 과학의 전조가 되었던 14세기 초의 이 운동 덕분에, 시간의 흐름에 따른 질적 변화를 나타내는 새로운 방법이 다양한 물리적 측정법 중 하나로 추가되었다. 가령, 니콜 오렘은 최초의 그래프라고 할 만한 것을 만들어, 추상적인 현상조차도 계수화計數化했다. 그러나 피코는 최초의 데이터 과학자라고 할 수 있는 이 집단을 유달리 업신여겼던 것으로 보인다. 그는 우주의 신비를 한낱 통계로 축소하려는 이들의 시도가 **그들 스스로 자기 이름에 먹칠을 하는 꼴밖에 안 된다**고 주장했다. 이런 그의 입장은 17세기에 반복해서 나타났다가 대부분 잠잠해진, 새로운 실험과학에 대한 비판의 예고편과 같았다. 이런 비판에 따르면, 더욱더 정확해진 관찰 덕분에 어떤 것에 대한 지식을 무한대로 얻을 수 있게 된 것은 맞았다. 하지만 그로 인해서 우리가 정말로 알고 싶은 것, 즉 그것의 본질에 조금이라도 가까이 다가간 경우는 드물었기 때문에, 그 이상의 만족을 얻을 수 없었다.4

이렇듯 피코는 칼큘라토레스의 주장을 일축하기는 했지만, 일관된 하나의 코드라는 발상에 매료된 마음이 사그라들지는 않았다. 그래서 마치 중력에 이끌리듯, 아리스토텔레스와 이븐 루시드, 아퀴나스의 체계적

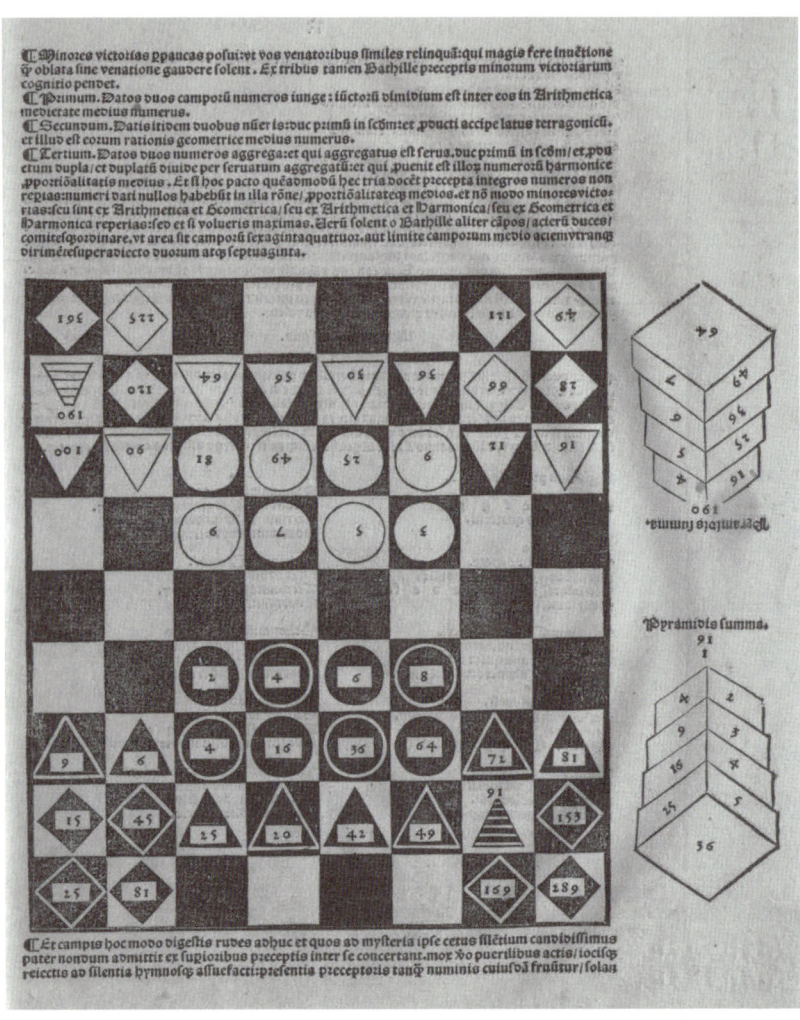

리드모마키아 게임판, 자크 르페브르 데타플의 1496년 리드모마키아 게임 안내서 중.

사상을 조심스레 주요 교육 과정으로 복원한 파리로 향했다. 이들의 이론이 크게 유행한 이유 중 적어도 하나는 파리에서 학부생들에게 인문학 과정을 가르치던 교수들이 당대 분위기를 신랄히 비판하고 분노했다는 데에 있었다. 당시에는 이들이 가르치는 내용이 더 진지한, 신학이라는 학문과 그와 함께 시작되는 교회 내 경력을 위한 일개 장식품이자 기초 과정에 불과하다고 여겨졌다. 인문학 공부는 절대 오래 하는 것이 아니다. 이것이 파리의 라탱 구역 일대에서 회자하던 말이었다. 젊은이들에게 인문학 같은 것에 집착하면 평생 직업도 구하지 못한 채 가난하게 살게 된다고 경고하는 것이었다. 그러자 이에 대한 반응으로 인문학 교수들은 그리스도교 신앙의 구멍들을 정확히 조명하는 철학 분야들을 콕 찍어 가르쳤다. 그러면서 단조로운 교회의 정설과 따분한 사제직을 세련되게 무시하는 학생들을 수 세대에 걸쳐 키워냈다.5

아리스토텔레스 열풍으로 '그 철학자'의 저서라고 여겨지는 방대한 저작 또한 봇물 터지듯 밀려들었다. 아리스토텔레스는 백과사전에 가까울 정도로 거의 모든 분야를 아우르는 저서들을 남겼지만, 그 안에는 해결되지 못한 채 남아 있는 문제들이 있었다. 그런데 새로 소개된 책들 안에 바로 이런 문제들에 관한 그의 입장으로 추정되는 내용들이 담겨 있었다. 이 작품들은 예리한 메스처럼 정확한 아리스토텔레스 사상을 모든 분야에 적용하고 싶은 욕망을 자극했다. 그의 사상을 이용해서 알려진 세계의 가장자리를 열어보고 싶게 만든 것이다. 점성술과 연금술 문헌에서는 인간의 존재 무대가 되는 코스모스를 하나의 도구로 삼아서 물질의 안정성이 어디까지 가능한지 시험하고자 했다. 이런 저작들 가운데 가장 유명한 것이 아리스토텔레스의 『자연학적인 문제들Problemata』이었다. 이 책은 처음에는 아리스토텔레스의 저술 가운데 하나에서 출발했지만, 그의 후기 추종자들에 의해서 존재의 신비에 관한 문제들을 집대성한 방대한 전서全書로 발전했다. 이는 총 900개 문제를 다루는 것으로 마무리되었는데, 공교롭게도 얼마 후 피코가 로마 대토론회를 위해서 제시할 주제의 개수와 정확히 일치했다. 이 책에서 다룬 문제들로는 다음과 같은 것들이 있었다. 왜 성행위를 하는 사람과 죽어가는 사람은 눈을 위로 치켜뜨고, 잠자는 사람은 눈을 내리깔까? 왜 사람들은 대부분 재채기를 할 때 한 번이나 여러 번이 아니라 두 번 할까? 이 문제들 중 상당수는 원격 작용을 다루고 있다. 즉, 서로 연결된 것으로 인식되지 않는데도 어떻게 서로 영향을 주는지가 문제이다. 가령, 하품하는 사람을 보면 왜 다른 사람도 하품하게 될까 같은 문제들이 그렇다. 이런 난제들의 경우, 소리와 공명이라는 사안과 기이한 효과를 내는 소리의 능력이 문제의 중심에 있었다. 한 가지 질문을 예로 들자면, 톱날 가는 소리, 부석 자르는 소리, 돌 가는 소리 등 듣기에 고통스러운 소리를 들으면 왜 몸서리치게 될까? 왜 이런 소리를 들으면 머리카락이 쭈뼛 설까? 나중에 밝혀진 바에 따르면, 유독 고통스러운 소리만이 우리에게 이런 무의식적인 영향을 주는 것이 아니다. 『자연학적인 문제들』 가운데 화음에 관한 부분에서는 음악의 신비를 파헤치는 질문들이 계속 이어진다. 지각할 수 있는 대상 가운데 왜 유독 들리는 것만 윤리적 특성을 가질까? 이 책에 따르면, 우리가 말로 설득되어 선하거나 악하게 변할 수 있기 때문에 그런 것이 아니다. 선율에는 말이 없어도 윤리적 특성이 있는 것처럼 말이다. 반면, 색이나 냄새, 맛에는 윤리적 특성이 없다. 이 책은 음악이 윤리적인 이유는 소리만이 운동하기 때문이라는 모호하고 만족스럽지 않은 답을 제시한다. 그래서 질문받은 사람들은 계속해서 알쏭달쏭한 상태에 놓인다. 현대의 위대한 문학 비평가 중 한 명이 지적한 바에 따르면 이런 문제는 오늘날까지 여전히 해결되지 않았으며, 따라서 우리는 여전히 위대한 시나 음악에 대한 규칙을 만들지 못한다. 다시 말해, 무엇이 우리에게 영향을 주고 무엇이 영향을 주지 않을지 예측할 수 없다. 하지만 대개는 물리적 반응—전율과 함께 머리카락이 서고 닭살이 돋는 것—으로 실제의 것이 현존한다고 확인한다.[6]

1485년, 피코는 이처럼 요동치던 파리라는 무대에 발을 들였다. 때는 프랑스의 소년 왕 샤를 8세가 왕위에 오른 지 얼마 되지 않은 데다가, 어린 왕의 섭정을 둘러싸고 치열한 전투가 벌어지면서 긴장이 고조되던 시기였다. 피코가 프랑스에 머문 기간의 행적은 상세히 알려진 바가 거의 없다. 하지만 어디를 가든 그러했듯이, 그가 파리에서도 명성을 떨친 것은 분명하다. 훗날 로마 대토론회로 소란을 겪은 그가 이곳으로 피난한 것만 보아도 그렇다. 피코는 나중에 소르본 대학교의 보수성에 다소 실망을 표하면서, 아퀴나스와 아리스토텔레스 반대자들이 여전히 과도하게 목을 옥죄고 있다는 불만을 표했다. 하지만 파리에서 도입해온 것도 분명 있었다. 바로 소르본식 논쟁이었다. 이는 토론 제안자가 자신의 주장을 굽히지 않으면서 참석자 모두를 상대로 동틀 때부터 해 질 때까지 버티는 마라톤 토론이었다. 피코는 이런 행사 분위기만 빌려온 것이 아니었다. 훗날, 그는 자신의 900 논제가 로마의 방식이 아니라 가장 명성이 자자한 파리의 토론 방식을 모방해서 틀을 짠 것이라며 도발적으로 알렸다.

이번에도 피코의 프랑스 체류 생활을 가장 선명하게 보여주는 장면은 그의 이야기를 바탕으로 만들어진 민속 문학과 전설에서 등장한다. 그가 거쳐 간 후 수십 년이 지난 뒤, 프랑스의 독보적인 풍자작가 라블레는 그의 희극 소설 『팡타그뤼엘Pantagruel』 속 등장인물로 피코를 본떠 사육제 분위기를 풍기는 기이한 인물을 만들었다. 파뉘르주라는 이름('보편적 힘'이라는 뜻)의 이 인물은 13개 언어로 자신을 소개하면서 요란하게 등장한다. 13개 언어 중 몇 개는 아무 의미 없는 말 혹은 최소한 해독이 필요한 말이다. 그중에는 '랜턴'어와 '안티포데스'에서 온 언어가 있는데, 이 언어들은 유럽 세계의 변방 지역 언어인 셈어와 슬라브어를 연상시킨다.

Al barildim gotfano dech min brin alabo dordin falbroth ringuam alarbas. Nin porth zadilkin almucathim milko prin al elmin enthoth dal heben ensouim: kuth im al dim alkatim nim broth dechoth porth min michas im endoth, pruch dal maisoulum hol moth dansririm lupaldas im voldemoth. Nin hur diavloth mnarbothim dal gousch pal frapin duch im scoth pruch galeth dal chinon, min foulthrich al conin butathen doth dal prim.

협잡꾼 파뉘르주는 라블레가 그 시절의 유럽을 서커스처럼 우스꽝스럽게 풍자한 소설의 무대 중앙을 차지한다. 그는 파리 골목길마다 게시된 9,764개의 논제를 두고 벌이는 토론에서 모든 참가자를 상대하기로 한다. 절정 장면은 한 영국인 학자가 프랑스로 와서 도전장을 던지면서 시작된다. 그 영국인 학자는 한발 더 나아가 새로운 제안을 한다. 이 도시의 멍청한 소피스트들처럼 찬반을 논하지도 말고, 인문주의자들이 하듯 열변을 토하며 다투지도 말며, 피타고라스가 그러했고 피코 미란돌라가 로마에서 하려고 했던 것처럼 숫자로 논쟁하지도 말자는 것이다. 대신 그는 오직 기호로만, 즉 구어와 같은 혼란을 일으키지 않는 몸짓으로만 논쟁을 벌이자고 제안한다. 경연 준비를 위해서 파뉘르주는 밤새워가며 책을 쌓아놓고 공부한다. 이 책들은 실제로 존재하지 않고 순전히 라블레의 상상력으로 만든 것이지만, 흡사 피코의 서재 한 칸을 옮겨놓은 것처럼 보인다.

비드, 『숫자와 기호에 관하여』

플로티노스, 『설명할 수 없는 것들에 관하여』

프로클로스, 『마법에 관하여』

아르테미도로스, 『꿈의 해석에 관하여』

아낙사고라스, 『상징에 관하여』

이나리오스, 『이름 없는 것들에 관하여』

필리스티온의 작품들

히포낙스, 『말할 수 없는 것들에 관하여』


말할 필요도 없이, 파뉘르주는 영국에서 온 상대의 코를 계속해서 납작하게 만든다. 기괴해 보이는 신호들(가령, 엄지손가락을 코에 대고 놀리는 손짓을 하거나 집게손가락을 반지에 넣었다 빼기를 반복하기)로 주장을 펼치는데, 그럼에도 상대방은 이것이 이론의 여지 없이 천재성을 보여주는 증거라며 수용한다. 라블레는 애정을 담아 인생 선배 피코를 조롱한다. 가장 심오한 신비가 청중은 전혀 이해할 수 없는 언어로 다루어지고 있다고 지적하는 것이다. 그는 그 시절의 분위기를 포착하여, 인간은 존재에 관한 가장 근본적인 문제들 가운데 일부에 대해서는 답을 얻으려는 참이지만, 과연 자신이 얻은 답을 이해할지는 미결의 문제로 남았다며 조롱한다.

아퀴나스는 아랍 사상에 담긴 이런 근본적 문제들 가운데 일부에 공개적으로 소리를 높이며 거리를 두었다. 가령 그는 보편 지성이라는 발상과 그 안에 내포된 우려스러운 의미들과 거리를 멀리했다. 반면 피코는 이런 문제들 속으로 기꺼이 뛰어들려고 했던 다른 사람들의 전철을 밟았다. 피코의 저술을 보면, 그가 사상의 흐름을 과거로 거슬러 올라갔음을 알 수 있다. 그는 13세기 영국 학자 로저 베이컨을 거쳐, 철학자 알-킨디의 초창기 작품과 우주 모형에 이르렀다. 이 우주 안에서 만물은 그들로부터 유출되는 에너지 '광선'이나 빛줄기로 서로 연결되어 있으며, 그 중심에는 말하기의 경험이 있다. 말은 올바로 사용되면 이런 광선을 모아 특정한 목표로 보낼 수 있다. 그의 저서 『광선에 대하여*De Radiis*』에 따르면, 어떤 사람들은 상급과 하급의 자연, 즉 모든 자연의 비밀을 연구함으로써……만물의 운동을 발생시키기에 효과적인 유형의 발언과 이름을 발견했다. 그런데 다른 많은 경우와 마찬가지로 이번에도 논점은 또다시 같은 관찰 결과를 가리킨다. 즉, 이런 발언은 아무 의미도 없는 경우가 많으며, 많은 것들이 문법 규칙 없이 조합되어 있고, 완전한 문장처럼 보이지 않으며, 앞으로 말해도 되고 뒤로 말해도 되는 경우가 많고, 노래로 부르거나 읊었을 때에만 효과가 있는 경우가 많다는 것이다. 알-킨디에 따르면, 매우 곤혹스럽게도 사람의 의지는 특정한 말을 통해서 변화된다. 그 결과, 그의 의지가 자연스럽게 작동했더라면 원하지 않았을 것을 욕망하게 된다. 그리하여 통치자는 특정한 말을 함으로써 지지를 얻고, 여성들은 말에 자극받아 사람을 사랑하게 된다. 일반적으로, 모든 종류의 생명체 안에 있는 모든 종류의 힘은 적절한 의식을 행하면서 하는 말에 의해서 변화될 수 있다.7

알-킨디는 이런 주제들을 신학 차원에서 다루는 것에 그쳤지만, 이보다 멀리 나아갈 각오가 된 사람들도 있었다. 그들은 듣는 사람에게 힘을 발휘하는 이런 발언이나 주문을 수집했다. 이런 문헌들 가운데 피코가 활약하던 시절에 가장 유명했던 것은 아랍의 문헌 『현인의 목표*Ghayat al-hakim*』를 번역한 『피카트릭스』였다. 여기에는 점성학적으로 별들이 정렬하는 특정한 순간에 다양한 묘약과 주문을 써서 2,325개의 원하는 결과를 성취하는 비법들이 기록되어 있다. 당시에도 이 책의 저자가 누구인지는 알려지지 않았는데, 지금도 여전히 논란이 분분하다. 다만, 라블레는 농담조로 이 책의 저자가 톨레도의 악마학부 학장인 악마 신부 피카트리스라고 주장했다. 『피카트릭스』는 그 안에 지성이 감당하기에는 너무나 심오하고 강력한 마법학이 담겨 있다고 거창하게 선언한다. 하지만 그 마법의 힘이 지향하는 목표는 상사병을 치유하고 유력자들의 지지를 얻는 법 같은 것들로 대개 안쓰러울 정도로 소소하다. 이를 보면, 마법의 도움을 받고자 하는 사람들의 삶이 어떤지 잘 알 수 있다. 가령, 젊은 여성이 젊은 남성에게 반하게 만드는 법이라고 소개된 내용을 보자. 먼저, 작은 금속 인형 한 쌍을 만든다. 수성이 지배하는 시간이 되면 두 인형이 서로 포옹하게 만든다. 서로 손으로 상대방의 옆구리를 두르게 한다. 이렇게 만든 부적을 땅에 묻으면, 두 사람은 사랑에 빠져서 질 높은 성관계를 맺게 된다. 소리와 상징을 동원하는 주문들 중에는 언어의 모양과 패턴이 발휘하는 막강한 힘을 보여주는 것들이 많다. 예를 들면, 전갈에 물리지 않게 하는 주문은 반드시 정확히 일곱 줄로 써야 하고, 솔로몬의 상징인 육각별로 끝나야 한다.

zaare zaare raam zaare zaare

fegem bohorim borayn nesfis albune

fedraza affetihe taututa tanyn zabahat

aylatricyn haurane rahannie ayn latumine

queue acatyery nimieri quibari yehuyha

전갈에 물리지 않도록 보호하는 아랍 부적, 10세기, 루브르 박물관.

nuyym latrityn hamtauery vueryn

catuhe cahuene cenhe beyne✿

    매우 놀랍게도, 주문을 서로 다른 줄에 나누어 쓰는 것 자체가 일종의 마법이다. 위의 경우처럼, 언어를 쪼개어 마치 만화경처럼 각각의 조각이 서로를 비추게 만듦으로써 주문을 듣는 경험을 줄 모양으로 나타낸 것이다. 이 마법책 안에는 말로 표현할 수 없는 상징들로 된 처방들도 있다. 가령, 자기가 원하는 사람을 한달음에 달려오게 만들거나 특정한 장소로 가게 만드는 주문은 다음과 같다.

　가장 위력적인 의례들은 사람들이 친숙하게 느끼도록 여러 주문을 동원한다. 그러면서 성스럽고 사적인 것에 의해서 생성된 기운을 다른 곳으로 돌릴 수 있기를 희망한다. 가령, 폭풍을 소환하는 방법을 알려주는 구절을 살펴보자. 피의 거울을 만든 뒤, 여성의 머리카락 한 줌을 태워서 생긴 연기와 정액을 그 거울에 바른다. 그런 다음, 그 위에 일곱 개 별의 이름과 그 별들의 일곱 숫자를 쓰고, 일곱 천사와 일곱 바람의 이름을 적는다. 사실, 마법의 주문을 모아놓으면 단순히 다양한 언어로 사물의 이름을 나열한 목록에 불과한 경우가 많다. 전 세계 여러 지역어로 흩어진 언어의 파편들을 한데 모으면, 그 대상 자체의 본질이 회복되기라도 하는 것처럼 말이다. 명심하라. 이렇게 만든 거울을 들여다보고 잘 지키면, 그 거울을 통해서 인간과 바람, 정령, 악마, 산 자와 죽은 자를 불러 모을 수 있다. 그들 모두가 너에게 복종하고 너의 명을 따를 것이다. 물론 많은 사람이 이런 마법의 책을 어리석기 짝이 없는 미신이라고 일축해버린다. 하지만 이런 책들은 언어를 경험하며 느끼는 원초적 느낌을 마치 정곡을 찌르듯 예리하게 잘 보여준다. 어떻게 언어가 소리와 상징, 적혀 있는 배열에 따라서 우리에게 충격을 주어 일상의 경계 밖에 있는 감정을 느끼게 만드는지를 보여준다는 말이다.[8]

　피코를 포함한 많은 이들은 눈앞의 시시한 성과나 노리는 이런 천박한 마법을 대놓고 경멸했다. 특히 피코는 이런 부적과 주문으로 별의 힘을 모으고 조종할 수 있다고 보는 마법 이론에 반대했고, 말년에는 앞장서서 점성술을 비판했다. 하지만 그런 피코조차 이런 흔한 주문들에 호기심을 느끼지 않을 수 없었다. 그의 서재를 가득 채운 책 중에는 알베르투스 마그누스가 썼다는 『비법서Secreta Alberti』도 있었다. 이 책에는 (다른 내용들도 많지만, 그중에서도) 새가 하는 말을 알아듣는 법이 실려 있다. (이 책에 따르면) 까마귀의 알을 익혀서 둥지에 다시 가져다놓으면, 까마귀가 망망대해에 떠 있는 어떤 섬으로 날아가 돌을 하나 가져온다. 그런데 이 돌은 알을 익히지 않은 상태로 다시 되돌리기만 하는 것이 아니다. 살짝 건드리기만 해도 사슬에 묶여 있던 사람이 풀려나고, 새소리를 알아들을 수 있게 된다. 이 돌이 발휘하는 다른 미덕들과 마찬가지로, 곤란할 때 이 돌을 사용하면 만물의 정상적인 질서를 되돌려, 사용자가 더 초창기의, 더 본래의, 아마도 더 위력적인 말하기 단계로 돌아갈 것이라는 느낌이 강하게 든다.9

배운 사람들 중에서도 세상 사람들 사이에서 회자하던 이런 힘의 영향력을 진지하게 받아들인 사람들이 아주 많았다. 로저 베이컨은 이런 마법의 주문이 듣는 사람의 자유의지를 꺾을 수 없다고 주장하면서도 알-킨디가 말했던 광선을 비롯한 자연의 마법(의식을 행하여 혼령을 동원하는 마법이 아니라, 선한 목적으로 자연 속에 숨어 있는 힘을 이용하는 마법/역주)에 속하는 것들에는 관심을 보였다. 이런 것들을 무시하면 이슬람과 이단과의 군비 경쟁에서 패할까 봐 두려웠기 때문이다. 그는 이런 것들을 선을 위한 무기로 삼자고 교회에 간청하면서, 그의 동시대인들의 기억 속에 남아 있는 여러 사례를 제시했다. 수많은 사람이 거스를 수 없는 힘을 행사한 자에게 이끌려 도중에 멈추지 못한 채 죽음에까지 이르렀던 경우들 말이다. 베이컨은 소년 십자군과 양치기 십자군 원정 동안 나타났던 13세기의 대규모 집단 망상을 이렇게 설명한다.

아마도 귀하께서는 프랑스 왕국의 무수히 많은 어린이가 한 사악한 남자를 따라나섰던 일을 보았거나 들었을 것입니다. 이 아이들의 확신이 어찌나 굳건했던지, 부모와 친구가 나서도 말리지 못할 정도여서 결국 아이들은 배에 실려 사라센으로 팔려 갔지요. 이 사건이 일어난 지 불과 64년도 지나지 않았습니다. 그런데 우리 시대에는 양치기 우두머리가 온 독일과 프랑스를 선동해서 수많은 사람을 끌어모았습니다. 그러고는 성직자들과 교회의 혼란을 경멸하는 평신도 전체의 인정을 받았습니다.······지혜로운 사람이라면, 저들이 타타르와 사라센의 특사이며, 저들에게는 사람들을 홀리는 수단이 있다는 사실을 의심해서는 안 됩니다.

이후 피코의 시대에 더 가까워지면서, 잘생기고 잘 차려입은 어느 서른 살 남성의 이야기가 사람들 사이에 돌기 시작했다. 성 요한과 성 바울로 축일에 독일의 하멜른(또는 '하멜린')에 나타난 이 남성은 신기하게 생긴 은피리를 불었다. 피리 소리를 들은 어린아이 130명이 그의 뒤를 따라서 마을의 동쪽 출입구로 나가 갈보리라는 곳으로 갔다. 그리고 그곳에서 모두 사라졌는데, 어디로 갔는지는 그 누구도 몰랐다. 이런 힘에 지배된 아이들은 사제들은 물론이고 어머니들조차 말릴 수 없었다. 이것으로 보아, 이런 수단으로 사람들에게 가공할 만큼 강한 영향력이 가해질 수 있었음을 알 수 있었다.[10]

수 세기에 걸쳐 유럽인들이 아랍인들의 주술 지식에 집착하는 동안, 매우 많은 저작이 유럽 독자들에게 소개되었다. 하지만 그중에서도 책

사냥 역사상 독보적인 발견 뒷이야기가 있는 문헌이 하나 있다. 놀라운 만남이 꼬리에 꼬리를 물고 이어지는 토끼굴 같은 서사가 있는 문헌으로, 바로 산타야의 우고가 발견한 『창조 또는 자연의 비밀의 서*Kitab sirr al-khaliqa*』이다. 이 책은 루에다 할론 요새에 있는 바누 우드 왕조의 도서관에서 발견되었다. 바누 우드 왕조는 11세기에 이슬람 스페인으로 진격하던 금욕주의 무라비트 왕조에 쫓겨 사라고사에서 서쪽으로 옮겨가 이곳에 터를 잡았다. 세계적으로 개방되어 있던 바누 우드 왕조는 북쪽의 그리스도교 세계를 향해 풍부한 도서를 소장한 그들의 도서관 문을 열어주었다. 바로 이 도서관의 가장 비밀스러운 곳 중 하나에서 티아네우스의 아폴로니오스가 썼다고 주장하는 책이 발견된 것이다. 아폴로니오스는 알려진 세계를 지나 알려지지 않은 세계로 나아갔던 철학자로, 성 히에로니무스가 쉼 없이 정진하는 지식인의 모범으로 삼았던 인물이다. 산타야의 우고는 자신의 후원자인 타라조나의 주교 미카엘을 위해서 이 책을 번역했다. 이 책에서 아폴로니오스는 그의 고향 티아네우스에 있는 헤르메스 조각상 아래로 아치형의 비밀 동굴을 발견하는 이야기를 들려준다. 동굴 안으로 내려간 그는 황금 왕좌에 앉아 있는 오래된 시신을 발견한다. 시신의 손에는 하나의 보석으로 만든 평판이 들려 있다. 글자가 새겨진 이 보석 평판은 녹옥판Tabula Smaragdina이라고 알려진다. 에메랄드를 뜻하는 아랍어 zumurrud에서 파생된 이름이다. 이 거대한 평판은 고대 세계에 존재했다고 소문으로만 나돌던 것으로, 다름 아닌 이집트 사제이자 신인 헤르메스 트리스메기스투스의 어록이 새겨져 있다고 알려져 있었다. 무수히 많은 세대가 지나는 동안 녹옥판을 들고 있었던 것이 바로 그의 시신이었다.[11]

그런데 일각에서는 이 텍스트의 기원이 훨씬 더 놀랍고 더 오래되었다고 주장했다. 이야기는 기원후 1세기로 거슬러 올라간다. 최초의 인간 아담의 손자들이 기둥 2개를 세우고 거기에 아담의 비밀 지식을 새겼다. 세월의 풍파에도 무사하도록 그의 지식을 보존하기 위해서였다. 기둥 하나는 벽돌로 만들었던 탓에 대홍수에 떠내려갔지만, 다른 하나는 돌로 만든 덕분에 모진 풍파에도 끄떡없이 시리아 사막 어딘가에 꿋꿋이 서 있었다. 한편 다른 일각에서는 글자를 새긴 것이 아담의 손자들이 아니라 이집트 왕 세소스트리스라고 믿었으며 이에 따라 그 기둥들을 상형 문자로 뒤덮인 오벨리스크와 결부시켰다. 이런 오벨리스크는 피코 시대에도 로마 주변 여기저기에서 볼 수 있었다. 우고는 누구든 녹옥판에 새겨진 어록을 공부하면 **동시대의 철학을 선도할 수 있다**고 장담했다. 거미줄처럼 **복잡하게 지어놓은** 헤르메스의 어록에는 이렇게 적혀 있었다.

모든 것이 하나에서 나왔듯
경이로운 것들이 작동하는 방식도 하나이다
계획을 수행하는 것이다……
이런 작업을 존재하게 하는 것이
천국의 구조이다.
바로 이것이 철학자 헤르메스가 말하는
세 가지 지혜 또는 세 가지 학문이다.

12세기 이후로 유럽인들이 생각했던 것처럼, 이 어록은 경이로움을 찾는 긴 여정의 산물이었다. 위대한 고대 철학자이자 마법사가 거대한 보석 위에 적혀 있는 텍스트를 발견한다. 이 보석은 감춰진 방 안에 묻혀 있던 죽은 신의 손에 들려 있다. 그리고 이 텍스트는 몰락한 한 아랍 왕조의 비밀 도서관 안에 보존된다. 이 여정을 거슬러 올라가 발견한 것이 바로 이 어록이라는 말이다. 하지만 어떤 의미에서 보면 이렇듯 출처를 멋지게 포장한 것은 텍스트의 메시지가 지닌 폭발적 성격을 표현하는 하나의 방식이었다. 수많은 사람이 종지부를 찍고자 최선의 노력을 했음에도, 이와 똑같은 메시지는 계속해서 고개를 들었다. 그 메시지란, 태초에 **만물은 하나이며, 정확한 방법을 알면 이 본래의 상태를 불러올 수 있고,** 그렇게 하는 사람에게는 세상에 영향을 미치는 상상불가의 힘이 약속된다는 것이다.[12]

훗날 이런 텍스트들이 마찬가지로 놀라운 상황에서 더 출현하는 것을 보면, 특정한 글과 기묘한 방식으로 그런 글을 발견하는 것 사이에 마치 어떤 운명적인 연결 관계가 있는 것처럼 느껴진다. 시간이 흘러 이집트에 있는 왕들의 계곡에서 북쪽으로 조금 떨어진 나그함마디라는 곳에서 벌어진 일도 마찬가지이다. 한 농부가 절벽 기슭에서 비옥한 흙을 캐다가 항아리 하나를 발견했다. 그는 이 항아리 안에 정령djinn이 들어 있을까 두려운 마음에 감히 열지 못했다. 어떤 의미에서 보면, 정령이 들어 있는 것이 맞았다. 항아리는 성서 속 예언자 예레미야가 지시받은 방법에 따라서 봉인되어 있었다. 없어서는 안 되는 문서는 **여러 날이 지나도 그대로 보존되도록 토기에 넣어 보관**하라는 지시였다. 나그함마디 항아리 안에는 12권의 책과 더불어 13번째 책의 일부 조각들이 들어 있었다. 발견된 책에는 52개 문헌들이 실려 있었다. 이 항아리는 로마 군 제10군단이 나일 강 중류의 상이집트로 진격하던 시기에 땅속에 묻힌 것이었다. 묻히기 얼마 전, 이 로마 군단은 나머지 로마 제국 전체와 함께 제국의 새로운 국교인 그리스도교로 개종한 상태였다. 따라서 그들이 도착하면 이 책들이 파손을 면치 못하리라고 우려하는 것도 당연했다. 이 봉인된 항아리 도서관 안에 들어 있던 문헌 중에는 세트seth 신의 조부(또는 아버지/역주) 아담에게서 물려받은 지혜가 새겨져 있는 세트 신의 돌기둥에서 옮겨 적었다고 주장하는 것도 있었다. 여기에는 찬가나 기도문이 기록되어 있었는데, 이것을 노래하면 천국을 지나는 황홀한 여행길에 오르게 된다고 했다. 항아리 안에는 의미 없이 연속해서 배열한 모음과 마법의 주문도 들어 있었고, **천둥, 완벽한 마음**이라고 하는 여성성을 지닌 존재가 화자가 되어 들려주는 다음과 같은 이야기도 포함되어 있었다.

나는 존경받는 자이자 괄시받는 자이며,

나는 창녀이자 경건한 자이며,

나는 아내이자 처녀이며……

나는 이해할 수 없는 침묵이자

자주 떠오르는 기억이다.

나는 여러 소리를 가진 목소리이자

여러 모양을 가진 말이다.

나는 발화된 나의 이름이다……

그런데 너희 그리스인들아, 너희는 왜 나를 미워했느냐?

내가 야만인들 가운데 하나이기 때문인가?

다음 쪽 : 녹옥판의 발견 장면을 묘사한 그림, 1602년.

RE...
ETUS...

...MENDA...
...VERISS...
INFERI, EST P...
ERIVS, & QVOD EST...
OD EST INFERIVS AD PER...
ET SICVT OMNES RES...
IONE VNIVS, SIC OMNES RES...
E, ADAPTATIONE. PATER EI...
TAVIT ILLVD VENTVS IN VENTRE...
ER OMNIS TELESMI TOTI MVNDI...
SA FVERIT IN TERRAM SEPARABIS...
VAVITER CVM MAGNO INGENIO, ASCEN...
CENDIT IN TERRAM, & RECIPIT VIM...
GLORIAM TOTI MVNDI. IDEO FVE...
TIVS FORTITVDINIS FORTITVDO FORTIS...
QVE SOLIDAM PENETRABIT. SIC MVNDVS...
ABILES QVARVM MODVS HIC EST. ITAQVE...
TRES PARTES PHILOSOPHIAE TOTI MVNDI...
...LIS.    Auff Deutsch:

...ffi, iſt, daß ſo VNTEN iſt, iſt gleich dem OBERN...
...kan erlangen und verrichten Miracul, der wunder...
...DINGE von EINEM DINGE ALLEINE geſchaffen,
...t; alſo entſpriesen und kommen ALLE DINGE von...
...zuſammenfügung. Die SONNE iſt ſein VATER, und...
...ſeinem Bauch: Sein ERNEHRERIN, oder Amme...
...HAT dieſer gantzen Weldt. SEINE MACHT...
...ſo ſtill das Erdreich vom FEWER ſcheiden, und...
...r beſcheidenheit und verſtande. Es ſteiget von der...
...N. und gewinnet alſo die Krafft der Obern und...
...R GANTZEN WELT Derhalben weicht von dir...
...KE die STERCKESTE STERCKE: Dann es kan...
...ſo iſt DIE WELT GESCHAFFEN. Dahero ge...
...VVNDER gewircket; welcher Weg, die ſelben...
...RISMEGISTVS, habende drey theill der WEIS...
...habe von dem WERCKE der SONNEN...
...S. in PIMANDRO.
...ERNA erigere, ſoptij iam corporis ſeciltiae, quemadmodum doce
...enti ſubito mihi viſus ſum cernere quendam immenſa magni...
...tre e mercur, quod & AVDIRE & INTVERI deſiderat? Quid
...on Sum, inquit Ille, PIMANDER, MENS DIVINE. PO...
...qua RERVM NATVRAM DISCERE, DEVM COGNO...
...EGO TE IN CVNCTIS, QVAE OPTABIS, ERVDIAM. Co
...     Sic et opto DOCTRINAE
...          fiſto fiat. AMEN.

Terrae novae (ſport Caelorum incendio ſolutione, & Elementorum aeſtuantiu liquefactione, Terraeq, & quae in ea ſunt opera—
...i Doctrinae ſolidioris de MAGNESIA, LAPIDIS Phil. Vniverſali Subjecto debito, indeq, 8° Sapientum Primae materiali, Ca
...praeſenti PIGNEM, Saxa pſorante & Omnia judicante, Conflagratione, Corruptione, Purgatione ac Renovatio—
...trae a manibus, ut vigilatyſ, ita & laborioſiſ, ALCHIMIAE Arti Artiu cu Antiquis, Certa, Sagaciſ, Sanctae (adeo etiamqut,
...ſtatiſ, decreto Numinis & Luminis NATVRAE Sapiete, ppetium ſacrataru Philoſophiae ſeierniri, vobis Andreae ſacra &
...haud fallaci, ME fideliter admonete, Philoſophia Theoſophica Meto. Solb. A.I. Chimiſt ſeiteri deſ, rimati nemi—

나는 그리스인들의 지혜이자

야만인들의 지식이니……

들을 줄 아는 너희는 나의 말을 듣고

나를 아는 너희는 나의 말을 깨달아라.

나는 모든 것에 도달할 수 있는 청각이며

나는 파악될 수 없는 말이다.

나는 소리의 이름이자

이름의 소리이다.


나그함마디 절벽 기슭에서 발견된 항아리 도서관 안에는 거의 다 사라
진, 심지어 허구라고 여겨지기까지 했던 한 문화의 거대한 보고도 있었
다. 바로 고대 후기에 이집트에서 번창했던 영지주의靈智主義가 그 주인
공이다. 영지주의자들은 (장차 피코가 그렇게 하듯이) 그들의 세계에 대한
많은 미묘한 지식을 모두 모아서 하나로 엮으려고 시도했다. 그러나 이
보물이 발견된 것은 피코가 이미 저세상 사람이 된 지 한참이나 지난 뒤
였다. 사실, 나그함마디의 발견은 독일군이 제2차 세계대전 중 북아프리
카 전장과 엘알라메인에서 퇴각한 후 얼마 지나지 않아서 이루어졌다.13

피코는 파리에서 1년간 지낸 뒤 1486년 초에 다시 피렌체로 돌아왔
고 그해 말에는 로마에 머물렀다. 로마에 머무는 동안 도시 전역에 그의
『900 논제』가 게시되고 내륙으로 흘러 들어갔다. 피코는 이 논제들이 자
신을 (시인 핀다로스의 표현을 빌리자면) **사람들의 입에 영예롭게 오르내리**
게 만들리라고 예상했다. 하지만 그렇게 되기까지는 장차 닥칠 일들이
아직 대단히 많이 남아 있었다.14

# 9

# 죽음의 입맞춤

파리에서 돌아온 피코는 유럽의 주변부와 그 너머의 비밀스러운 지식에 대한 굶주림으로 가득했다. 그래서 이를 충족시키기 위해서 자칭 플라비우스 미트리다테스라고 하는 사람과 연을 맺었다. 1481년 로마에서 여러 언어로 설교한 뒤, 자리를 잡기 힘든 상황에 몰려 쫓겨났던 바로 그 인물 말이다. 미트리다테스는 스스로가 지성계의 암거래상이라고 밝혔다. 문을 걸어잠근 뒤에야 쉬쉬거리며 이야기할 수 있는 여러 사상이나 문헌을 이리저리 퍼뜨리며 다녔기 때문이다. 덕분에 그는 피코의 과업을 이루는 데에 필요한 완벽한 파트너가 되었다. 그는 사상을 가두는 점잖은 울타리는 모두 거두고 그 경계선 너머를 응시하겠다는 피코의 포부를 실현해 줄 사람이었다. 미트리다테스는 피코의 옛 스승 엘리아 델 메디고가 신중히 발을 뺐던 지점에서 다시 시작했다. 그러면서 평판이 나쁘거나 최악인 문헌들과 기법들을 제공했다. 이 시기에 미트리다테스가 작업 중이던 번역물 중에는 유대계 철학자 마이모니데스의 저서 『죽은 자들의 부활에 관하여*Techiyat ha-meisim*』도 있었다. 이 책에서 마이모니데스는 죽은 사람이 언젠가 되돌아와서 예전처럼 앞을 보며 살 것이라는 생각은 꾸며낸 이야기에 불과하다고 선언한다. 순진한 민중을 꾀어서 율법을 지키게 만들려는 미끼와 같은 약속일 뿐이라는 것이다. 마이모니데스는 영원한 사후 세계에서는 먹거나 마시거나 성관계를 맺는 일이 있을 수 없다고 명백히 말한다. 일시적이고 변화하는 인간 세계의 모든 측면이 다 그러했다. 그러므로 부활한 존재들은 입이나 위, 간, 생식기가 있을 수 없었다. 이런 것들이 아무 소용도 없기 때문이다. 그러면서 마이모니데스는 사후 세계의 진실성 공방이 오직 배운 자들 사이에서만 이루어져야 한다고 경고했다. 왜냐하면 사람들이 집착하는 문제는 영원한 세상에서는 모두가 나체로 지내는지 아니면 옷을 걸치는지와 같은 문제가 대부분이었기 때문이다. 이런 상황에서 사람들은 사후의 얽매이지 않은 존재 방식에 관한 사색은 시작할 수도 없었다.[1]

피코의 스승 미트리다테스는 마치 자신에게 이처럼 금지된 사상을 밀거래할 생득권이 있는 듯이 여겼다. 그는 외부의 이방인들과 그들의 사고방식에 대한 관용이 점점 사라져가던 유럽에 마지막으로 남은 세계시민주의의 전초지 가운데 한 곳에서 이런 권리를 얻은 것처럼 묘사했다. 미트리다테스는 시칠리아에서 대규모 유대 공동체의 일원으로서 사무엘 벤 사베타이 알-파라즈라는 이름으로 태어났다. 시칠리아가 한때 이슬람 마그레브로 통합되었던 만큼, 이곳의 유대인들은 집단 거주지에 살지 않고, 이 섬에 살던 아랍 귀족들과 콥트 그리스도교인들, 그리스인들과 섞여서 함께 살았다. 시칠리아 유대인 대부분은 여전히 아랍어를 공용어로 사용했고, 덕분에 이탈리아어권 그리스도교인들과 트리폴리와 제르바 출신의 아랍어권 이슬람교도들 사이에서 번역가 역할을 했다. 이들은 필요할 때면 히브리어 글자로 적어서 아랍어를 쓰는 자신에게 불필요한 관심이 쏠리는 것을 피했다. 유럽의 다른 지역들과 마찬가지로 이곳에서도 유대인들의 지위는 점점 더 우려스러워졌다. 그 이유 중 하나는 공동체 안에 함께 사는 유대인들에게 대중의 분노를 돌리는 것이 손쉬운 해결책임을 탁발 수도회 설교자들이 깨달았기 때문이었다. 이런 분위기에서 사무엘 벤 사베타이는 그리스도교로 개종하고 그의 대부가 된 지방 귀족의 이름을 따서 굴리엘모 라이몬도 몬카다라는 이름을 얻었다. 그러고는 사제 수업을 받으러 나폴리로 떠났다. 하지만 그는 여러 문화가 뒤섞인 문화적 잡종과 같은 자신의 지위가 위험의 근원일 뿐만 아니라 시장성이 뛰어난 상품이기도 하다는 사실을 일찌감치 깨달았던 것 같다. 얼마 지나지 않아서 그는 로마로 이주하여 어느 저명한 추기경의 세력권에 들어가 플라비우스 미트리다테스로 개명했다. 하지만 플라비우스 시쿨레우스, 플라비우스 로마누스, 플라비우스 칼다에우스 등 다양한 이름으로도 불렸다. 미트리다테스라는 이름은 고대 폰투스의 왕 미트리다테스를 참고해서 선택한 것으로 보인다. 로마의 백과사전 편찬자 대플리니우스에 따르면, 미트리다테스 왕은 22개라는 믿기지 않을 정도로 많은 언어를 구사했다고 한다. 훗날, 박물학자이자 백과사전 편찬자 콘라트 게스너는 세상에 알려진 모든 언어를 기록하려고 시도한 자신의 작품 제목으로 『미트리다테스*Mithridates*』를 택하기도 했다. 또한, 플라비우스는 이 이름을 통해서 자신을 시인과 철학자들 사이에서 전해 내려온 비밀 지식의 수호자들과도 연결 지었다. 미트리다테스는 '미트라가 내린' 이름

이라는 뜻인데, 오르페우스가 사제로서 모셨다고 알려진 이교도의 신이 바로 미트라 신이었다.[2]

피코에게 고용되어 일하기 시작했을 무렵, 미트리다테스는 피렌체 지식층에 강한 인상을 남겼다. 피치노가 남긴 기록 중에 이를 잘 보여주는 일화가 있다. 어느 날, 미트리다테스가 피코의 집에서 유대인 학자 2명과 논쟁을 벌였다. 엘리아와 아브라암이라는 두 학자는 구약성서 속 예언자들이 예수 그리스도가 온다는 예언을 한 바가 전혀 없으며, 오히려 그들이 의미하는 바는 이와 완전히 다르다는 것을 분명히 밝혔다고 주장했다. 한동안 긴장이 감돌면서 히브리 측으로 전세가 기우는 듯했다. 이때 갑자기 미트리다테스가 치고 들어와 미래에 대한 지식은 예언자의 마음이 아니라 오직 하느님의 마음 안에 있다고 지적하며 패배의 문턱에서 승기를 낚아챘다. 하느님은 예언자의 혀와 상상력을 당신의 도구로 쓸 뿐이다. 만약 그렇지 않다면, 미래의 일을 예측한 당나귀나 새도 단순히 신의 의지를 보여주는 도구가 아니라 선지자라고 인정해야만 한다. 따라서 예언으로 예측된 사건들은 오직 하느님만이 알았으며, 하느님이 예언자들에게 명확히 알려주려 하기 전에는 예언자들도 몰랐다. 즉, 예언자들에게는 자신의 예언을 해석할 권한이 없었다는 주장이었다. 피치노는 이 상황을 이렇게 묘사했다. 이 순간, 히브리 트집쟁이들의 말문이 막혔다. 유대교의 궤변이 완파되고 그리스도교의 진리가 승리한 순간이었다.[3]

미트리다테스 밑에서 언어 공부를 시작한 피코는 히브리어와 아랍어에 몰두했다. 그러는 동안 미트리다테스는 피코의 명을 받아 부업으로 방대한 번역 작업에 착수했다. 그는 놀라운 속도로 히브리어 문헌을 라틴어로 잇달아 옮겼다. 1486년 중반에 이미 5,000쪽 분량이 완성되었을 정도였다. 이렇듯 홍수처럼 자료가 넘쳐나면서 유럽 독자들은 처음으로 유대 카발라 전통과 관련된 가장 중요한 문헌들을 접할 수 있게 되었다. 카발라는 히브리어 안에 감추어진 비밀들을 추적하는 전통을 뜻하는데, 히브리어는 하느님이 아담에게 주신 언어이자, 바벨탑이 무너지면서 생긴 언어의 혼란기에 홀로 살아남은 언어였다. 피코는 미트리다테스가 번역한 문헌을 독파하면서 중요한 대목에는 독특한 기호로 표시했다. 이 흔적을 따라가보면 그의 독서 과정을 알 수 있다. 기호는 점 2개를 나란히 찍고 그 아래로 긴 꼬리를 달아놓은 모양이라서 마치 책 여백에 어떤 쌍소행성의 궤적이 남아 있는 것처럼 보인다. 피코가 카발라에 희망을 걸면서 얼마나 신이 났는지는 그의 글을 보면 생생하게 느껴진다. 모세오경에는 신과 인간의 모든 학문과 지혜에 대한 지식 전체가 담겨 있다. 이는 모든 고대인이 만장일치로 아무런 의혹 없이 인정하는 확고한 견해이다. 하지만 이 지식은 율법 구절을 이루는 글자들 안에 은폐되어 있다. 피코는 미트리다테스가 제공한 히브리어 문헌들 안에 이븐 시나와 이븐 루시드의 보편 지성이 크게 메아리친다는 사실을 발견했다. 아불라피아에 따르면 이런 보편 지성은 메타트론과 에녹이라는 이름으로도 불렸다고 한다. 피코는 문헌들 안에서 보편 지성의 메아리와 함께 이런 영역으로 올라가는 데에 필요한 사다리를 주겠다는 약속도 발견했다. 그가 이러한 신비들에 스스로 직접 다가가기로 결심한 것은 분명하다. 같은 해에 나중에 피치노에게 보낸 편지에서 그는 히브리어와 아랍어를 어떻게 공부하고 있는지를 흥분에 겨워 설명했다. 밤낮으로 쉬지 않고 한 달 공부했더니 히브리어로 편지를 쓸 수 있게 되었다고 했다. 아직 그다지 영예로운 정도는 아니지만, 그래도 최소한 실수 없이 쓸 수 있게 되었습니다. 그러면서 그는 빨리

아랍어도 그 정도로 할 수 있게 되면 좋겠다고 덧붙였다. 그는 피치노가 라틴어로 번역한 코란을 돌려줄 생각이지만, 무함마드가 원어로 말하는 것을 듣고 싶기 때문에 아직은 때가 아니라고도 했다.4

피코는 언어에 천재성을 발휘했을지 모르지만, 그런 그도 난해한 카발라 문헌은 미트리다테스의 지도를 받지 않고는 언감생심 이해할 수 없었다. 그래서 미트리다테스는 피코를 위한 번역본의 여백에 그런 일은 단번에 되지 않으니 제발 천천히 임하라는 간청을 가득 적었다. 예를 들면, 미트리다테스는 번역문 한 구절의 옆에 나란히 이렇게 적었다. 오, 피코님, 이런 문제들은 대단한 것이 맞지만, 제대로 된 히브리어 원어로 된 글자와 단어를 모르고서는 이해할 수 없습니다. 하지만 어떤 의미에서 보면 피코는 카발라의 메시지를 이해할 만반의 준비가 되어 있는 상태였다. 왜냐하면 카발라의 메시지는 언어와 글이 지닌 능력에 독자가 느끼는 경이로운 감정을 이용하기 때문이다. 언어와 글에는 광활한 시대와 거리를 가로질러 전달된 뒤, 봉인 해제되어 다시 한번 오래된 힘을 발휘하는 능력이 있었다. 예를 들면, 카발라에는 게마트리아gematria를 다루는 부분이 있다. 히브리어 글자 모양을 보면, 각진 틀 안에 둥글게 말리는 선들이 매혹적으로 조합되어 있다. 게마트리아는 이런 글자의 상징적 모양 안에 숨겨진 의미를 다룬다. 피코는 아랍어 글자에도 거의 똑같은 정도로 넋을 빼앗긴 것 같다. 사실, 아랍어 글자는 부드럽게 이어지는 연속체라서 마치 인간 영혼의 지진계처럼 보이기도 한다. 성인이 되어 새로운 문자를 배워본 사람이라면, 아무런 의미 없던 부호가 더듬더듬 살아나서 낯선 목소리로 말하기 시작할 때 느껴지는 신기한 감정을 잘 알 것이다. 이 시기에 몇 달간 피코는 바로 이런 외국어의 마법에 단단히 걸려 있었다.5

폴 들라로슈, 「피코 델라 미란돌라의 유년 시절」(1842, 낭트 미술관).

▲ 코시모 로셀리, 피렌체 산탐브로조 성당의 벽화 「성혈의 기적」에서 폴리치아노와 피치노로 여겨지는 인물들 사이에 있는 피코의 모습.

◀ 페라라에 있는 스키파노이아 궁의 프레스코화 중 '4월'.

▼ 황금 독수리 모양의 입술 피어싱 장신구 테오쿠이틀라쿠아텐테투(1521년 이전, 세인트루이스 미술관).

도메니코 기를란다요, 「스가랴에게 저주를 내리는 천사」.
피렌체 산타 마리아 노벨라 성당의 토르나부오니 예배당.

▲ 라파엘로의 그림 「아테네 학당」에서 피코일 가능성이 제기된, 그림 바깥을 바라보는 신원 불명의 인물.

▶ 보티첼리의 그림 「모세의 심판」에 그려진 1481–1482년의 에티오피아 대사들(시스티나 대성당, 바티칸).

프라 바르톨로메오 델라 포르타가 그린
'그 수도사' 지롤라모 사보나롤라의 초상(산 마르코 대성당 박물관).

HIERONYMI·FERRARIENSIS·A·DEO
·MISSI·PROPHETAE·EFFIGIES·

그러나 히브리어와 아랍어는 미트리다테스가 피코에게 제공하던 것들 가운데 결코 가장 귀중한 상품이 아니었다. 두 언어는 먼 곳의 언어이기는 하지만 어디까지나 살아 있는 언어였다. 피코가 피치노에게 보낸 편지에 따르면, 미트리다테스는 그에게 칼데아인들이 사용했던 잊힌 고대 언어의 세계로 들어가는 문을 열어주었다고 한다. 페르시아의 예언자 조로아스터의 계시는 이집트의 헤르메스 신의 계시와 유사한데, 조로아스터가 이 계시를 적을 때 사용한 것으로 추정되는 언어가 바로 고대 칼데아어였다. 아마도 이 시기에 이 언어들을 공부한 것에서 영감을 받아 미란돌라에 있는 그의 서재에 페르시아와 메디아 복장을 한 인물들이 등장하는 프레스코화가 그려졌던 것 같다. 피코가 피치노에게 보낸 편지에는 흥분이 가득했다. 이 언어들로 쓴 책들이 제 수중에 들어온 것은 우연이 아닙니다. 이것은 바로 하느님의 뜻이자 제 연구를 도와주시는 신의 힘이 작용한 결과랍니다. 그러면서 그는 칼데아어 책 가운데 『칼데아 신학 원칙*Chaldæan Oracles*』이라는 얇은 책과 페르시아와 그리스, 칼데아 사람들의 종교를 충분히 설명한 또다른 책도 거론했다. 이외에도 에즈라와 조로아스터, 그리고 베들레헴에서 그리스도 앞에서 무릎 꿇고 경배드린 동방박사 중 한 명인 멜키오르의 조언을 담은 책들도 있었다. 피코는 그때까지 훼손된 그리스어 번역본으로만 알려졌던 칼데아 텍스트들을 이 문헌들 덕분에 신뢰할 만한 온전한 판본으로 접할 수 있었다며 한껏 뽐냈다. 그러고는 이 보물과 같은 전대미문의 자료를 얻은 느낌을 표현하는 감탄의 말로 피치노에게 보내는 편지를 끝맺었다. 오, 자애로우신 하느님, 고대 철학자들의 공개적인 가르침 속의 하느님뿐 아니라 피타고라스의 비밀 가르침 속의 하느님, 불현듯 강력한 기도가 제 가슴에 밀려왔습니다. 부디 중개자 없이 스스

& angustijs: uis ne tu hec pati˙ sin minus puniã
eos· respondit messias letor: & uolo hec patiex
cautate/ ut omnes amme mortue a protho plau)
sto per me sint salue: statuit deus· Extemplo
subijt uelle pati omnes cruciatus ex amore Ex
Esaye sentencia: oblatus est quia ipe uoluit·
hec ille⟨ Antiquissimum hyonetis oraculũ
in lingua chaldea id idem affirmat ΦΡΘΚΥ
ΥΣΡϠ ΦΡϠΦΘ ✝ Φ Ω ΖΕ Ζ ΡΧ ⸪ humiliabit‾)

hyonetes. chi

homo & debilitabit deus omnipotens· Vbi Rabi
Salomon·

וישח אדם וישפל איש זה הק בה הם
נרמולו להראות בעבורם כאיש עדהם וכן הוא אומר
צור ילדך תשי ותשכח אל מחללך

Rabi salomon

hoc est
humiliabit‾ homo & debilitabit deus optim⁹
maximus & pro homine efficiet‾ uelut uir
pauidus· ex secundę legis sententia: deum
qui te genuit debilitabis & obliuisceris dm p te bul

secunda lex

neratum:                    ⟨ CAP· VIII

**C** vm autem ad discipulos octo cum illis
tribus redysset: ecce obstinatus animus:
spiritus inquietus: impaciens feritas: quę nisi

로 이 책들을 읽고 꼼꼼히 연구할 능력을 저에게 주소서. 그리고 지금 저는 그 기도대로 하고 있습니다. 놓여 있는 돌을 뒤집어 그 아래를 살펴보듯, 숨겨진 것을 찾아서 지칠 줄 모르고 계속해서 탐구하고 있답니다.[6]

피코의 친구들은 그가 그리스도교 정설의 범위 너머에 있는 새로운 진리를 찾기 위해서 위험을 무릅쓰고 금지된 영역에 발을 들이는 것을 우려했다. 아무리 미트리다테스가 두 사람이 함께 칼데아어를 공부하는 것을 감추고 비밀을 유지해도 이런 우려는 누그러지지 않은 듯했다. 전하는 바에 따르면, 미트리다테스는 그의 어린 제자 피코에게 칼데아어를 공부한다는 사실을 함구하겠다고 맹세하게 했다고 한다. 그래서 피코는 친구들에게 보내는 편지에서 자신의 카발라 연구를 거론할 때조차도 칼데아어 공부에 대해서는 가장 모호하고 조심스러운 표현만 썼다. 한번은 미트리다테스가 노발대발했던 일도 있었다. 피코와 가까운 친구 지롤라모 베니비에니가 우연히 두 사람이 칼데아어 공부를 하는 모습을 발견한 것이다. 미트리다테스는 이 과목은 계속 소규모로 공부해야 한다며 베니비에니를 쫓아버렸다. 그가 이처럼 강박적으로 비밀을 유지한 이유가 무엇이었는지 추측은 할 수 있지만 분명하지는 않다. 물론 나중에 그 이유를 설명해줄 사실이 드러나기는 하지만, 적어도 당시 피코는 이 사실을 알지 못했다. 사실, 미트리다테스가 그에게 가르치던 문자는 고대의 레반트 문자가 아니라 에티오피아의 신성한 전례 언어인 그으즈어였다.[7]

나중에 전해진 이야기는 플라비우스 미트리다테스를 아예 사기꾼으로 치부한다. 그리고 이 수상쩍은 시칠리아 출신이 이 고대 아프리카어

---

◀ 플라비우스 미트리다테스의 『수난 강론*Sermo de Passione*』의 일부.

를 사용한 것은 부유한 후견인의 존경과 신뢰를 얻기 위한 계략에 불과하다고 일축한다. 실제로도 이전에 시칠리아 유대인들이 이와 유사한 칼데아어 책략을 사용했던 적이 있었다. 수십 년 전, 한 유대인이 시칠리아 사제를 구슬려서 팔레르모에 있는 포르타 파티텔리 위에 적힌 고대 아랍 문자가 칼데아어라고 믿게 만든 다음, 성서 속 이스라엘 민족의 조상 아브라함의 손자인 에서가 팔레르모를 세웠다는 내용이 담겨 있다고 속였다. 그러나 미트리다테스의 동기에만 초점을 맞추다 보면, 그가 에티오피아어에 익숙했다는 범상치 않은 사실을 간과할 위험이 있다. 이 사실은 그가 몇 년 전 로마에서 도피한 배경에 대한 실마리일 수 있다. 그때 미트리다테스는 여러 언어를 사용하는 기교를 부리며 강론을 한 뒤 명성이 한창 높아졌을 때 로마를 떠나는 수수께끼 같은 행각을 벌였다. 그가 에티오피아어를 처음 접한 것은 바티칸 근처 산토 스테파노 델리 아비시니 교회에 모인 에티오피아 출신 순례자들을 통해서였을 것이다. 그의 로마 강론 속에 그으즈어 글자가 한마디 적혀 있는 것으로 보아, 1481년 즈음에는 에티오피아어를 공부하고 있었던 것이 확실하다. 하지만 에티오피아 문화에 관한 관심이 새로운 수준으로 고조된 것은 그해 말 에티오피아 황제가 보낸 예사롭지 않은 사절단이 교황의 궁에 도착한 일 때문이었다. 이탈리아인들이 안토니우스라고 불렀던 에티오피아 사제 엔토네스가 이끌고 온 이 소규모 사절단은 사실 에티오피아 고원을 출발해서 나일 강을 따라서 카이로에 도착했던 수천 명 규모의 대표단 가운데 극히 일부에 불과했다. 이 대표단의 임무는 그들의 새로운 소년 왕 이스칸다르, 즉 알렉산드로스의 즉위식을 위해서 알렉산드리아 대주교로부터 대표나 주교를 파견받는 것이었다. 이들은 이집트를 방문한 뒤, 수천 명이 행렬하는 장관을 이루면서 거룩한 땅으로 출발했다. 그런데 예루살렘에 도착하자, 시온 산의 수호자(프란치스코회 고위직에게 부여된 거창한 칭호)가 선두 무리의 에티오피아 대표단을 설득했다. 다른 그리스도교인은 이단에 불과하며, 대관식의 정당성을 인정받으려면 로마에서 파견한 특사가 필요하다고 일러준 것이다. 이에 따라서 이들 가운데 소규모 무리가 로마로 떠났다. 이들은 의사소통을 가능하게 해줄, 아랍어를 할 줄 아는 이탈리아인의 안내를 받아 1481년 대림절 시작 전에 로마에 도착했다.[8]

에티오피아인들이 로마에 도착하자, 그들 고유의 전통 복장이 로마 사회에 엄청난 인상을 남겼다. 당시 벽화 작업이 진행 중이던 시스티나 예배당의 프레스코화 중에 한 점이 아니라 무려 두 점에 이들의 복장이 묘사될 정도였다. 하지만 이들이 가야 할 길은 첩첩산중이었다. 이들을 맞이한 교황 식스투스 4세는 호의의 표시로 이들과 함께 공개적으로 미사를 집전했다. 그러자 에티오피아 사절단은 함께 본국으로 갈, 가톨릭 전례에 조예가 깊은 사람들을 붙여달라고 요청했다. 사절단은 에티오피아가 카이로의 맘루크인들과 싸울 십자군을 파병한 것, 그리고 댐을 동원해서 무어인들이 가장 두려워하는 나일 강의 범람을 방해하기로 한 것에 대한 보답으로 이를 요청했다. 하지만 교황이 최선을 다해 노력하고 준엄한 명령을 내렸어도 에티오피아 특사단과 함께 에티오피아로 가겠다는 사람을 구할 수는 없었다. 미트리다테스가 아랍 관련 학식을 공공연히 과시했던 것과 사절단이 도착하기 전부터 이미 에티오피아 문자를 공부하고 있었던 점을 고려하면, 교황은 이 임무를 맡길 사람 중 한 명으로 그를 의중에 두었을 법했다. 만약 이것이 사실이라면, 그가 에티오피아로 가기를 꺼렸을 만도 했다. 엔토네스에게 들었든 시칠리아 항구에 떠도는 소문으로 알았든, 그는 에티오피아에 도착한 유럽인들이 좀처럼 그곳을 마음대로 떠나지 못한다는 사실을 알고 있었을 수 있다. 이들은 이국적인 기량과 지식을 보유하고 싶어했던 군주들 때문에 환경은 편안할지언정 억류된 상태로 현지에 남아 있었다. 어찌 되었든, 1482년 중반에 마침내 에티오피아로 파견할 목적으로 12명의 성직자가 베네치아로 보내졌다. 그런데 그곳에서 알렉산드리아행 교통편을 기다리던 그들 앞에 한 남자가 나타나 자신이 이 선교단의 대표라고 주장했고, 이 일로 다른 사람들이 사임하면서 대표단은 와해되었다. **교황이 격노한 것은 말할 것**도 없었다. 이 사건은 결국 파국으로 끝났다. 에티오피아 사절단은 끝까지 고향으로 돌아가지 못하고 예루살렘에서 뿔뿔이 흩어졌다. 이곳에서 한 명은 이슬람으로 개종했고, 소문에 따르면 엔토네스는 교황이 에티오피아 왕에게 보내는 선물을 전당포에 팔고 받은 돈으로 방탕한 생활을 했다고 한다. 이 사건에 미트리다테스가 연루되었다는 구체적인 증거는 없지만, 베네치아에서 벌어진 일을 보면 일을 망친 남자에게서 그의 특징인 높은 학식과 저급한 사기꾼의 면모가 느껴진다. 따라서 이 시기에 그가 극적으로 신임을 잃은 이유는 에티오피아로 가기를 거부했기 때문일 수도 있고, 아니면 중간에 선교단을 가로채려고 시도했기 때문일 수도 있다. 혹은 미트리다테스의 예측 불가능한 성향을 고려하면, 두 가지 이유 모두일 수도 있다.9

사실이 무엇이든, 미트리다테스가 에티오피아 교회에서 사용하던 그으즈어 문자를 배우려고 했던 것을 두고 사기를 치려는 시도였다고 일축해서는 안 된다. 사실, 당시에는 고대 칼데아어의 정체를 둘러싸고 혼동과 불확실성이 만연했다. 칼데아 찬가와 성서 속 동방박사 사이의 연관성을 고려하면, 칼데아어를 동방박사 중 한 명인 마법사 발타자르의 고향으로 알려진 아프리카 왕국과 연관 짓는 것이 타당했다. 1481년의 사절단에 관한 다른 기록에는 이 사절단이 칼데아 사절단이라고 언급되어 있다. 게다가 바티칸 도서관에는 그으즈어로 된 시편이 한 부 있는데—아마도 미트리다테스가 그으즈어를 배울 때 사용했던 바로 그 교재인 듯하다—여기에는 칼데아어 또는 에티오피아어 시편이라는 라벨이 붙어 있다. 또한 에티오피아에는 자르Zar라는 숭배 의식도 있는데, 이 자르 의식과 예언자 자라투스트라(달리 말하면 조로아스터)의 이름이 유사하다는 점이 당시 에티오피아가 고대 칼데아 문화의 마지막 안식처였다는 확신을 더 굳혔을 것이다. 미트리다테스의 그으즈어 실력은 그다지 큰 진전을 보이지 못했던 것 같다. 그와 피코 모두 에티오피아 문자를 써서 히브리어와 아람어 몇 마디를 적는 수준에 그쳤다. 하지만 그렇다고 해서 두 사람의 진정성에 의문을 품을 이유는 없다. 이들은 그렇게 그으즈어를 사용하면서 자신들이 인간이 보유한 가장 오래된 지식 가운데 일부를 칼데아어 형태로 재창조하고 있다고 진심으로 믿었을 것이다.[10]

열광의 도가니와 같았던 1486년 여름 몇 달 동안, 피코는 미트리다테스 밑에서 여러 언어를 공부하고 그의 지도를 받으면서 방대한 양의 카발라 관련 번역물을 소화했다. 하지만 이것이 전부가 아니었다. 그는 장차 기획할 로마 대토론회를 향해 천천히 전진하기 시작했다. 그러면서 그의 친구 지롤라모 베니비에니—미트리다테스가 '칼데아어' 비밀 수업에서 쫓아냈던 바로 그 인물—가 쓴 연작시에 대한 백과사전식 논평에 착수했다. 샛별처럼 떠오르는 거장에게는 친구가 쓴 시 몇 편에 대한 논

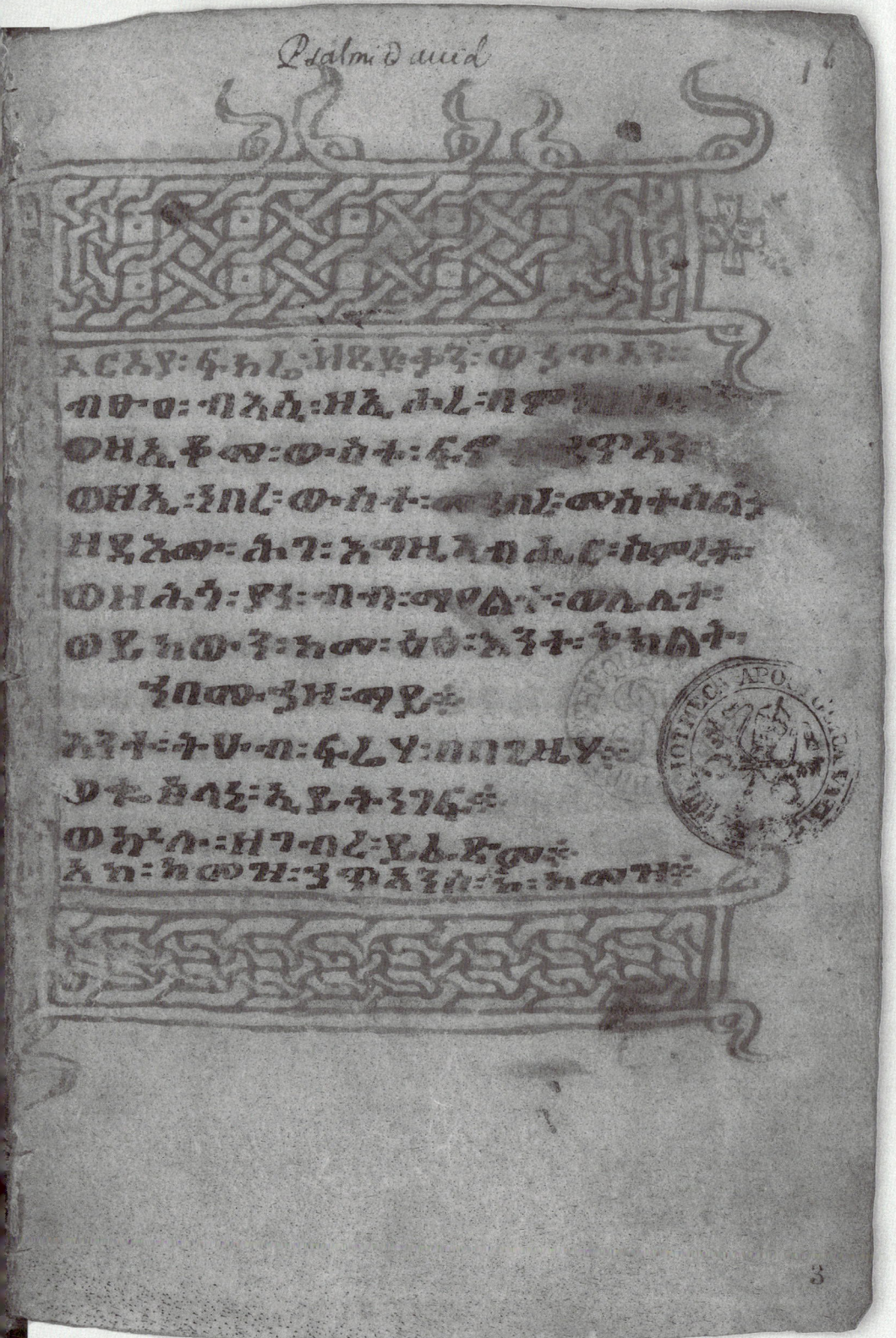

እርእየ፡ፋ፡ኡሊ፡ዘበዩቃን፡ወነዋእ፡
በዋo፡ብእሴ፡ዘእ፡ሐሊ፡በማ
ወዘእ፡ቀወ፡ወኡቲ፡ፋኖ፡ዘዋእን
ወዘእ፡ኑክሊ፡ወሉተ፡ከሴ፡መስተሴን፡
ዘዬኢመ፡ሐገ፡እገዚእበሔር፡ስማሴ፡
ወሐን፡የኔ፡በሱ፡ማዐሊ፡ወሊተ፡
ወይክወን፡እመ፡ሴዕእንተ፡ትክሴተ፡
ነበመ፡ንዘ፡ማዬ
እንተ፡ሁ፡በ፡ፋሪህ፡በበዘዘ
ዋቀሴሴ፡ኢይትነገ
ወክሱ፡ዘገበረዘሁ፡ሊ፡ዴወ
እከ፡ከወ፡ንዋእነሴ፡አመ

평쯤은 가벼운 작업으로 여겨졌을 수도 있다. 하지만 피코는 친구의 시에 대한 논평을 위해 방대한 분량의 학술 논문을 생산해냈다. 이 논문은 텍스트 가운데 가장 무의미해 보이는 부분을 가지고 존재와 시간을 온전히 설명하는 전통에 충실했다. 실제로, 논문에서 다루는 텍스트와 거기에서 파생된 의미 사이의 격차가 클수록 좋게 평가받는 것이 일반적이었다. 피코의 논평 또한 예외가 아니었다. 그는 자신이 이해하기 시작한 우주 전체를 길고 상세하게 다루면서 베니비에니의 평범한 시들을 더 초라하게 만들었다. 그리고 세상을 놀라게 할 정도로 장엄한 이런 통찰력은 그해 여름에 발생한 또다른 사건의 배경이 되었다. 아레초 시내에서 발생한 이 사건은 피코의 야심만만한 로마 토론회 계획에 자칫 제동을 걸 뻔했다. 메디치 가문 출신인 이 지역 통치자의 아내가 전성기 영광의 순간을 구가하던 피코와 함께 떠나려고 나이 차이가 많이 나는 남편에게서 도망치는 사건이 벌어졌기 때문이다.

피코의 논평은 라틴어가 아닌 이탈리아어로 작성된 그의 얼마 되지 않는 저술 가운데 하나여서 문외한들도 얼마든지 읽을 수 있었다. 그래서 마르게리타 마리오토 데 메디치가 이 논평을 접했다면 다음과 같은 구절을 읽었을 것이다. 시인 핀다로스의 말처럼, 우리는 **그림자의 세계**에 살고 있지만, 충동적 욕구를 따름으로써 천사들이 사는 더 높은 세계에 들어가 플라톤 추종자들이 극구 찬양하는 **정신의 결합**union of the spirit 상태에 도달할 수 있다. 이것이 어떻게 작동하는지 이해하려면 신 그 자신은 아름답지 않다는 사실을 반드시 알아야 한다. 아름다움에는 개별 부분

---

◀ 바티칸 도서관 소장 도서 Vat Eti 20, 미트리다테스가 피코에게 가르칠 때 사용했을 가능성이 있는 그으즈어로 작성된 시편.

들의 조화로운 균형이 필요한데, 신에게는 부분이라는 것이 없어서 이런 원칙이 적용될 수 없기 때문이다. 그러나 신 이후에는 반대가 존재하기 때문에 아름다움이 시작된다. 그렇지 않다면 아무것도 창조될 수 없다. 따라서 아름다움은 다름 아닌 반대되는 것들의 결합이자 불일치의 화합이라고 정의된다. 만물은 아름다움의 섬세한 균형 속에서 지속되며, 아름다움은 창조의 조화로움 안에 있다. 가장 완벽한 목소리들을 담금질해서 하나의 화음으로 만드는 것처럼 말이다. 바로 이런 이유로 우리는 아름다운 것들을 감상할 때 (조로아스터의 표현을 빌리자면) 낙원 같다고, 거의 낙원이라고 느낀다. 이는 신에게서 유출된 것들의 이데아를 감상했을 때 느꼈던 천사의 마음속 아름다움의 첫 경험을 회상하는 셈이다. 다시 말해, 첫 번째 천사가 이데아의 아름다움을 마음속에 품는다. 하지만 이것으로는 완벽하지 않다. 아름다움의 뚜렷하지 않은 본질이 불투명한 탓에, 천사에게는 그 아름다움을 더 완벽하게 소유하고 싶은 욕망이 틀림없이 생긴다. 우리가 아름다움에 대한 욕망을 느끼는 방식도 이와 같다. 밤중에 아름다운 몸을 본 사람이 그 아름다움을 더 온전히 만끽하기 위해서 더 밝은 빛 아래 보고 싶어하는 것과 마찬가지이다. 사랑의 여신이 벌거벗은 모습을 보고 눈이 먼 대신 미래를 내다보는 천리안을 얻은 예언자 티레시아스처럼 말이다. 피코는 지적한다. 플라톤이 여러 차례 말했듯이, 사랑에는 언제나 상호성이 존재해야 한다. 이는 두 사람이 서로 같은 방식과 같은 이유로 상대방을 사랑하는 것을 말한다. 또한, 욕망은 행복을 추구할 수 있도록 특정한 목표를 설정하고, 만물이 중심을 향해 떨어지듯 그 목표를 향해 이끌린다. 나아가, 사랑하는 사람은 자신이 욕망하는 대상을 알고 있기 때문에 어떤 의미에서는 욕망의 대상을 이미 절반은 소유한 셈이다. 즉, 앎은 소유의 한 형태이다. 우리는 몸에서 아름다움을 포착할 때 그 몸과 짝짓고 싶은 욕망을 느낀다. 이는 가장 친밀한 방식으로 그 몸과 하나로 합쳐지고 싶다는 욕망이다. 이처럼 우리는 아름다움의 개념 자체와 하나가 되기를 바라며, 아름다움과 얽히고설켜서 풀리지 않는 매듭으로 연결되기를 바란다. 이와 마찬가지로 입맞춤을 통해서 한 사람의 영이 상대방에게 주입되면, 많은 변화를 동반하지는 않지만, 두 사람의 영혼을 하나의 영혼이라고 부를 수 있을 정도로 서로 완벽하게 결합한다. 그래서 사랑하는 사람이 천상의 연인과 나눌 수 있는 가장 완벽하고 내밀한 결합은 입맞춤의 결합이라는 것을 명심해야 한다. 또한, 카발라에 따르면 우리는 여기에 비밀이 숨어 있다는 것을 안다. 솔로몬의 「아가」서 첫 구절이 제발 그이가 내게 입맞춰주었으면!으로 시작한 것처럼, 가장 축복받은 사람들은 빈시카binsica의 순간에 이승을 떠난다. 빈시카를 우리 말로 옮기면 죽음의 입맞춤이라는 뜻이다.[11]

메디치 가문의 보잘것없는 일족에 불과한 이 지방 통치자의 아내는 따분하고 외로운 생활을 하고 있었다. 그런 그녀가 천상의 아름다움이라는 수식어가 따라다니는 데다가 에로티시즘과 초월성, 절정의 충족감이 자극적으로 뒤섞인 이런 말을 하는 피코와 접촉했다면, 어떤 영향을 받았을지 가히 짐작이 가고도 남는다. 이 사건의 여파로, 피치노는 그의 어린 제자의 방패막이가 되어주기 위해서 이 사건을 시적이고 신화적인 이야기로 설명했다. 님프는 인간이 아니라 마땅히 신의 신부이기 때문에 반신반인 '리코Rýco'가 빼어난 미모를 지닌 님프를 납치한 것은 그저 의로운 행위일 뿐이라는 암호문 같은 글을 쓴 것이다. 하지만 법과 행복의 파괴자인 전쟁의 신 마르스는 이런 합법적이고 행복한 결합을 질투해서 즉각 다이몬들을 보내어 행동을 취하게 했다. 이렇듯 훗날 이 사건을 신화화하는 작업과 함께 피코를 보호하고 일을 무마하려는 시도들 때문에 사건의 자세한 내용은 흐지부지되었다. 하지만 피코에게 반한 마르게리타는 그가 그날 아레초를 떠난다는 사실을 알고 미사에 참석하지 않았던 것으로 보인다. 그 대신 그녀는 어린 몸종만 데리고 피코의 출발지로 확실시되는 시에나 성문 쪽으로 향했다. 전해지는 바에 따르면, 그녀는 성문에 도착하자마자 젊은 공작 피코의 말 안장 위로 뛰어올라서 그와 함께 떠났다고 한다.[12]

이 시기에는 도망가는 아내와 보쌈당하는 아내 사이에 차이가 없었다. 아레초의 수령이었던 그녀의 남편은 즉각 장정 200명으로 구성된 추격대를 보내어, 남서쪽으로 약 20킬로미터 떨어진 마르차노와 루치냐노 주변에서 두 사람을 따라잡았다. 이곳에서 두 사람은 따로 갈라졌고, 피코는 감옥에 갇혔다. 이런 장면들은 극적이었지만, 전반적인 사건은 그다지 오래 끌지 않았던 것 같다. 얼마 지나지 않아서 피코는 투옥 상태에서 벗어났는데, 아마도 간수에게 100플로린의 뇌물을 주고 풀려난 것으로 보인다. 그는 이탈리아 반도의 사법권이 관할 구역별로 쪼개져 있다는 점을 십분 활용해서 질투에 눈이 먼 남편의 손아귀를 벗어난 뒤, 계속해서 로마로 향했다. 피코는 이제 체포된 상태는 아니었지만, 메디치 가문 사람의 아내와 엮이는 심각한 실수를 저지른 몸이 되었다. 이 메디치 가문의 남편은 즉시 로렌초에게 편지를 써서 이 굴욕을 바로잡아달라고 요구했다. 로렌초는 격분한 사촌을 구해줄 의향이 없어 보였지만, 그래도 피코의 친구들은 방대한 조직을 결성해서 그가 몰지각한 행동의 대가를 치르지 않도록 애썼다. 심지어 미트리다테스는 피코를 성서에 나오는 다윗 왕과 비교했다. 로마로 가는 피코를 따라가고 싶은 마음이 열렬했던 마르게리타는 구약성서 속 인물에게 끌리는 여성들에 비유되었다. 모두 입을 모아 순전히 마르게리타의 일방적인 욕망이 문제였다고 주장했다. 그렇더라도 피코가 누군가의 욕정의 덫에 걸린 죄 없는 천사는 분명 아니었던 듯하다. 심지어 그의 조카가 쓴 전기만 보아도 그렇다. 오점들을 걸러내고 그를 신성시하는 그의 전기에서도 이 사건을, 또는 어쩌면 다른 사건들을 염두에 두면서 이렇게 인정하고 있다. 그의 아름다운 몸과 잘생긴 얼굴 때문에 많은 여성이 그에게 빠져 제정신이 아니었다. 한동안 이들을 마다하지 않았던 그는 바른 생활을 저버리고 욕정으로 가득한 삶 안에서 뒹굴었다. 피코 자신은 신화화와 변명과 정직 사이에서 중간쯤 되는 입장을 취했다. 그해 말, 한 친구에게 보낸 편지 가운데 훗날 누군가가 누락시킨 대목에서 피코는 다윗과 솔로몬조차도, 아리스토텔레스와 성 히에로니무스조차도 매력적인 여성의 유혹에 넘어갔다고 지적했다. 그러면서 자신은 유혹에 익숙하지 않았던 탓에 유혹이 닥쳤을 때 이를 알아채지 못했다고 변명했을 뿐이라고 했다. 페라라와 파리의 한량들 사이에서 아무 구속 없이 자유로운 독신 생활을 즐겼던 피코의 이런 주장을 믿어야 할지 믿지 말아야 할지는 확실하지 않다. 다만, 그는 마르게리타뿐만 아니라 그 자신도 유혹에 무릎 꿇었다는 사실을 부인하려고는 하지 않았다.13

제아무리 피코의 글이 에로틱한 언어로 가득했든, 그리고 그의 육체적 친밀감을 둘러싼 진실이 무엇이었든, 적어도 그의 『논평』에 담긴 의도는 하나였다. 성욕은 아름다운 것들과의 결합을 바라는 우리 마음속 깊은 곳의 욕망을 알아채도록 마음을 동요시키는 도구로만 사용하고, 신속히 이를 지나쳐서 육신에서 분리된 초월의 상태로 가야 한다는 것이었다.

조로아스터가 우리에게 시선을 확장해서 위를 보라고 명한 이유도 바로 이 때문이었다. 그곳에서 숭고한 지성을 통해 우리는 불같은 사랑으로 제거되어 온전한 천사의 형상을 하게 된다. 이런 종류의 초월은 일종의 육체이탈이다. 이런 상태에는 오직 육체적 자아를 남겨두고 떠난 사람들만이 도달할 수 있다. 그래야 그들이 자기 몸 안에 있는지 아니면 밖에 있는지, 어떤 상태에 있는지 모른다는 말을 바울로와 함께 할 수 있다. 황홀경에 빠졌다고 하는 사람들처럼, 이런 상태는 인간에게 닥칠 때마다 잠시만 머물 뿐이다. 이 논문의 말미에서 피코는 이런 상태에 이르는 방법을 알려준다. 어떤 사람이 어떤 생각에 깊이 몰두해 있으면, 감각이 떨어져서 다른 사람이 하는 말이나 눈앞에 보이는 것을 이해하지 못한다. 이런 사람이 초월적인 것에 집중하면, 이성과 모든 하급 인지 기능의 작동이 상실된다. 피코에 따르면, 이런 사람은 이제 더는 인간의 세계에 산다고 할 수 없고, 그보다는 천사의 세계에 산다고 해야 한다. 이런 사람은 우리 눈에는 무감각하고 놀란 것처럼 보이지만, 실제로는 천사의 존재 방식으로 변모된 상태이다. 성서 속에 녹이 천사 메타트론으로 변모했다고 전해지는 것처럼 말이다. 피코는 자신이 히브리어와 칼데아어 공부에 전념했던 이유가 바로 이런 세상의 근본을 이해하고 싶은 욕망에서 비롯되었다고 말한다. 왜냐하면 이런 비밀들은 고대의 작품들 속에 감추어져 있기 때문이다. 예수가 우화 속에, 고대 이집트인들이 상형 문자 안에 진리를 숨겨두었던 것과 마찬가지이다. 하지만 플라톤 등은 다양한 세상에서 하나됨을 파악하는 방법과 많음을 다시 하나로 줄이는 방법을 알려주었다. 그러므로 이렇게 할 줄 아는 사람을 자신의 의지에 따라서 야곱의 사다리를 오르거나 내려갈 수 있는 신, 지상의 천사로 여기고 따라야 한다. 피코는 그의 가문에 대물림되어온 여러 작위 가운데 하나로 이미 불리기 시작했다. 바로 콩코르드 군주, 즉 화합의 군주라는 칭호였다. 이는 보편적 조화의 힘을 휘두르려는 그의 의도를 알리는 운명처럼 보였다. 이런 식으로든 저런 식으로든, 그는 화합의 군주가 맞았다.[14]

피코는 이처럼 열광의 도피 행각을 벌이는 중에 로마의 여정을 다시 시작했다. 그는 신중하게 행동하고 더 실용적인 문제로 관심을 돌리라는 친구들의 충고와 경고를 귓등으로 듣고 완전히 잊어버렸다. 정통적이지 않은 모습을 공개적으로 보이는 피코에게 친구들이 우려를 표할 이유는 충분했다. 피코가 피렌체를 떠나기 얼마 전, 로렌초 데 메디치의 명으로 방랑 예언자 조반니 메르쿠리오 다 코레조가 체포되는 일이 벌어졌기 때문이다. 앞장서서 그의 비술을 행한 자들은 높은 곳에서 떨어지는 형벌을 받았고, 메르쿠리오 본인은 족쇄를 차고 광장의 기둥에 묶여서 대중의 조롱을 받았다. 그럼에도 피코는 아레초에서 페루자를 지나 여정을 이어갔다. 발걸음을 재촉했던 것으로 보이지는 않는다. 가는 길에 새로운 자료를 만나면 탐닉했고, 간명하되 포괄적인 글쓰기도 계속했다. 하지만 어떤 경우에도 영원의 도시로 향하는 길을 멈추지는 않았다. 또한, 우주에 관한 자신의 체계적인 논의를 발표하고 싶다는 욕망과 그로 인해서 생길 수 있는 비범한 힘을 추구하기를 멈추지 않았다. 그러면서 과거에는 연결되지 않았거나 양립할 수 없다고 여겼던 많은 영역 사이의 비밀스러운 연결 관계를 드러내겠다고 약속했다. 훗날, 철학자 볼테르는 이렇게 농담을 던졌다. 피코는 로마 대토론회에서 알 수 있는 모든 것뿐만 아니라 그 외에도 조금 더 다루려 했노라고. 최고의 농담이 다 그렇듯, 볼테르의 이 농담 안에도 피상적인 약간의 진리 이상이 담겨 있었다.[15]

# 10

# 새들의 언어

15세기 말, 에티오피아 순례자들과 아랍어를 구사하는 유대인들이 대거 로마로 유입되었다. 이들과 함께 라인 지방(독일 라인 강 서쪽 지역/역주)으로부터 신기한 마법을 퍼뜨리는 독일 장인들도 들어왔다. 대부분은 전직 금은세공업 종사자들이었다. 이들은 한 면에 단 하나의 부호가 복잡하게 새겨진 방대한 종류의 소형 금속 주사위를 만들었다. 실로 다양한 글자와 상징들이 새겨졌는데, 뜻하지 않은 공통점이 있었다. 모두 하나같이 거꾸로 되어 있다는 것이었다. 부적 같은 이 주사위들은 거꾸로 읽을 줄 아는 기이한 기량을 지닌 숙련된 조수들의 손을 거쳐 일렬로 배열되었다. 그런 다음, 틀 속에 빈틈없이 빽빽하게 꽂혀 어떤 기계에 설치되었다. 그러면 기계 속의 나사와 지렛대가 자연의 힘을 증폭시켜 예사롭지 않은 새로운 인공물을 제조해냈다. 이것은 자기만의 고유한 정체성도 없고, 같은 유형의 다른 것들과 구별되지도 않으면서, 동시에 어디든, 그러면서도 항상 똑같은 상태로 존재할 수 있었다. 이렇듯 움직일 수 있는 대소문자 활자들과 조판공, 교정원, 유성 잉크로 이루어진 인쇄 팀은 산업적 규모로 단어를 제조해냈다. 하지만 모든 사람이 이 새로운 발전에 감명받았던 것은 아니다. 폴리치아노는 위엄 있는 태도로 인쇄기의 가치를 일축하면서 그의 『잡록』에서 애통함을 표했다. 새로운 장치를 이용하면 세상에서 가장 어리석은 견해조차도 이제 한순간에 수천 권의 책으로 만들 수 있게 되었노라고.[1]

11월경, 피코는 로마에 있었다. 아마도 그의 형 안톤마리아와 함께 캄포 마르치오 구역에 체류했을 것이다. 피코는 그의 친구들이 어떻게 느꼈든 인쇄업자 중 한 명에게 작업을 의뢰했다. 뷔르츠부르크 출신 독일인인 그 인쇄업자는 에우카리우스 프랑크 또는 은세공업 전력에 따라서 '실베르'라고 불렸다. 거의 10년 전에 캄포 디 피오레 구역에 가게를 연 실베르는 신속하게 인쇄물을 생산해서 널리 배포하는 생산 설비를 갖추고 있었다. 그의 손을 거친 인쇄물 중에는 주요 사안에 관한 교황의 칙령뿐만 아니라 한 장짜리 신문과 책력도 있었다. 책력에는 올해 일어날 사건들에 관한 예측이 담겼는데, 아마 예측을 빙자해서 그 사건들에 영향을 주려는 의도도 있었던 것 같다. 실베르가 1483년에 인쇄한 예언서 가운데 게오르크 드로호비츠라는 러시아 학자가 볼로냐에서 쓴 책에는 같은 경도상에 있는 콘스탄티노폴리스와 크림 반도의 카파, 리투아니아의 빌나, 모스크바를 수성이 지배한다는 언급과 함께, 사라센 사람들이 그해에 흑사병을 피하지 못할 것이라는 예언도 들어 있었다. 1486년 책력은 걸출한 피렌체인들이 늘 하던 대로 떠들썩한 풍조를 이어간다고 예측했다. 몇몇 시민이 타도되거나 살해되고 또 몇몇은 망명하게 되는데, 그후 얼마 지나지 않아서 회개와 개혁이 뒤따른다는 것이었다. 하지만 회개의 시간이 도래하려면 좀더 기다려야 했다. 이 시점이면 아직 피코가 자신의 『논제』와 토론회 개막식에서 발표할 연설문을 열심히 검토하는 중이었기 때문이다. 또한, 미트리다테스가 보내온 문헌의 가장 중요한 대목에 쌍소행성 모양의 특이한 표시를 하면서 한창 독서의 흔적을 남기며 그것을 독파해나가던 때였기 때문이다. 피코는 친구 베니비에니에게 쓴 편지에서 애초의 700 논제가 900개로 늘어났는데, 하다 보면 900개를 넘길 수도 있지만 거기에서 멈출 작정이라고 밝혔다. 900은 상징적으로 중요한 숫자로, 뮤즈의 광란을 통해서 자기 자신으로 환류하는 영혼의 상징이었기 때문이다. 그는 특히 모순적이라고 입증될 만한 일부 논제는 삭제하면서, 연설문에 자신의 한계를 인정하는 겸손한 단서를 달았던 것 같다. 완전한 진리 전체를 이해할 수 있는 자는 지금껏 없었으며 우리 이후로도 없을 것이다. 그 진리는 인간의 능력으로 필적할 수 있는 것보다 훨씬 더 방대하기 때문이다. 피코는 탈고하기 전에 다시 검토하면서 마찬가지로 모순적인 대목은 지운 것으로 보인다. 12월 7일, 『논제』가 인쇄되어 이탈리아 반도 전역과 그 너머로 배포되었다. 얼마 후 그것은 도나우 강에 접해 있는 잉골슈타트에서 복제되어 재생산되었다. 훗날, 피코는 이런 것들을 평범한 교차로에 퍼뜨릴 의도가 없었다고 주장하지만, 반드시 그런 의도가 없었다고 보기는 힘들다.[2]

그렇다면 온갖 떠들썩한 소란을 일으키고 수수께끼 같은 약속과 비밀스러운 연구 끝에 피코가 세상과 나누고자 했던 것은 과연 무엇일까? 『논제』는 900가지 견해를 밝히는 성명서의 형태로 되어 있다. 앞의 400개 논제는 다른 철학자들의 주장을 빌린 것이고, 나머지 500개는 피코의 고유한 의견이다. 이 저작은 피코의 시대에 알려진 인간 사상의 역사를 거슬러 올라가는 것으로 시작된다. 당시로서 가장 최근이었던 서양 그리스도교 사상에서 시작해서, 고대 후기 지중해 지역의 아리스토텔레스와 플라톤 추종자들을 거쳐, 이슬람 세계의 팔라시파로 되짚어 올라가는 것이다. 그리고 이어서 고대 그리스인들과 이보다 앞선 것으로 추정되는 고대 칼데아와 이집트, 히브리 현인들의 사상을 논한다. 이런 식으로 피코는 자신이 생각하는 일련의 사상 전수자들의 계보를 따라간다. 특출나게 범세계적인 규모를 자랑하는 이 철학의 역사는 범위도 방대하고 암호처럼 매우 아리송한 부분도 많다. 그 이유 중 하나는 피코가 다른 철학자들의 400가지 주장 하나하나에 모두 동의하는지가 분명하지 않기 때문이다(그는 단순히 자신이 통달했다거나 자신만큼 잘 아는 사람이 없는 부분을 표시한 것이 아니었다). 실제로, 논제 중에는 서로 직접적으로 모순되는 듯한 것들이 많았고, 따라서 한 사람이 동시에 품은 신념일 가능성이 없었다. 하지만 이러한 모순이 존재한다는 것이 바로 핵심이었고, 이는 피코가 윤곽을 그리고 있던 체계의 중심을 보여주었다. 다시 말해, 이처럼 모순적으로 보이는 생각들은 사실 **각각의 방식에 따르면** 맞는 것들이 많았다. 나아가 이처럼 다양한 진리가 층을 이루는 것은 우주가 밝혀지는 방식을 반영하고 있었다. 본질적으로 피코의 첫 번째 위업은 이전에 되풀이되던 것과는 다른 식의 존재에 관한 통찰을 보여주었다는 것이다. 이전에는 무한히 이어지는 우주가 존재하여 이승에서의 우리 존재 가치를 그저 무수히 많은 것 중 하나에 불과한 것으로 깎아내릴 위험이 있었다. 반면 피코의 통찰에 따르면, 현실은 일련의 단계가 서로 겹쳐 쌓여 있으며, 최초의 것들로부터 아래로 유출되면서 우리가 사는 우주를 거의 무한한 깊이로 풍요롭게 만든다. 마치 재사용하는 양피지처럼, 이들 존재 방식 하나하나가 서로의 위에 그려져 있어서, 노련한 영혼은 사다리를 오르내리듯 그 위를 돌아다닐 수 있다. 결국, 아리스토텔레스 논리학의 떼려야 뗄 수 없어 보이는 범주들, 세상의 것들을 아는 힘을 품고 있는 보편 지성, 플라톤의 이데아계, 천사의 품계, 최초이자 영원한 하나(또는 일자/역주) 등은 모두 피코가 제시한 통합된 신념의 일부였다.

　이런 사고방식의 중심에는 피코와 동시대인들에게 알려진 많은 문화권과 그 외에 다른 많은 문화권 사람들이 골머리를 앓던 문제가 자리하고 있었다. 특정한 어떤 것을 가리켜 규모가 더 큰 조직을 이루는 일부가 아닌 개별적인 하나의 개체라고 할 수 있는지, 아니면 반대로 다른 개별 개체들 여럿이 모인 하나의 집합체라고 할 수 있는지가 문제였다. 가령, 한 사람을 두고 어떻게 하나의 개인―나누어지지 않은 것―이라고 단정 지어 말할 수 있을까? 다 함께 작용하는 신체 기관들이 모인 하나의 집합체로 볼 수도 있고, 아니면 다 함께 일하는 사람들이 모인 군중의 일원으로 볼 수도 있지 않을까? 어떤 것들이 존재하는 것이 틀림없다는 직감은 쉽게 무너진다. 해변으로 와서 부딪히는 파도의 개수를 센 다음에야 파도가 넓은 바다와 따로 떨어져 존재하지 않는다는 사실을 깨달을 수도 있는 것처럼 말이다. 이 사례들은 피코가 제시한 것은 아니지만, 그의 논제에서 다루는 많은 내용을 잘 보여준다. 가령, '한 장소에 존재한다는 것'은 물질의 특성일진대, 어떻게 비물질적인 영혼이 특정 장소에 존재할 수 있을까? 장소가 없다면 비물질적인 영혼은 어떻게 다른 영혼들과 구별될 수 있을까? 천사들을 구분할 것이 아무것도 없다면 어떻게 많은 천사가 존재할 수 있을까? 피코는 수수께끼처럼 보이는 이런 방법을 그의 새로운 철학의 중심 요소로 삼는다. 그는 현실의 단계들을 거쳐 올라가면 모순적으로 보이는 이런 것들이 서로 조화를 이루게 된다고 주장한다. 정말이지, 우리가 존재의 중심적인 본래의 하나됨에 도달할 때 그렇게 되는 것이 틀림없다. 이 하나됨으로부터 모든 다양한 것들이 출현했고, 양립할 수 없어 보이는 모든 것들이 이 하나됨 안에서 공존하는 것이 틀림없다. 여기에서 피코는 동시대인들을 분명 깜짝 놀라게 했을 오만한 행위를 한다. 아리스토텔레스 논리학의 핵심 도구인 '비모순율'을 일소하는 데에서부터 시작한 것이다. 비모순율이란, 나는 어떤 것이기도 하면서 동시에 그와 반대되는 것일 수는 없다는 발상이다. 피코는 구별되지 않은 최초의 존재인 경우, 양쪽 모두가 공존하는 시간이 틀림없이 존재했다고 주장했다. 그에 따르면 우리가 (폴리치아노의 악어와 같은) 역설에 그토록 매혹되는 이유도 바로 이것이었다. 이런 역설이 우리의 초기 존재 상태를 연상시키기 때문이다. 이런 초기 존재 상태에서는 모순이 서로 조화를 이루었기 때문에 진정한 의미에서는 아예 모순이 존재하지 않았다.3

물론 피코는 이러한 주장이 어떤 위험을 불러올지 잘 알고 있었다. 이런 주장이 과거에 어떤 논란을 낳았으며 또다시 어떤 논란을 낳을 가능성이 있는지도 잘 알았다. 그래서 청중을 안심시키기 위해서 공을 들였다. 그는 공유되는 보편 지성이라는 발상과 나의 영혼, 즉 다른 누구와도 공유되지 않는 나만의 고유한 영혼은 사후에 그대로 온전히 남는다는 발상이 양립 불가능하지 않다고 설명했다. 하지만 이것은 그저 기술적이고 일시적인 양보에 불과했다. 이외의 다른 경우들을 보면, 피코가 생각하는 자아는 존재의 첫 하나됨 상태에서 한때 자아와 함께 섞여 있었던 다른 모든 것들의 흔적이 자아 안에 남아 있음을 자아가 깨달을 때에야 진정으로 자아 자신이 되기 때문이다. 달리 표현하자면, 나에게는 사후의 삶이 있을 수 있지만, 진정한 나 자신으로서만 사후에 존재한다. 이 진정한 자아는 다른 모든 것들을 이루는 무한히 많은 부분으로 이루어져 있어서 그것들과 구별되지 않는다. 이런 사고방식에 따르면, 개별자는 오직 황홀경에 빠진 자아 소멸 상태로만 사후 세계에서 존재를 이어간다. 개별자 자신과 그 외 나머지 사이의 경계가 인위적임을 깨닫는 진정한 상태가 되는 것이다. 피코의 이런 주장은 고대 그리스 철학자 아낙사고라스의 사상의 중심이 되는 역설, 즉 전적으로 순수한 상태와 전적으로 혼합된 상태는 사실 같다는 역설을 바탕으로 한다. 두 경우 모두, 전체적인 일관성이 있다. 이런 통찰은 다양한 문화에서 되풀이해서 등장했다. 전적으로 혼합된 상태라는 발상을 이용해서 애초에 별개였던 둘이 어떻게 새로운 일관된 하나가 될 수 있는지를 보여주는 것이다. 가령, 물과 포도주를 섞는 방법으로 그리스도의 신성과 인간성이 분리될 수 없을 정도로 섞여 있음을 보여준다. 『우파니샤드Upaniṣad』에 나오는 인도 베다에 관한 논평에서는 소금이 물에 녹는 비유를 들어 아니만animan('특정한 미세함'이라는 뜻)이라는 신비한 원칙이 존재 전체로 퍼져나가는 것을 설명한다. 피코의 경우도 마찬가지이다. 그는 육신에서 분리된 영혼이 나머지 존재와 하나가 되어 더 진정한 상태의 자아가 된다고 보았다.4

이런 주장을 이끄는 논리는 내부분 일련의 사고실험에서 나온다. 존재 Being가 어떻게 최초의 것에서 발달해서 현재 우리가 발 딛고 있는 다채로운 세계에 있게 되었는지, 이런 원래의 유사성에서 무엇이 별개의 것으로 남아 공통된 특성이나 잔여 연관성을 이루는지를 고찰한 뒤 주장을 펼친 것이다. 그러나 이런 주장들이 강력한 설득력을 띠고 서로 멀리 떨어진 문화권에서 되풀이해서 다시 제기되는 이유는 널리 관찰한 결과로 생긴 지배적인 견해와도 관련되어 있다. 우리가 체험하는 가장 강력한 경험은 대개 경계가 사라지고, 도취감과 초월감, 육체이탈이나 황홀경을 느끼게 되는 것이라는 생각은 널리 퍼져 있다. 이런 경험들은 소리와 운율, 이해할 수 없는 목소리에 의해서 유발되는 경우가 많다. 이는 피코가 제시하는 체계에서도 핵심이자 절정을 이루며, 강력한 증거로 작용한다. 우리의 내면에는 우리가 파생되어 나온 구별되지 않은 형태의 존재로 되돌아가고 싶다는 욕구가, 존재의 중심이자 시작점에 있는 하나됨으로 합쳐지고 싶다는 뿌리 깊은 욕구가 있다. 피코는 이렇게 주장한다. 목소리와 말에는 마법의 효과가 있다. 자연을 통해서 최초의 마법을 작동시킨 목소리가 하느님의 목소리였기 때문이다. 하느님이 형성한 목소리라면 모두 마법의 힘이 있다. 목소리의 힘에 관한 그의 진술은 점점 최고조에 달한다. 그보다 앞서 많은 이들이 그러했던 것처럼 그 역시 다음과 같은 이상한 결론에 도달한다. 무엇인가를 의미하는 목소리보다 아무 의미도 없는 목소리에 마법의 힘이 더 있다.5

피코는 이런 결론이 사실인 이유를 글로 명확히 남기지 않으려고 한다. 그저 학식이 깊은 사람들에게는 그 이유가 명백하다고 막연하게 주장할 뿐이다. 이 지점이 변곡점이 되어 그때부터 그의 논제는 하강 곡선을 그리기 시작한다. 칼데아 찬가와 카발라에서 얻은 지혜를 암호처럼 아리송하고 거의 이해할 수 없게 진술하는 것이다. 그래도 이 지점까지 오려면 그때까지 철학사에서 선택된 극소수만이 도달했던 사상의 벼랑 끝까지 가야만 했다. 세상 어디에서나 황홀경 경험의 중심에는 이해할 수 없는 방언이 있었다. 가령, 중세 신비주의자 힐데가르트 폰 빙겐은 고유의 알파벳을 완전히 갖추고 있는 미지의 언어lingua ignota로 자신의 환시를 표현했다. 그런가 하면, 브라질의 과라니족과 인도의 베다 낭송자들은 의미 없는 음절을 고대 시에 의도적으로 덧붙여서 효과를 강화했다. 거의 모든 경우, 이런 언어들은 무의미한 것이 아니라 단지 우리가 이해할 수 없을 뿐이라고 추정되었다. 그것은 우리가 잊었거나 한 번도 알지 못했으나 여전히 우리에게 영향을 주는 어떤 신이나 천사의 언어가 남긴 흔적이라고 여겨졌다. 그러나 감히 이런 사고실험을 자연스러운 결말까지 끌고 간 사람은 거의 없었다. 이런 사고실험을 지배하고 있는 것이 정말로 뜻 모를 소리라면 그것이 무엇을 의미하는지 고민한 사람은 거의 없었다는 말이다. 이 사고실험의 끝을 본 극소수 중 한 명은 인도의 문법학자 카우트사였다. 다만, 그의 사상은 그에게 단호히 반박하려고 했던 사람들이 남긴 기록으로만 보존되어 있다. 4세기 혹은 5세기에 카우트사는 이렇게 지적했다고 한다. "신성한 베다에 실린 만트라는 모순으로 가득하지만, 결정적으로 이는 중요하지 않아 보인다. 게다가 만트라의 단어 순서를 바꾸거나, 제아무리 원래와 뜻이 똑같더라도 다른 동의어나 구절로 대체하는 것은 가능하지 않다. 그런다고 의미가 달라지지도 않을 것이다. 따라서 다음과 같은 명백한 결론을 내리지 않을 수 없다. 이들 구절은 의미 없는 주문anarthaka mantrah이며, 오직 소리의 패턴에만 영향력이 있다. 이러한 이유로 주문의 성확한 표현을 절대 변경하지 말라고 엄히 경고하는 바이다." 이렇게 되면 베다 경전들의 의미가 담겨 있다가 말기를 반복하는 전설들조차도 이해가 되었다. 의미를 모르는 동안에도 그 중요성에는 아무런 타격이 없기 때문이다. 이유는 아주 단순했다. 만

트라의 의미가 무엇이든 상관없기 때문이었다.[6]

물론 이런 발언을 공개적이고 명시적으로 하고자 했던 사람은 드물었다. 인간이 정신적으로 가장 격한 순간에 신의 지혜보다는 단순하게도 특정한 소리 패턴에 지배된다는 발상, 이런 발상의 문을 기꺼이 열려는 사람은 거의 없었다. 하지만 다른 사람들도 이와 똑같은 내용을 직관적으로 알았다는 증거는 어디에서나 발견되었다. 사람들은 전 세계에서 발견된 다양한 운율 장치를 기록하고 보존하기 위해서 방대한 작업에 착수했다. 어떤 문화에 관해서 글로 기록할 때 가장 먼저 소재로 삼은 것들 가운데 하나가 그 문화의 시와 노래의 운율인 경우가 많았다. 말은 있었으나 아직 글이 없었던 수만 년 동안, 이런 소리 도구들은 최고의 위치를 장악했다. 그러다가 마침내 글이 등장하자, 가장 먼저 기록해야 할 것 중 하나로 이런 도구들이 꼽힌 것이 분명했다. 아리스토텔레스는 그의 저서 『시학Peri Poietikes』과 『수사학Rhetorica』에서 다양한 형태의 운율을 논하는 데에 장황할 정도로 많은 분량을 할애한다. 이븐 시나의 친구 알-비루니 역시 그의 저서 『인도의 역사Taḥqīq mā li-l-Hind』에서 많은 부분을 리그베다 Rig Veda 경전(고대 인도에서 가장 오래된 브라만교의 경전 가운데 하나/역주)을 관리하는 브라민에게서 들은 이 경전의 운율을 기록하는 데에 할애한다. 13세기 아이슬란드의 위대한 지식인 스노리 스툴루손은 북유럽의 음유 시인이나 여타 시인의 운율을 모아 그의 저서 『에다 이야기Snorra Edda』 속 「운율 일람Hattatal」에서 놀랄 정도로 길게 다룬다. 글의 세상이 도래하면서 이렇게 구전되어온 것들이 사라지지나 않을까 노심초사했기 때문이다. 베수비오 화산 때문에 까맣게 탄 두루마리에서 최근 복원된 초창기에 쓰인 플라톤의 전기에 따르면, 그가 세상을 떠나기 전에 마지막으로 남긴 말은 피리 부는 소녀가 박자를 놓친 것을 불평하는 내용이었다고 한다. 박자를 수집하고 싶은 이런 욕망은 동시대인들에게조차 일종의 광기처럼 보이는 경우가 많았다. 전해지는 이야기에 따르면, 최초로 아랍어 운율을 연구한 알-칼릴은 다음과 같이 아무 의미 없는 말을 혼자 중얼거리고는 했는데, 이런 모습이 발견되자 정신이상자로 판정되었다고 한다.

Fuchulun mefechilun fuchulun mefechilun

Fuchulun mefechilun fuchulun mefechilun

알-칼릴은 수레에 실려 나가기 직전에야 애통해하는 구경꾼들에게 이 의미 없는 음절들은 아랍어 시의 운율을 기록하기 위한 체계라고 밝혔다고 한다. 아즈텍 사람들도 이와 유사한 무의미한 단어 체계를 사용해서 노래의 운율을 암호화했다. tico tico toco toto, tiquiti titito titi. 이런 운율 목록은 너무 지루하고 재미없고 기술적이라고 여겨져서 그 운율이 등장하는 현대 판본에서는 흔히 생략된다. 하지만 이런 운율이 이에 능통한 사람들이 다른 사람들의 영혼에 영향력을 행사하는 기술이자 도구라는 사실에 주목하면, 운율을 공들여 수집하는 데에 들인 그들의 노고가 충분히 이해된다. 스노리의 운율에 관한 논문의 뒤를 이어, 코펜하겐에 소장되어 있던 놀라운 필사본(10세기 전의 운문 원전을 필사한 『코덱스 레기우스』를 가리키는 듯하다/역주)에는 「리그의 노래*Rigsthula*」라는 시가 포함되어 있다. 이 시는 리그*Rig*라는 신―인도 베다어의 리그*Rig*와 마찬가지로 '시'를 의미하는 것으로 추정된다―이 가장 어리고 약하게 창조된 존재에게 시를 짓는 재주를 주어 최초의 왕(코눈구르Konungur)으로 만드는 이야기를 노래한다. 코눈구르는 시 짓는 기술을 통달한 뒤 룬 문자를 알게 되어 인생과 미래를 점칠 수 있게 되었다. 출산을 돕고, 칼날을 무디게 하고, 바다를 잠재울 줄 알게 되었다. 그는 새들의 말을 알아들었고, 화재를 진압했으며, 사람들을 진정시켜 평화를 끌어냈고, 슬픔을 사라지게 했으며, 장정 8명의 힘과 활력을 지녔다. 시를 짓는 법을 통달하면서 언변이 탁월해진 이 능변가는 이처럼 신과 맞먹는 경지까지 이른다.7

다른 많은 곳에서와 마찬가지로 이 북유럽 신화에서도, 시적 언어로 최면을 거는 재주와 새들의 언어를 연관 짓는다. 코눈구르는 새들의 말을 알아들었다. 이 내용은 신이 솔로몬에게 내린 지혜 가운데 새들의 언어를 이해하는 능력도 있었다는 코란 제27장의 이야기가 은연중에 반영된 것일 수 있다. 또다른 고대 이야기에서는 이암불루스라는 여행가가 바다에 휩쓸려 인도양의 한 섬에 도착하는데, 이곳의 주민들은 여러 갈래의 방언을 구사했고, 동시에 많은 것을 표명할 수도 있었으며, 새들의 언어도 할 줄 알았다. 인도에서도 이와 유사한 발상이 발견된다. 요가 학파의 원조 파탄잘리가 신의 언어 브라만을 통달한 자는 새들의 언어를 할 줄 안다고 보아도 된다고 한 것이다. 마찬가지로, 북유럽 신화에 따르면 영웅 시구르트는 용 파브니르의 피를 맛본 뒤 새의 말을 하는 능력을 얻었다고 한다. 이 이야기는 용이 귀를 핥은 뒤 새소리에 귀가 텄다는 고대 그리스 신화 속 멜람푸스 이야기에서 차용했을 수 있다. 전해지는 또다른 이야기에 따르면, 전설 속 사이렌은 사실 매력적인 여성이 아니라 실제 인도에 서식하는 새의 한 종이며, 이 새는 노랫소리로 누구든 사로잡을 수 있다고 한다. 이렇게 전승된 이야기들이 서로 연결되었든 연결되지 않았든, 한 가지는 분명해 보인다. 이런 이야기들은 이를 되풀이해서 전했던 사람들이 그 안에서 일말의 진리를 감지하지 않았더라면 이토록 널리 이곳저곳으로 전해지지도, 이토록 오랫동안 살아남지도 못했을 것이다. 다시 말해, 인간의 말은 가장 강력한 경지에 이르렀을 때 새소리가 지닌 즉각적이고 강렬한 성질에 가까워진다는 강한 직관이 있었기 때문에 널리 오래도록 살아남은 것이다. 이런 새소리의 특성은 온전한 상태로 세대를 거쳐 전해 내려오는 것으로 보인다. 또한, 이런 특성 덕분에 새들은 인간 집단은 거의 꿈도 꿀 수 없는, 물결치는 듯한 일관된 속삭임으로 노래하면서 무리 전체가 하나가 되어 행동할 수 있는 것 같다. 이런 발상을 가장 훌륭하게 표현한 작품은 아마도 페르시아의 시인 파라 웃딘 아타르의 『새들의 회의_Mantikh al-Tayr_』일 것이다. 이 서사시는 여러 종의 새들이 떼를 이루어 시무르그_Simurgh_라는 전설적인 마법의 존재를 찾아 나서는 이야기이다. 마지막에 새들은 집단을 이룬 그들이 **바로** 시무르그라는 사실을 깨닫게 된다(찾아다니는 과정에서 30마리만 남게 되는데 시_Si_ 무르그 _Murgh_가 30마리의 새라는 뜻이라고 한다/역주). 다시 말해, 새들의 말 덕분에 개별자들 사이의 경계가 사라지고 새로운 하나된 개체, 즉 초유기체가 창조된 것이다. 새의 언어와 마법 같은 통합력 사이의 이런 연관성은 개미잡이새 잉크스의 모습에서도 발견된다. 장난 차원이었지만, 피코 토촐로, 즉 개미잡이새는 피코와도 연결되었다. 고대 그리스와 칼데아 사람들은 이 새를 세상에 주문을 걸 수 있는, 비밀의 말을 선하는 신의 전령 보세스 미스티카스_voces mysticas_로 여겼다. 고대인들이 받은 계시에 따르면, 사실 비밀의 주문은 다름 아닌 이 새의 이름이었다. 그들이 끊임없이 노래했던 그 이름 덕분에 (피코의 표현처럼) 마법사가 **세상과 혼인**할 수 있었다. (아이들 놀이에서) 마치 두 사람이 하나가 된 듯 동시에 같은 말을 할 때 **징크스!**라고 외치는 것처럼 말이다.[8]

피코와 그 주변인들이 보기에 이런 발상이 가장 강력하게 표현된 것이 바로 천사의 모습이었다. 이들 인간 새는 목소리를 통해서 고지하는 방법으로 세상에 영향을 줄 수 있다. 또한, 이들은 합창을 통해서 많은 존재를 하나의 통합된 개체로 합친다. 이들의 머리 위에 있는 후광은 넋을 앗아가는 이 존재들을 둘러싼 기운을 뚜렷하게 보여준다. 한 가지 차이가 있다면, 피코는 이들 존재를 단지 찬양의 대상으로 생각한 것이 아니라 인간이 열망할 수 있는 상태로 보았다는 것이다. 어떤 의미에서 생각하면, 천사는 인간의 고립된 현세의 경험과 하나라는 무한한 존재 사이에 놓인 다양한 존재 단계를 하나로 연결하는 연결고리였다. 그래서 특정한 의례를 거행하면 마치 사다리처럼 이 거대한 존재의 사슬을 오르내릴 수 있었다. 다른 식으로 보면 결국 사슬도 사다리이기 때문이다. 또한, 피코가 토론회 개막용으로 준비 중이던 연설문에 나와 있듯이, 그는 로마에서 이런 시적 광기를 이용해서 사다리를 올라가 따로 분리되어 있던 것들을 하나로 합치는 기법만 강조하려고 했던 것이 아니었다. 스스로 점점 격렬하게 고조된 시적 감성에 빠져 토론회가 열리는 예수 공현 대축일에 온 세상으로 광선을 내뿜는 불길이 일도록 불을 붙이려고도 했다. 이런 광선은 그가 또다른 존재 단계로 뚫고 나갔음을 보여주는 증거가 될 것이었다. 피코는 연설문이 최고조에 달하는 지점에서 이렇게 적었다. 천사의 반려자가 되어 야곱의 사다리를 오르내리며 말하고 싶다면, 덕을 쌓는 것만으로는 충분하지 않다. 절대로 사다리를 떠나지 않은 채, 의례에 따라서 단계별로 이동하는 법을 먼저 알고 있어야 한다. 일단 이렇게 말하거나 추론하는 기술에 입문하면, 우리 안에 천사 케루빔의 영이 스며들어온다. 그러면 우리는 정신 수련을 통해서 존재의 사다리를 따라 이동하면서 중심에서 중심으로 모든 것을 통과하게 된다. 시체가 나일 강에 뿔뿔이 흩어졌던 오시리스처럼 하나가 여럿으로 찢어지고, 그런 다음 오시리스의 팔다리가 다시 수습되었듯 여럿이 다시 하나로 합쳐진다.9

그러나 천사의 형상으로 변하는 매우 극적인 변모를 꾀한 피코의 계획은 결국 무산되었다. 사회가 받아들일 수 있는 범위를 크게 벗어났기 때문이다. 이에 대한 응징은 신속하고 무자비했다. 피코는 토론회 당일 이후에도 바티칸 도서관에서 아퀴나스와 로저 베이컨의 저서를 대출해 보면서 준비를 이어갔다. 그는 자신이 오래 전부터 기획한 토론회에 내려진 금지령은 임시일 뿐이며, 결국에는 거두어지리라는 희망을 품고 있었다. 하지만 그의 앞날에는 다른 것이 기다리고 있었다. 피코의 조카는 그의 전기에 암울한 어조로 이렇게 표현했다. 항상 가장 높은 것을 추구하는 불길처럼 원수들의 방해가 점점 심해진 탓에, 그는 토론회를 할 날을 받지 못했다. 이런 이유로 그는 로마에 1년간 남아 있었다. 그러는 동안 반대론자들은 공개적인 논쟁의 장에서는 감히 그를 만나지 못했다. 그 대신, 노골적이지는 않으나 위험한 질투심에 사로잡혀 덫과 함정을 놓고 그를 꾀어내려고 했다. 조카의 이런 표현은 곧 피코가 처할 위험을 되레 대수롭지 않게 묘사한 편이다. 앞으로 닥칠 대립 상황은 바티칸으로부터 전대미문의 격한 반응을 불러왔다. 그리고 그 결과는 향후 수 세기에 걸쳐 반향을 불러일으켰다.10

## 11

# 빛나는 깨달음

1487년 2월 20일, 마침내 교황이 피코의 토론회에 대해서 침묵을 깼다. 공식 문서는 뻔한 결론을 냉정하고 균형 잡힌 표현으로 정확하게 설명하고 있었다. 교황 인노켄시우스 8세가 공표한 내용은 다음과 같았다. 그리스도교인 모두에게 사목적 조언을 하는 것은 우리의 임무이다. 우리는 특히나 보편 교회의 교세와 관련된 것들을 성실히 살펴야 한다. 따라서 우리는 많은 정보원으로부터 보고받아 다음의 사건에 주목하게 되었다. 콩코르드 백작 조반니 피코가 공개 토론에 부칠 의향으로 다양한 논제를 발표했다. 이들 논제 가운데 일부는 표현 때문에 진정한 정통 신앙에서 벗어나 있는 것처럼 보인다. 반면, 다른 일부는 들어본 적 없는 용어로 포장되고 모호함 속에 감추어져 있어서 대단히 의심스럽고 위험하기 때문에 긴급히 설명을 요한다. 이에 따라서 『900 논제』를 검토하고 그 정통성에 관한 의견을 발표할 교황 직속 16인 위원회가 바티칸에 소집되었다. 회의는 수석위원인 투르네 교구장 장 모니사르 주교의 방에서 진행되었다. 위원회 활동 시작 후 2주일이 지나지 않은 시점에 피코는 청문회에 소환되었다. 논제들 가운데 의심스러운 내용을 담은 7가지 논제를 추가로 해명할 기회가 주어진 것이다. 이에 대해서 피코가 훗날 언급한 바에 따르면, 교황에게 그를 음해하는 정보를 제공한 자들은 대부분 더 나이 많고 현명한 지도자들의 의견을 그가 따르지 않고 어린 나이에 주제넘게 종교의 위대한 신비를 공개적으로 다루려고 한 것에 약이 올라서 그러했던 것일 뿐이라고 한다. 반면, 그를 두고 단순히 간이 크거나 건방지거나 오만한 것이 아니라 불경스러운 존재, 교회 내부에 있는 이단 세력의 새로운 수괴이자 마법사라고 선언한 자들도 없지는 않았다고 한다.[1]

그런데 청문회에서 논하기로 예정된 논제들은 전체 900가지 가운데 비교적 기이한 주제들이 아니었다. 이런 사실은 지금 우리가 보기에도 뜻밖이지만 피코에게도 상당히 놀라운 일이었을 것이다. 이런 논제들을 선정한 이유 중 하나는 아마도 (교황이 서신에서 표현했듯) **워낙 들어본 적 없는 용어로 포장된 발상**이 일부 있어서 위원회에서 다루기 힘들었기 때문일 수 있다. 하지만 사실 이런 식의 마녀사냥은 저항이 가장 적은 길을 선택하는 경우가 많았다. 이단이라고 확실시된 전례가 있는 문제들을 찾아내 거기에 집중하면서, 미지의 영역에서 교착 상태에 빠지는 일이 없도록 하는 전략이다. 그 결과, 가장 먼저 도마 위에 오른 첫 번째 논제는 그리스도가 십자가에 못 박힌 후 부활할 때까지 사흘간 실제로 물리적으로 지옥에 내려갔었느냐는 까다로운 문제였다. 대중적으로 널리 전승된 바에 따르면(하지만 대부분 출처가 불분명한 외전에 속한다), 이 '지옥 강하' 기간 동안 그리스도는 악마와 싸워 신자들을 위해서 영원한 생명을 쟁취한 것으로 알려져 있었다. 그런데 피코의 재판에서는 사실 이 지옥 강하 사건이 일어났느냐가 쟁점이 아니었다. 그보다는 이 사건이 어떻게 일어났느냐가 문제의 핵심이었다. 오래 전에 지적되었듯, 그리스도의 시신이 이 사흘간 무덤에 남아 있었다는 사실은 그의 영혼만 지옥으로 내려갔다는 뜻이었다. 하지만 이렇게 되자 문제가 생겼다. 영혼은 비물질적인 것이라고 할 때, 과연 영혼이 실제로 어디든 **존재할 수 있다**고 볼 수 있는지가 불분명했다. 이렇게 존재하면 위치를 지니게 되는데, 위치는 다른 것들과 공간적 관계에 있다고 여겨지는, 차원을 지닌 물질적인 것들의 특징이기 때문이다. 이런 논쟁은 지금의 우리 눈에는 대단히 사소한 문제로 보일 수 있다. 하지만 중세 후기 사상계에서는 그야말로 중차대한 사안이었다. 물론 그 이유는 이런 딜레마가 교회의 가장 성스러운 문헌 가운데 일부가 말이 되지 않는 이야기를 한다는 것을 시사했기 때문이다. 하지만 이것이 전부가 아니었다. 이 문제는 더 일반적으로 영혼에 관한 거대하고 근본적인 문제—영혼이 물질적인 것이 아니라면, 어떻게 사후 세계에서 각각의 영혼이 별개의 상태로 유지되느냐는 문제—를 논하는 장을 열었다. 어째서 영혼들이 단순히 서로 겹치면서 구별되지 않는 하나의 덩어리, 통합된 하나의 영혼—그토록 많은 기존의 사고 사슬들을 끌어당기고 밀어내는 자석과 같은 하나—으로 합쳐지지 않는 것일까?[2]

이 문제에는 해결책이 하나 만들어진 상태였다. 그래서 이 사안에 대해서는 피코에게 이 차선책에 동의하는 것 이상의 입장을 취하지 않았다는 죄를 물었다. 차선책으로 제시된 해결책의 핵심은 비물질적인 것들도 **어떤 것들에 작용하는 경우 위치를 지닌다**고 볼 수 있다는 것이었다. 이런 행위로 그것들이 특정 장소에 존재하게 되기 때문이다. 따라서 그리스도는 실제로 지옥에 내려간 것이며, 그가 지옥에 존재했던 것은 물질적인 현존이 아니라 행위와 연관된 존재로 이해해야 한다는 뜻이었다. 하지만 많은 사람이 이런 영리한 미봉책마저 존재의 신비를 여전히 캐고 다니는 자들에게 과도하게 양보한 것으로 여겼다. 특정한 사고방식에 따르면, 신앙의 핵심은 이해하지 못하거나 이해할 수조차 없는 것들을 믿는 데에 있었다. 그래서 모든 것을 이해할 수 있다고 고집하는 것은 모든 것을 당신이 보시기에 좋게 만드는 하느님의 권능에 제한을 두는 셈이었다. 일부 열혈 신자들이 보기에 이런 논리는 무한히 확장될 수 있었다. 하느님이 이성으로 접근할 수 없게 창조한 것이 무엇인지 우리로서는 결코 알 수 없기 때문에, 앞으로 나아갈 유일한 방법은 단순히 모든 것을 받아들이는 것뿐이었다. 혹은 적어도 정통 경전으로 인정받은 성서에서 말하는 모든 것을 수용하는 길뿐이었다.

다른 조사 대상 논제들 가운데에는 이런 주장을 더 노골적으로 펴는 것도 있었다. 의도적이었든 의도적이지 않았든, 이 논제에는 지금껏 발표된 가장 급진적인 체제 전복적 사상 가운데 하나가 포함되어 있었다. 문제의 사상은 악의 없어 보이는 문장으로 이렇게 표현되어 있다. 하느님이 보시기에 좋다는 이유만으로 어떤 것은 옳다고 믿고, 하느님이 보시기에 좋다는 이유만으로 다른 것은 그르다고 믿는 것은 인간의 자유로운 힘이 미치는 범위 밖의 일이다. 이 말인즉슨, 인간은 자신이 옳지 않다고 판단한 것을 억지로 믿을 수 없다는 뜻이다. 피코는 이해가 뒷받침되지 않은 신념의 표명은 거짓일 뿐이라고 생각했다. 이 책을 읽는 독자 중에는 이 의견에 동의하는 사람이 많을 수도 있다. 하지만 이런 발상을 받아들인다는 것이 피코가 살던 시대에는 세상을 떠받치던 핵심 원칙의 토대를 위협하는 일이었다. 피코의 동시대인들이 보기에 이런 생각을 인정하면, 사람들이 종교의 가르침을 이해해서 믿게 만드는 책임이 교회에 있음을 인정하는 셈이었다. 만약 누군가가 그 가르침을 믿지 않으면, 이는 충분히 믿을 만큼 분명하게 혹은 설득력 있게 설명하지 못한 교회의 잘못이었다. 그런데 이보다 더 나쁜 것은 이런 논리대로라면 어느 쪽을 선택하든 똑같이 문제가 되는 두 가지 길이 교회 앞에 놓이게 된다는 것이었다. 첫 번째 길로 가면 교회는 사람들이 각자 옳다고 이해하는 대로 얼마든지 자유롭게 행동하는 세상을 인정하게 된다. 두 번째 길을 택하면, 사람들 일부 혹은 아마도 대부분이 잘못된 방식, 심지어 터무니없는 방식이라고 비밀리에 생각하면서도 그런 방식으로 살아야 한다고 인정하게 된다. 사실, 이런 사고방식이 궁극적으로 미치는 영향은 훨씬 더 충격적이다. 어떤 의미에서 보면, 무엇인가를 옳은 것으로 이해해서 옳다고 믿는다면 그 위에 권위라는 구조물을 세울 수 없기 때문이다. 객관적인 사실이라고 이해하는 것들을 받아들일 때에는 굳이 권위가 필요 없다. 권위는 사람들이 실제로는 진실이 아니라고 믿는 것들을 긍정하게 만들어야 할 때에야 필연적으로 등장한다.

제아무리 냉철한 지도자나 약삭빠른 외교관이라도 이 청문회에 잠재된 위험을 헤치고 나가는 일은 만만치 않은 도전이었을 것이다. 하물며 피코는 그 어느 쪽도 아니었다. 3월 2일 금요일, 청문회가 시작되었을 때 이미 위원들 대다수는 그를 건방진 선동꾼으로 보고 그에게서 등을 돌렸다. 반면, 피코는 자신이 이 위엄 있는 위원들을 수많은 면에서 자신보다 한 수 아래로 여긴다는 사실을 감추려 들지 않았다. 청문회 초반부터 피코가 위원 중 한 명과 충돌하는 장면은 앞으로의 분위기를 짐작하게 했다. 의견 충돌은 초기 그리스도교 저술가 오리게네스가 이단이냐 아니냐를 두고 일어났다. 문제는 더 나아가 그리스도교와 이교를 자유분방하게 혼합한 오리게네스에게 관심을 가진 피코가 이단이냐 아니냐로 확대되었다. 피코는 질문하는 위원에게 오히려 잘난 체하면서 자신의 무고함을 밝혀줄 것 같은 특정한 그리스어 문헌을 들먹이는 식으로 변호를 전개했다. 그러자 그 위원이 자신은 그리스어를 모르며 자신이 믿는 라틴어 문헌에서는 다르게 주장한다고 답했다. 의심의 여지 없이 피코는 그가 이렇게 나올 줄 알았던 것 같다. 피코는 곧바로 쏘아붙였다. 그는 그 교과서가 그 누구도 신뢰하지 않는, 지옥으로 직행할 똥 덩어리일 뿐만 아니라, 그런 교과서조차 그 위원의 주장을 뒷받침해주지 않는다고 했다. 그 위원이 관련된 대목을 찾아 읽기 시작했고, 이내 아무리 업신여기는 책이어도 피코가 정확히 기억한다는 사실을 확인하게 되었다. 그러자 그는 새로 난 치아처럼 안색이 하얗게 질리면서 허둥지둥 입장을 바꾸었다. 또다른 위원은 피코 쪽으로 기울어진 전세를 뒤집어보려고 자신에게는 반박할 수 없는 문헌이 한 쌍 있다고 말했다. 이에 피코가 한 쌍 있다니 어디 좀 봅시다라고 응수하자, 그 위원은 좋소, 아주 대단한 한 쌍이라고 했다. 그런데 그 위원이 들고 있는 것이 무엇인지 알아챈 피코는 그것은 아무것도 아니라고 했다. **아무것도 아니라고?** 위원이 말하자 **그렇소, 아무것도 아니오!**라고 피코가 밀했다. 그러자 그 위원은 문헌을 읽기 시작했고, 한 마디를 읽을 때마다 흥분된 목소리로 피코에게 소리쳤다. **이게 아무것도 아니라고? 이게 아무것도 아니라고? 이게 아무것도 아니라고?** 반면, 피코는 (그의 표현에 따르면 지하 저장고처럼 차갑게) 그것은 아무것도 아

니고 또 아니라고 차분하게 말했다.3

월요일이 되자 위원들은 판결을 시작할 준비를 마쳤다. 그들은 7개의 논제 중 4개는 거짓에 오류투성이며 이단이자 성서의 진리에 반한다고 선언했다. 나머지 3개는 독실한 신자들이 듣기에 불미스럽고 모욕적이며 거룩한 교회의 관례에 어긋나고 이단의 기미가 보인다고 판결했다. 나아가서 그들은 피코의 변론이 그의 죄를 경감시키기는커녕 많은 사안에서 오히려 가중했다고 덧붙였다. 이런 내용으로 판결이 이어지자, 업신여기는 마음이 들었는지 아니면 덫에 걸릴 것을 예감했는지 피코는 더는 청문회에 출석하지 않기로 하고, 화요일부터는 서면 변론서만 제출했다. 하지만 이는 상황이 나아지는 데에 아무 도움도 되지 않았다. 목요일이 되자 교황은 앞으로 피코의 청문회 출석을 금하며, 그가 출석하지 않은 상태로 재판을 지속하겠다고 결정했다. 토요일에는 추가로 6개의 논제가 조사 대상으로 선정되었고, 그다음 월요일과 화요일에 위원회는 이들 모두 마찬가지로 거짓에 오류투성이며, 피코의 주장처럼 교회의 가르침에 부합하지 않는다고 판결했다.

조심성 있는 사람 혹은 최소한 자기 보호 본능이 있는 사람이라면, 이쯤에서 잠적하거나, 주장을 철회하거나, 많은 권력자 친구에게 중재를 요청해서 이 사건 전체를 경험 부족과 어린 마음에 저지른 방종 탓으로 돌렸을 것이다. 하지만 피코는 그럴 위인이 아니었다. 그 대신, 그는 20일 이상 밤낮으로 맹렬한 기세로 『해명서Apologia』를 작성했다. 그러나 이 문건은 유죄를 인정한다는 내용이 전혀 아니었다. 그것은 100여 쪽에 걸쳐 판결에 응수하면서, 그가 토론회 개막용으로 작성했던 자만에 가득 찬 연설문을 바탕으로 한 『논제』에 대한 대대적인 방어 논리로 채워져 있었다. 『해명서』는 처음에는 필사본 형태로 유통되었던 것으로 보인다. 하지만 얼마 지나지 않아 피코는 그의 시점에서 자초지종을 설명하는 이 글을 인쇄하기로 하는 놀라운 조치를 취했다. 로마가 아니라 교황의 관할권 밖에 있는 나폴리에서 인쇄했다는 사실로 보아, 그는 분명 이것이 얼마나 도발적인 행위인지 잘 알고 있었다. 게다가 『해명서』에는 그의 논제에 씌운 혐의에 반박하는 내용만 있는 것이 아니라, 판결을 위해서 소집된 위원회를 공격하는, 경멸감이 물씬 느껴지는 풍자로도 가득했다. 피코가 보기에 위원회는 그의 승리 가도를 가로막으려 모인 무능하고 무지한 멍청이들의 모임에 불과했다. 그는 신학과 철학에 관한 밀도 있는 주장들 사이사이에 청문회에서 있었던 일화들을 신랄하게 소개했다. 그는 자신이 출석했던 짧은 시간 동안 교회 교리의 가장 기본적인 내용에 대한 위원들의 얄팍한 이해력을 여실히 드러냄으로써 그들을 당황스럽게 하고 그들의 실상을 폭로했다고 밝혔다.

로마 교황청은 이 사안을 세심하게 검토하는 과정이 마무리되었다고 명백하게 판단했다. 그들의 대응에서 느껴지는 분노는 피부로 와닿을 정도였다. 『해명서』 출판 뒤 얼마 후, 교황은 종교재판을 소집했을 뿐만 아니라 피코 사건에 관한 서한을 스페인의 토르케마다에게 보내기까지 했다. 토르케마다는 종교재판 함정수사를 기획하는 주모자로, 스페인에서 이슬람교와 유대교 축출 운동에 착수하고 있었다. 종교재판소 재판관들에게 발부된 위임장에 따르면, 그들에게는 본 사안과 관련해서 기소, 억류, 투옥, 투옥 상태 유지, 심문, 교회법에 따른 처벌 등 이런 사건들에서 정당하게 또는 관습상 허용되는 모든 일을 할 수 있는 전권이 주어졌다. 피코의 인맥이 제아무리 좋았더라도, 세상의 모든 외교술을 동원하더라도, 이런 무시

무시한 위임장 안에 도사린 불길한 위험에서 그를 구할 수 있을지는 불투명했다. 긴장이 팽팽하게 고조된 몇 주일 동안, 천사처럼 생긴 꽃 같은 나이의 이 천재는 고작 스물네 살에 꺾여서 암흑으로 떨어져 용케 살아남더라도 피투성이로 만신창이가 될 것처럼 보였다.

피코와 이런 운명 사이에 과연 무슨 일이 있었는지는 분명하지 않다. 어쨌든 종교재판소의 판결이 내려졌을 때, 법의 철퇴는 피코가 아니라 그의 저술에 가해졌다. 피코에게는 교황이 개인적으로 승인한 포기 각서에 서명하도록 했다. 위원회에서 고발한 모든 신념을 포기한다는 내용으로 작성된 진술서였다. 이외에도 피코 본인의 저술 인쇄를 담당했던 에우카리우스 실베르가 교황의 칙령을 인쇄해서 발행했다. 칙령은 전대미문의 격한 어조로 문제의 신념들이 혐오스럽다고 비난했다. 피코가 서명한 자백서는 대부분의 논제는 문제가 되지 않는다고 비공개적으로 인정하고 있었다. 하지만 칙령은 효모 한 조각만 섞어도 반죽 전체가 시큼해지는 법이라면서, 고발 대상이 된 논제들이 있다는 것은 전체적으로 발본색원되어야 한다는 의미라고 지적했다. 모든 그리스도교 교구에 배포될 칙령에는 다음과 같이 관대함과는 거리가 먼 내용이 담겼다. 문제의 논제들은 신앙에 반하며, 오류투성이에, 불미스럽고, 조화롭지 않으며, 불온한 교리로 의심되어서, 많은 신앙인의 마음에 분노를 일으킬 가능성이 크다. 나아가, 이미 오래 전에 철폐되고 폐기된 이교도 철학자들의 오류를 다시금 들추고 있다. 또한, 유대인들이 소중히 여기는 거짓말들과, 자연 철학이라는 미명 아래 정직한 척하지만 가톨릭 교회와 인류 전체에 적대적이어서 교회법과 박식한 가톨릭 학자들로부터 예리한 비난을 받은 내용들도 상당히 포함하고 있다. 칙령을 통해서 교황은 고발된 논제나 이를 반박하는 주장을 출판하지 못하게 해서 이 내용이 더 퍼져나가는 것을 막으려고 했다. 칙령은 교황이 추기경들이 있는 자리에서 이 논제들을 저주받고 타락한 것이라고 선언했다고 전했다. 또한, 모든 그리스도교인은 앞으로 두 번 다시는 어떤 식으로든 문제의 『논제』를 스스로 읽거나 쓰거나 인쇄하거나 남에게 그렇게 하게 만들거나 누군가에게서 들었다고 추정되어서도 안 되며, 이를 어기는 경우 파문에 처해질 것이라고도 선포했다. 이미 인쇄된 문서들은 칙령 발행 후 사흘 이내에 소각할 것을 명하기도 했다.4

　이후로 장차 이와 같은 명령이 급증하게 되지만, 되레 그런 만큼 이 사건의 의미에 주목해야 할 필요가 있다. 가톨릭 교회 최초의 금서 목록이 발부된 시점보다 반세기 앞서서 교황청이 전면 금지한 최초의 인쇄 서적이 바로 피코의 『논제』였기 때문이다. 피코가 인쇄기의 유통력을 이용해서 자신의 사상과 주장을 회수할 수 없게 만들려고 하자 바티칸 역시 극적인 방법으로 대응했다. 그해 말, 교회는 최초로 이단 서적 인쇄를 금하는 일반 칙령과 발견된 이단 서적의 소각을 명하는 규정을 발표했다. 현재 『논제』가 초판 5부와 그다음 해에 출판된 독일어판 9부, 『해명서』 수십 부가 남아 있는 것으로 보아, 로마가 인쇄물을 회수할 수 있을지 우려했을 만도 했다. 위원들 가운데 한 명은 몇 년 후에 피코의 사상에 대한 위원회의 반론을 출판하기까지 했다. 양피지에 인쇄하고 화려한 수작업 삽화까지 곁들인 값비싼 인쇄본이었다. 하지만 이런 식으로 공식 의견을 소중히 간직하려는 시도는 총싸움에 칼로 맞서는 격에 불과했다. 교황청은 가능한 온갖 수단을 동원하여 위협적인 피코의 사상을 뿌리 뽑으려고 했다. 그래서 칙령을 인쇄해서 배포하는 동시에, 공증된 필사본으로 만들어 유통하는 것도 허가했다. 이렇게 해서 방방곡곡에 있는 모든 마을과 교구에 칙령을 전달해서 미사 후에 낭독하게끔 했다. 이 말인 즉슨, 주일 미사에 참석할 의무가 있는 사람은 누구나 이 내용을 들어야 했기 때문에 나중에 몰랐다는 변명을 할 수 없었다는 뜻이다. 이 칙령 중 지금까지 남아 있는 것은 3부에 불과하다. 칙령으로 탄압하려고 했던 문헌보다 훨씬 적은 수가 남아 있는 셈이다.[5]

『논제』의 인쇄본은 모두 소각되어야 한다는 명령 역시 매우 의미심장했다. 이것은 일종의 대리 희생 행위였기 때문이다. 이 희생 의식에서는 작품이 그것을 창조한 작가를 상징했다. 어쩌면 피코가 고집을 꺾지 않는다면 화형을 피할 수 없다고 알리는 일종의 경고 사격이기도 했다. 어떤 의미에서는, 유럽 대륙 전역의 독자들이 피코의 공동 화형식에 참여하도록 초대받고 있는 셈이었다. 하지만 또 어떤 의미에서 보면 이런 폭력적 파괴 행위가 초월의 상징으로 바뀔 수도 있었다. 피코의 친구이자 스승이었던 마르실리오 피치노는 훗날 화재로 서재가 소실된 한 지인을 위로하며 이렇게 말한다. **책에서 빛나는 깨달음을 찾더니, 책이 빛으로 변했구려.** 이 위로의 말은 그저 무신경한 농담이 아니었다. 피코는 로마에서 무엇을 성취하고 싶은지 열광적으로 발표한 바 있었다. 그는 **하나를 쪼개어 여럿으로 만들고 여럿을 다시 하나로 만드는** 장면을 보여줄 생각이었다. 그런데 전승되는 이야기 가운데 이와 같은 내용을 시사하는 것이 있었다. 그에 따르면, 모든 희생적인 분할 행위는, 하나를 여럿으로 나누고, 희생 제물을 통해서 이 세상의 타락한 물질을 진정한 존재의 실체 없는 본질, 즉 빛으로 되돌리는 이 본래의 행위를 재현한 것이다. 이런 사상은 로마 토론회에 걸었던 거대한 야망과 희망이 완전히 무너진 피코에게 어느 정도 위로가 되었을 것이다.[6]

교회가 『논제』에 극단적인 반응을 보인 것은 피코의 사상이 로마 교회가 신줏단지처럼 간직했던 세계관의 심장을 정통으로 강타했다는 방증이었다. 그는 황홀경 의례에 대한 감응을 부활시키면서 이를 기반으로 추론할 수 있는 존재에 대한 관념 전체를 제시했다. 즉, 개별자의 존재는 일시적이고 환상에 불과하기 때문에 가능한 한 빨리 거기에서 벗어나 다양한 형태로 상승하여 통합에 도달해야 한다는 존재관을 제시한 것이다. 이런 사상은 개인의 자유의지를 믿는 그리스도교 신앙과 그리스도교의 죄와 구원 교리와 양립할 수 없었다. 이 교리에 따르면, 인간은 언제나 자기 행동에 대한 책임이 있어서, 영원한 사후 세계에 가면 자기가 한 일에 대한 처벌과 보상을 받게 되어 있기 때문이다. 그런데 우려스럽게도 어떤 대안적인 사고방식을 그저 언급하는 것만으로도 이런 체계 전체를 위협할 수 있었고, 이런 언급이 들불처럼 그리스도교 영지 전체로 퍼져나갈 수도 있었다. 이러한 두려움은 이 체계의 유지에 기여한 교리의 역할을 인식하게 만들고, 사람들은 설득에 넘어가 다른 시각을 가지게 되기 쉽다는 것도 깨닫게 했다. 이해할 목적으로 만물을 주의 깊게 들여다볼 수 있다—아니, 그래야 한다—는 발상을 격하게 거부했던 배후에도 바로 이런 두려움이 자리하고 있었다. 피코는 인간은 자신이 이해하지 못하는 것은 진정으로 믿지 못한다고 주장했다. 반면, 다른 사람들이 보기에 그리스도교 교리의 체계 전체는 인간의 이해력 너머에 있는 신비에 기반하는 것이 분명했다. 따라서 이런 신비를 이성의 대상으로 삼으려고 시도하면 체계 전체가 붕괴할 위험이 있었다. 교황 칙령을 통해서 이런 사고방식을 위험한 외래 사상—오랜 기간 잊었고 억압했던 이교도 철학자들과 유대교도, 이슬람교도의 사상—과 동일시하기로 하자, 그리스도교 유럽과 나머지 세계 사이에도 전선이 그어지기 시작했다. 세상을 빛과 그림자로 나누는 이런 세계관에는 친숙한 것들의 경계를 넘는 비이성적이고 위험하고 퇴행적인 사고방식이 자리 잡고 있었다. 젊은 철학자 피코는 알려진 세계의 사상을 종합하겠다는 원대한 계획을 품었다. 그는 각각의 사상은 모두가 공유하는 근본적인 진리를 다양하게 표현한 것일 뿐임을 보여주고자 했다. 하지만 이런 계획은 금지와 저주의 무덤 아래 너무도 깊이 묻혀버렸다. 그리하여 이후로 수 세기 동안 이와 같은 어떤 시도도 등장하지 않았다.

가능성을 거론하는 수준이지만, 당대의 가장 위대한 미술가 한 명이 피코의 대담함에 대한 헌사를 남겼다. 라파엘로가 바티칸에 있는 서명의 방 벽화 중 하나인 「아테네 학당」이라는 자신의 최고 걸작에 피코의 모습을 그렸을 가능성이 있다는 말이다. 이 작품은 아마도 교황 율리우스 2세의 개인 서재에서 그림 도서 목록 역할을 했을 것이다. 이 방의 프레스코화에는 유럽에 알려진 가장 위대한 법학, 신학, 시학, 철학 분야의 위인들이 등장한다. 이들은 각자의 특징과 서로의 관계에 따라서 의미심장하고 극적인 자세로 그려져 있다. 「아테네 학당」의 좌측에는 플라톤의 대를 이은 사상가들이 있고, 우측에는 아리스토텔레스 사상가들이 대립적으로 배치되어 있다. 좌측 전경에는 수수께끼 같은 역설에서 존재의 비밀을 캐내려고 했던 철학자들의 무리가 보인다. 소크라테스보다 앞서 활약했던 헤라클레이토스와 제논, 수학자이자 종교 집단의 지도자였던 피타고라스, 파르메니데스가 들고 있는 책을 보려고 몸을 앞으로 기울이고 있는 터번 쓴 이븐 루시드의 모습이 여기에 있다. 그런데 이 화폭에 담긴 수많은 인물 가운데 유독 한 사람만이 그림 밖에 있는 관찰자를 쳐다보고 있다. 마치 나머지 인물들에게는 보이지 않는 차원 속으로 뛰어든 채 생각에 잠겨 있는 것 같다. 믿기 어려울 정도로 천사 같은 모습을 한 이 인물은 워낙 양성적 특성이 강해서 혹자는 고대 그리스의 여성 수학자 히파티아로 보기도 한다. 하지만 다른 한편에서는 이 인물이 철학자들을 하나로 연결하는 방식으로 보건대, 그리고 로셀리가 그린 피코의 초상화와 매우 닮은 점으로 보건대, 피코를 묘사한 것이 맞다고 판단한다.7

　피코의 친구들과 지지자들은 교황의 판결로 이 사건이 일단락되기를 바랐던 것이 틀림없다. 하지만 피코는 그냥 조용히 물러날 수 없었던 것 같다. 『논제』에 대한 교황의 선고문은 8월에 작성되었지만, 인쇄는 아마도 피코가 개과천선한다는 조건하에 연기되었던 것으로 보인다. 하지만 그해 12월, 유예가 철회되고 마침내 칙령은 유럽 전역으로 발송되었고, 이와 동시에 피코의 체포 영장이 발부되었다. 타다 남은 장작처럼 연기만 피우던 이 논란에 왜 다시 불이 붙었는지는 불분명하다. 피코는 반성하는 내용은 찾아볼 수 없는 『해명서』를 1487년 여름 동안 필사본 형태로 유포했지만, 이후에는 인쇄물 형태로 그해 말까지 출판했다. 아마 이것이 교황의 분노에 불을 붙인 것 같다. 훗날 피코는 로렌초에게 이 일을 명시적으로 부인했지만, 칙령이 인쇄되어 공표되기 전까지는 그 명령에 복종할 의무가 없다는 그의 항변은 8월부터 12월 사이에 했던 그의 행동이 문제의 원인이었음을 암묵적으로 인정하는 셈이었다. 문제의 원인이 무엇이었든, 피코는 더 이상 기대할 관용이 남아 있지 않음을 뚜렷이 감지했다. 그래서 로마를 떠나 프랑스로 달아났다. 그곳이라면 교황의 권한에서 벗어나 안전하게 지낼 수 있다고 믿었을 만하다. 하지만 외교 사절로 파리로 향하던 교황청 소속 위원 2명에게 피코에 대한 체포 영장이 발송되었고, 이들이 리옹 근처에서 그를 따라잡았다. 그곳에서 피코는 브레스 백작에게 체포되어 그해에만 두 번째로 감옥에 갇혔다. 그는 그곳에서 자신의 불확실한 미래가 최고위 권력층의 결정에 따라서 정해지기를 기다렸다.[8]

처음 있는 일도 아니었지만, 이번 사건에서도 피코는 15세기 유럽 특유의 권력 지형의 혜택을 보았다. 사법 관할권이 지역별로 조각조각 나뉘어 있는 데다가 서로 사소한 적대감이 만연한 시기였다. 교황이 보낸 특사들이 프랑스의 샤를 8세에게 피코를 로마로 데리고 가겠다고 로비를 벌였다. 하지만 남자 한 명 때문에 자신의 왕국에서 불미스러운 일이 일어나서는 안 되기 때문에, 프랑스 국왕은 서둘러 결정을 내리려고 하지 않았다. 피코는 나폴리 왕국의 국왕 아라곤의 페르난드로부터도 사면 제의를 받았던 것 같지만, 이것은 국제 정세에서 활용할 귀한 협상 카드를 손에 쥐려는 시도에 불과했을 수도 있다. 그러는 동안 피코의 이단 문제를 알게 된 프랑스 성직자들 사이에서 다툼이 일어났다. 모 교구의 한 주교가 그의 추기경 예복을 입고 긴 망토와 망토를 들 사람까지 대동한 채 파리 주교 궁에서 열리는 기념식에 참석하러 왔다. 그는 의전상 자격 미달이었지만 상석을 요구했다. 언성이 높아지면서 험한 말이 오고 가더니, 문제의 주교가 자리를 박차고 나가면서 파리 주교의 측근들이 그의 망토를 반토막 내는 것으로 사건이 마무리되었다. 이후 상황을 진정시키기 위해서 긴박한 협상이 이어졌다. 결국 모 주교는 로마로 소환되었고, 이로써 교황 특사들은 대학에 피코 사건을 제소할 때 그들의 편이 되어줄 핵심 인물을 잃게 되었다. 프랑스에서는 정통성 문제에 대한 최종 결정권이 대학에 있었다. 한편 피코는 리옹에서 파리 근교의 뱅센에 있는 왕궁으로 이송되었다. 이렇듯 사건 처리가 한참 지연되는 동안, 교황의 특사들마저 피코에게 매료되었던 것 같다. 피코는 로마에서 도망친 지 몇 달이 지난 1488년 봄, 프랑스에서도 도주해버린다. 이때, 교황 특사들은 그들의 면을 세우기 위해서 피코가 불명예스럽게 프랑스 영토에서 쫓겨났다고 주장했다. 그러면서 이와 동시에 교황에게 피코가 깊이 뉘우쳤으니 선처해달라고 제안했다.9

피코가 수치스럽게 프랑스에서 쫓겨났다거나 매우 뉘우쳤다는 증거는 거의 없다. 오히려 그는 라인란트에 있는 철학자 니콜라우스 쿠사누스의 유명한 서재를 방문하고 싶다는 오랜 바람을 실현하기 위해서 프랑스를 떠났던 것 같다. 피코로서는 쿠사누스가 소장한 장서를 읽고 싶어했을 법하다. 철학자이자 신비가였던 쿠사누스는 피코보다 먼저 천사의 언어와 대립의 일치에 관심을 가졌던 인물이기 때문이다. 다른 한편으로는, 그의 서재가 교황의 영향력이 더 약한 독일 땅에 있다는 것도 피코에게는 유리했다. 그곳에서 피코는 사부아를 거쳐 친숙한 이탈리아 북부 영토로 돌아올 수 있었다. 5월이 되자, 피치노는 토리노에 머물던 피코에게 편지를 보내어 그를 피렌체로 다시 소환했다. 피치노는 로마에서 대난리가 나는 동안 로렌초 데 메디치가 젊은 천재 피코를 향한 애정을 잃지 않고 대륙 전역에서 들리는 그에 관한 중상모략에 귀 기울이지 않도록 백방으로 노력했다. 피치노는 로렌초와 나눈 대화 중에 둘 다 피코를 가리켜 오늘날의 모세와 같다는 이야기를 했다고 전했다. 두 사람 모두 위대함에 이르는 길을 가지만, 그 길에는 어마어마한 위험이 도사리고 있다는 공통점이 모세와 피코에게 있다는 말이었다. (피치노의 주장에 따르면)

이것은 예정된 일이었을 뿐이다. 안전하고 편한 삶을 예고하는 별자리나 천체의 배열은 영광과 탁월함을 약속하는 별자리와는 너무도 달라서, 이 둘이 일치하는 경우는 없고, 설령 있더라도 극히 드물다. 피코의 무모하고 충동적인 행동이 미치는 폭발적인 영향 자체가 그의 위대한 운명을 보여주는 증거라는 이런 주장은 그를 미화하려는 노철학자의 노련한 솜씨를 보여준다. 의심의 여지 없이 피치노는 젊은 피코의 폭풍과 같은 인생 여정이 이제는 더 안정적이고 안전한 모습으로 정착되기를 바랐을 것이다. 그리고 어떤 의미에서 보면, 그가 바란 대로 되었다. 다만, 그런 상태가 그다지 오래가지는 않았다.[10]

# 12

# 고립의 노래

피코가 피렌체를 떠나 있던 동안, 이집트에서 로렌초를 찾아온 신기한 손님이 있었다. 맘루크 왕조의 술탄 카이트베이가 우정의 표시로 보낸 기린이었다. 덕분에 폴리치아노는 이때 받은 기린의 모습을 1,000년 전의 문헌 기록과 비교할 수 있었다. 그에 따르면, 기린은 마치 눈 화장을 한 것 같은 큰 눈을 굴리면서, 땅이나 바다의 그 어떤 생명체와도 다른 독특한 걸음걸이로 걸었다고 한다. 워낙 온순해서 사슬 대신 가는 줄만으로도 통제할 수 있는 것이 정확히 헬리오도로스의 고대 그리스 소설 『에티오피아 이야기Aithiopiká』에 묘사된 그대로였다. 아직은 카멜로파드 camelopard(낙타와 표범을 합친 고대 그리스어에서 유래한 giraffe의 고어/역주)라고 불리던 기린은 1487년 11월에 피렌체에 도착한 뒤, 곧이어 피에로 디 코시모와 젠틸레 벨리니의 화폭에 담기고, 폴리치아노의 『잡록』에도 등장한다. 폴리치아노는 요 몇 년간 유행에 뒤처지고 싶지 않은 사람들이 라틴어나 그리스어 한 구절이라도 필요하면 너도나도 자신을 찾는 통에 너무 바쁘다며 투덜댔다. 누구든 칼자루나 반지 도장에 새기기 적당한 좌우명이 필요하면, 침대나 침실에 어울릴 법한 시 한 구절이 필요하면, 무엇이든(단, 은 제품이 아니라 그냥 평범하고 단순한 도자기라는 점이 중요하다!) 독특하게 만들고 싶으면, 곧장 폴리치아노에게 달려온다. 보면 알겠지만, 이미 그 사람의 집 벽은 내가 쓴 다양한 주제와 구절로 (마치 달팽이가 그런 것처럼) 온통 얼룩져 있다. 이처럼 그가 성가셔하는 것도 일면 이해가 간다. 피코와 함께 지낼 시간을 앗아가고 은밀한 전원생활에 방해가 되었기 때문이다. 최근 몇 년 동안 두 사람은 메디치 가문 소유지 이곳에서 저곳으로, 마르지 않는 지식의 샘이 있는 도서관에서 피에솔레 별장으로 함께 옮겨 다니고 있었다.[1]

이 시기에 이집트에서 피렌체로 전해진 것은 기린만이 아니었다. 거의 같은 시기에 폴리치아노의 뒤를 이어 메디치 가문의 자녀들에게 그리스어를 교육할 가정교사로 들어온 사람이 있었다. 우르바노 볼차니오 델라 포세라는 이 인물은 트라키아와 시리아를 거쳐 이집트까지 갔다가 최근 귀향한 참이었다. 그는 장차 유럽에서 다음 세기까지 이어질 이집트 열풍의 주역으로 활약하게 되며, 조카 피에리오 발레리아노가 상형 문자의 매력에 빠지게 만들어 나폴레옹 시대가 도래하기 전까지 가장 중요한 상형 문자 연구가 이루어지도록 이끈다. 그러나 상형 문자에 관한 르네상스 시대의 관심은 이보다 훨씬 전으로 거슬러 올라간다. 1419년, 여행가이자 섬 관련 백과사전 편찬자였던 크리스토포로 데 부온델몬티가 에게 해에서 돌아온 데서 그 뿌리를 찾을 수 있다. 그는 지중해 동부를 샅샅이 다니면서 우연히 책 한 권을 만났는데, 그 안에는 철학자이자 마법사였던 티아나의 아폴로니우스의 생애와 함께, 호라폴로라는 사제가 쓴 것으로 여겨지는 이집트 상형 문자에 관한 논문이 실려 있었다. 피코의 서재에는 얼마 되지 않는 이 논문의 인쇄본 가운데 하나가 소장되어 있었다. 이 논문 『히에로글리피카*Hieroglyphica*』를 보면 많은 고대 저자들이 넌지시 알리고자 했던 메시지, 즉 이집트 유물에 조각된 무늬들은 흥망성쇠를 겪으며 시간이 지나도 살아남도록 설계된 그림 언어라는 것을 확인할 수 있다. 전통적인 소리 상징은 시간이 흐르면 그 의미가 왜곡되고 종국에는 사라져버린다. 반면, 자연에 존재하는 것들을 나타내는 이미지는 그 의미가 즉각적으로 전달되고 영구적으로 남는다. 이집트의 그림 언어는 소리 상징이 아니라 이미지로 생각을 나타낸다. 호라폴로에 따르면, 사자 상형 문자는 넘치는 기백을 상징하고, 커다란 물 항아리 3개는 나일 강의 범람을 나타낸다. 하지만 이미지들은 금세 합쳐져 수수께끼 같은 조합을 이루기 때문에, 상형 문자를 이해하려면 총명한 관찰자의 해독이 필요하다. 가령 당나귀 머리를 한 인물은 한 번도 해외로 여행한 적이 없는 사람을 나타낸다. 왜냐하면 그는 어떤 이야기도 듣지 않고, 외국 땅에서 무슨 일이 일어나는지도 모르기 때문이다. 반면 멀리서 들리는 목소리는 공기로 나타내는데, 이는 천둥을 의미한다. 세상에 이보다 큰 소리로, 힘 있게 말하는 것은 없다는 뜻이다. 매 그림은 인간의 영혼을 나타낸다. 새 중에서 비스듬히 날려고 애쓰지 않는 새는 매밖에 없기 때문이다. 그 대신 매는 간절히 열망하는 인간의 영혼이 상승하려는 것처럼 곧장 위로 날아오른다. 이렇듯 수수께끼 같은 이집트의 인공물, 즉 상형 문자를 연구하면 세상의 비밀스러운 지식을 발견할 수 있다는 기대감이 생겨나면서, 로마 주변에 흩어져 있는 부서진 오벨리스크 조각들도 새로이 관심의 대상이 되었다. 이런 오벨리스크는 로마 황제들이 세운 뒤 오래 전부터 무너진 상태로 남아 있던 것들이다. 몇몇 사람은 대범하게도 직접 이집트를 찾기도 했다. 15세기 초의 대표적인 여행작가이자 고고학자인 치리아코 데 피치콜리는 호라폴로를 연구한 다음 카이로로 출발했다. 그곳에서 그는 **영웅을 모신 거대하고 불가사의한 성지이자 경이로운 작품**, 즉 대피라미드를 보았을 뿐만 아니라, 알렉산드리아의 등대 잔해가 남아 있던 유적지도 방문했다. 또한, 알렉산드리아의 후추 관문 밖에 놓여 있던 오벨리스크에 새겨진 글귀를 해독했다고도 주장했다. 피코 역시 체포된 이후 수년간 이집트 상형 문자를 비롯한 다른 상징들을 해독하기 위한 탐색에 나섰다. 은거하는 중에도 가장 파악하기 힘든 진리를 찾는 여정을 계속한 것이다.[2]

　피코와 폴리치아노가 다시 찾은 피에솔레 별장은 피렌체 위쪽 피에솔레 언덕으로 오르는 가파른 길 끝에 폐허로 남은 로마 원형극장 옆에 자리하고 있었다. 이곳에서는 요란하게 피렌체 시내에 있지 않으면서도 아름다운 도시를 전망할 수 있었고, 길거리의 열기와 냄새 대신 시원한 산들바람을 즐길 수 있었다. 별장 건물 자체는 놀랄 만큼 소박했다. 딱 언덕 위의 평범한 시골 저택 정도이지만, 도도한 전망만으로도 충분하다는 자부심이 느껴졌다. 이곳은 한동안 사람들의 눈을 피해야만 하는 사람이 지내기에 안성맞춤으로 호젓했다. 로렌초는 이곳에서 지내는 동안 피코가 거의 **수도승처럼 매우 독실하고 종교적인 삶**을 살고 있다고 묘사했다. 물론, 피코를 비판하는 사람들에게 이 앙팡 테리블enfant terrible, 즉 무서울 것 없이 행동하는 청년 피코가 자신이 로마에서 저지른 미친 짓을 정말로 뉘우치고 개과천선했다며 그들을 안심시키려는 속셈이 있었을 수 있다. 피코가 정말로 독수공방했던 것은 아니었음이 분명하다. 이 시기에 폴리치아노가 사람들에게 보냈던 편지를 보면, 그가 항상 피코 곁에 있었음을 알 수 있다. 편지에는 두 사람이 함께 책을 읽는 모습과 종종 쉬는 시간에 서로를 놀리거나 멋진 발견을 공유하는 장면이 잘 그려져 있다. 폴리치아노가 한 친구에게 보낸 편지에는 이렇게 적혀 있다. 피코는 나를 거의 항상 함께하는 그의 공부 반려자로 선택했다네. 그는 자신의 달콤한 관심을 나와 공유하고 종종 정감 어린 농담을 즐기는 버릇이 있다네. 어떤 날은 피코가 그의 친구 폴리치아노에게 아람어와 히브리어로 악기 이름에 대해서 알려주는가 하면, 또 어떤 날은 두 사람이 함께 고대의 구약성서 해설가들의 저술을 속독하기도 했다. 여기에는 특히 디오도로스, 필론, 겐나디우스, 아퀼라, 오리게네스, 바실리우스, 디디모스, 이시도로, 아폴리나리스, 세베리아누스 같은 고대 그리스 학자들의 글이 포함되었다. 피에솔레는 봉인되어 있던 이런 과거의 흔적들을 열어 보기에 좋은 복 받은 장소였다. 피에솔레가 전설 속 아탈란테가 세운 곳이자 유럽 최초의 정착지라는 주장을 믿든 믿지 않든, 피에솔레의 지표면 위에는 과거의 조각들이 실제로 떠다니는 것처럼 보였다. 피치노에 따르면, 어느 날 그는 피코와 함께 별장 주변 언덕을 산책하면서 완벽한 집에 관한 이야기를 나누었다. 완벽한 집은 개발된 땅과 숲 사이에 위치하고, 둘레에 냇물이 있고, 아리스토텔레스가 최고라고 했듯 남동향이어야 하고, 언덕 위 높은 곳에 있어서 아르노 강의 안개와 바람을 충분히 피할 수 있어야 했다. 이런 밀을 주고받다가 모퉁이를 돌았더니, 두 사람 앞에 바로 그런 곳이 나타났다. 피코가 외쳤다. 멈추지 말아요! 우리가 상상했던 것, 바랐던 것이 지금 우리 눈앞에 있잖아요. 꿈꾸는 자에게는 흔히 일어나는 일이죠. 알고 보니 이 꿈의 집은 다름 아닌 보카치오가 한때 거주했던 곳으로, 이제는 피에르 필리포 판돌 피니가 소유하고 있었다. 이 집에 딱 어울리는 주인이군요. 피코가 중얼 거렸다. 이곳은 경건하고 귀해서 신탁받기에 좋잖아요. 그가 이렇게 말한 이 유는 판돌피니라는 이름이 그리스어로 모두가 델포이라는 뜻이었기 때문 이다. 폴리치아노가 시내 강연의 서막을 열면서 낭독했던 시들 가운데는 이 시기에 썼던 것도 있었다. 그는 마음속으로 얼마나 신들처럼 행복한가. 거짓으로 빛나는 명예를 추구하거나 사악한 호화로움의 유혹에 넘어가지 않은 채, 도시에서 떨어져 거의 아무런 부담 없이, 겸손하고 흠 없는 삶을 살며 조용 히 나날을 보내고 있으니. 20세기 미국의 시인 에즈라 파운드가 표현했듯, 지고의 신이라 해도 이처럼 햇살 비치는 찰나의 시간을 포착한 일보다 더 뽐낼 만한 것은 없다.3

한 가지 확실한 사실은 이들 두 사람이 항상 둘이서만 지냈던 것은 아 니라는 점이다. 이 시기에 피코 말고 폴리치아노와 함께했던 사람들 중 에는 어린 미켈란젤로도 있었다. 반세기가 지난 훗날, 미켈란젤로는 그 의 전기작가에게 이 위대한 석학이 그의 첫 번째 조각 작품의 주제를 제 안했던 이야기를 들려주었다. 그에 따르면, 폴리치아노는 그가 묘사하 려던 신화의 의미를 대단히 자세히 그에게 설명해주었다고 한다. 프리즈 장식용으로 제작한 작품인 이 「켄타우로스의 전투」는 현재까지 피렌체 의 카사 부오나로티에 전시되어 있다. 이 작품은 대리석에서 거칠게 잘 라낸 미완의 상태이지만, 훗날 미켈란젤로가 돌과 주제의 관계에 집착했 던 것을 고려하면 이런 미완 상태가 의도치 않은 것이라고 전적으로 확 신할 수는 없다. 이 작품 속 장면은 여러 존재가 하나의 구별되지 않는 물질로 돌아가는 모습을 보여주기 때문이다. 사람과 말의 신체 부위가

폴리치아노가 제안한 주제로 제작한 미켈란젤로의 첫 작품 「켄타우로스의 전투」의 금속판화.

혼란스럽게 뒤섞이면서 어떤 것이 누구의 것인지 도무지 갈피를 잡을 수 없다. 손과 말굽이 각자 신비한 돌에서 튀어나오거나 다시 그 안으로 사라진다. 폴리치아노가 아직 견습생 신분이었던 미켈란젤로에게 작품 소재로 삼으라며 들려준 이야기가 정확히 무엇이었는지에 대해서는 다소 의견이 분분하다. 술에 취해 욕정에 사로잡힌 켄타우로스가 섬뜩할 정도로 잔인한 전투를 벌이는 오비디우스의 이야기일 수도 있고, 켄타우로스가 헤라클레스를 도우러 온 이야기일 수도 있다. 한 가지 분명한 것은 미켈란젤로의 이 작품이 소란하게 패싸움을 벌이는 군중과 그들의 공포심을 보여주는 걸작이라는 점이다. 이 작품에는 몸부림치는 수많은 관절에서 벗어나고자 몸을 비틀며 고군분투하는 개인의 몸부림이 생생하게 표현되어 있다. 다시 안으로 빨려 들어가 나머지와 어쩌면 물질 그 자체와 구별되지 않게 되는 아찔한 상황이 절절하게 느껴진다. 마음은 고정된 위치 없이 덤불을 이루는 많은 팔다리 안에 섞여 있다. 이 이야기가 의미하는 바는 포도주와 욕정에 가장 예의 바른 자들마저 이성을 잃게 만드는 힘이 있다는 것이다. 하지만 그 안에서 읽히는, 격하게 분노하는 도시로부터 필사적으로 벗어나고 싶은 폴리치아노의 간절함을 외면하기는 힘들다. 이는 곧 닥칠 일에 대한 예감이기도 했다.4

피코의 조카는 그의 전기를 집필하면서 로마 사건 이후의 삼촌의 삶을 녹슬지 않은 독실한 삶으로 그리려고 매우 노력했다. 물론, 하마터면 큰일날 뻔한 아슬아슬한 상황을 모면한 후, 피코가 의심의 여지가 없어 보이는 연구들로 범위를 좁혀서 노력을 집중했던 것도 사실이다. 그가 몇몇 예전 동료와 거리를 두고 싶어했던 데에는 확실히 그럴 만한 이유가 있었다. 1489년 3월, 그의 옛 스승이었던 미트리다테스가 살인과 이단, 남색 행위를 한 혐의로 비테르보에서 체포되었다. 이때쯤이면 피코도 미트리다테스가 '칼데아' 언어와 관련해서 속였거나 실수했다는 사실을 파악했던 것 같다. 미트리다테스의 경우는 지적 범죄가 얼마나 순식간에 용서받을 수 없는 중죄와 연관될 수 있는지를 보여주는 우울한 경고였다. 피코의 삶을 깨끗하게 미화하려는 운동은 결국 큰 성공을 거두었다. 어떤 면에서는 바로 이런 피코—이 세상의 지혜를 업신여기면서 독실하게 사는 피코—가 계속 존재했던 것처럼 여겨질 정도였다. 토머스 모어는 젊은 시절의 장난스러운 기교에 등을 돌리고 독실한 삶을 살게 된 피코야말로 자신의 롤모델이라고 주장했다. 그는 잔프란체스코가 쓴 피코의 전기를 영어로 번역하면서 피코가 벌인 젊은이 특유의 방종한 일들을 심지어 더 많이 삭제했다. 하지만 기린 몸의 무늬를 바꾸기 힘들 듯, 호박에 줄을 긋는다고 수박이 되는 것은 아니었다. 피코가 단순한 과제에 만족하는 상황은 결코 그다지 오래 지속되지 못했다. 제아무리 자신의 행동을 겸손한 신앙 행위로 보이도록 꾸미려고 해도 소용없었다. 피치노가 이 시기에 쓴 편지에는 이렇게 표현되어 있다. 물은 1,000년이 지나도 나무를 물로 바꾸지 못한다. 그러나 불은 한순간에 나무를 불로 바꾼다. 이런 식으로 피코는 방대한 책들을 섭렵한다. 다만, 불과 달리 책을 재로 만드는 것이 아니라 빛으로 바꾼다.5

이 시기에 피코가 했던 것처럼 모든 시간을 독서에 할애하면, 누구든 책 속 문장 안에 숨어 있던 세계가 열리는 것을 발견하게 된다. 피코가 피렌체로 돌아온 해의 성탄절 기간에 로렌초는 「창세기」 연구에 부지런히 매진하고 있었다. 이 모습에 자극받은 피코는 모세오경 가운데 「창세기」에 관한 논평을 서둘러 집필했다. 이것은 일개 논평에 불과했을 수도 있지만, 저자가 피코라면 이야기가 달랐다. 오래지 않아서 그는 모세가 침묵의 달인이라고 선언했다. 그러면서 만물의 시작에 관한 모세의 기록은 그저 유치한 우화처럼 보일 뿐이라고 주장했다. 「창세기」의 처음 몇 장 안에 자연의 모든 비밀이 다 포함되어 있다고 믿을 만한 이유가 충분하기 때문이다. 피코가 만물을 설명하는 새로운 작업을 시작하기까지는 그다지 오래 걸리지 않았다. 그는 한 문화에서 다른 문화로, 한 현인에서 다른 현인에게로 전달된 고대의 지식에 이내 다시 매료되었다. 물론 이제는 로마 교황청의 입맛에 더 맞을 것 같은 형식으로 표현의 수위를 조절했다. 어쨌든, 모세는 이집트 사람의 모든 학문을 배워 말과 행동이 뛰어나게 되었다는 내용이 바로 신약성서에도 나오지 않는가(「사도행전」 7:22)? 피코는 모세가 바로 이 이집트인들의 지식을 그의 글 속 언어에, 주로 「창세기」 안에 모두 묻어두었다고 주장했다. 만약 이런 책이 있다면, 「창세기」는 일곱 봉인이 찍힌, 모든 지혜와 모든 신비로 가득한 책이었다. 그는 천지창조 이야기가 단순한 언어로 표현된 목적은 그 고상함으로 오만한 자들을 조롱하고, 그 심오함으로 학구적인 자들을 떨게 만들고, 그 참됨으로 위대한 자들을 배불리고, 그 공손함으로 겸손한 자들을 지지하려는 것이라는 아우구스티누스의 평가를 소환했다. 피코는 7일간 이루어진 모세의 창조 이야기로부터 새로운 설명을 끌어내어, 알려진 세계와 알려지지 않은 세계를 새로이 기술하려 애썼다. 이는 그가 로마에서 주장했던 것보다 오히려 더 난해하고 낯선 시도였다. 그는 이 과제에 돌입하면서 고대 시인 프로페르티우스의 말을 인용해서 좌우명으로 삼았다. 위대한 일은 시도한 것만으로도 충분하다.[6]

새 한 마리를 격리해서 모방할 대상 없이 혼자 키우면, 그 새는 자기만의 독특하고 남다른 울음소리를 발달시킨다고 한다. 이런 울음소리를 고립의 노래라고 부른다. 피코의 『헵타플루스Heptaplus』는 그가 세상으로부터 점점 동떨어져가고 있음을 보여주는 고립의 노래였다. 이 논문은 로마 대토론회 때와 똑같은 전제에서 시작한다. 현실은 많은 단계로 존재하며 「창세기」는 이들 각 단계의 이야기를 들려준다는 것이다. 그런데 이 단계들을 따로 분리해서 설명할 수는 있지만, 또다른 의미에서 이들은 같은 것을 이루는 부분이며, 통합의 사슬로 하나로 묶여 있다. 피코는 여기에는 단일체가 아닌 다수성이란 없다고 표명한다. 그래서 각 단계는 다소 조화를 이루지 않는 화합을 통해서 하나로 연결되어 있으며, 얽혀 있는 많은 종류의 사슬로 묶여 있다. 천사들은 이러한 현실의 높은 단계에서 살고 있다. 우리는 아이디어와 개념을 모호한 찰나의 것으로 여기지만, 천사들에게 는 아이디어와 개념을 견고하면서 포착할 수 있는 것으로 받아들일 줄 아는 마음이 있다. 이러한 천사들은 그 자체가 여럿인 동시에 하나이다. 대양처럼 천사들도 별개의 이름으로 불릴 수 있지만, 또다른 관점에서 보면 그들은 모두가 함께 흐르기 때문에 그들 사이에는 경계선이 없다. 피코는 천사들을 묘사할 힘을 모으기 위해서 「시편」을 인용한다. 누가 내 게 비둘기의 날개를 달아줄까? 은과 푸른 빛이 도는 금으로 뒤덮인 날개를. 피 코는 우리가 누릴 수 있는 가장 큰 행복은 이런 유동적인 천사와 같은 상태에 도달하는 것이라고 주장한다. 이는 바다에 도달하는 것이 물방울들 의 최종 행복인 것과 같다. 바다에 도달함으로써 물은 충만함에 이른다. 이와 마찬가지로 우리의 행복을 위해서는……우리는 언젠가는 최초의 지성과 최초 의 마음에 합류해야만 한다. 이렇게 해야 모든 이해력이 충만함과 완전함에 이 른다. 앞서 이미 로마에서 암시했듯, 피코는 이런 소멸을 이루는 길은 만 물의 흔적이 이미 우리 안에 있음을 깨닫는 것이라고 느꼈다. 도교에서 말하는 완벽한 사람, 즉, 가능한 모든 현과 함께 공명하는 사람처럼 말이다.7

논문의 말미로 가면서 피코의 주장은 그 난해함과 기이함이 새로운 차 원에 들어선다. 피코는 아래로 점점 줄어드는 프랙털 구조의 나선형 길 을 따라서 더 내려오는 식으로 범위를 좁혀가며 주장한다. 그에게는 우 주를 설명하기 위해서 더는 900개의 논제로 재워진 책이 통째로 필요하 지 않으며, 심지어 「창세기」 속 단순한 우화조차 필요 없다. 왜냐하면 필 요한 모든 지식의 뿌리는 모세오경 가운데 제1권 「창세기」 제1장에 나오 는 첫 낱말에 다 포함되어 있기 때문이다. 바로 히브리어 단어 beresit—

'한 처음에'—이 그 주인공이다. 이 대목이 시사하듯, 피코는 그의 스승 미트리다테스와의 연을 완전히 끊어내지는 않았던 것으로 보인다. 실제로 이 시기에 그는 미트리다테스가 바티칸에 남겨둔 책들에 접근하려고 애쓰고 있었다. 출처가 아무리 위험하더라도, 등잔 밑이 어둡듯 잘 보이는 곳에 진리가 감춰져 있다는 발상이 피코를 사로잡은 것이 분명했다. 그는 이 beresit이라는 단어 안에 상상할 수도 없는 보물이 들어 있다고 단언한다. 그 보물은 내가 이 바닷속으로 깊이 들어가지도 않고 그저 바닷가 언저리만 지나갔는데도 내게 모습을 드러냈다.……내가 발견한 것은 내가 희망하고 기대했던 것 그 이상이었다. 나 스스로도 내가 발견했다는 것이 믿어지지 않았고, 다른 사람들은 쉽게 믿으려 들지 않을 만한 것이었다. 즉, 천지와 그 안에 있는 만물의 창조 계획 전체가 바로 이 한 구절로 밝혀지고 설명된 것이다. 피코는 이 단어를 이루는 글자들을 떨어뜨렸다가 다시 조합하는 작업에 착수한다. 이는 베다 경전 낭독자들이 만트라 단어들 사이에 음절을 삽입하는 것과 매우 비슷하다. 그런 다음, 그는 작업 결과로 얻은 구절을 발표한다.

bab bebar resit sabath bara rosc es seth rab hisc berit thob.

물론, 그는 이 구절을 대략 거칠게 번역할 수는 있다. 아버지께서는, 시작과 끝 또는 안식이신 아드님 안에서 아드님을 통해, 선한 계약으로 머리와 불, 위대한 자의 토대를 창조하셨다. 이 구절은 (그의 주장에 따르면) 성서에 나오는 첫 단어 안에 그리스도가 오신다는 예언이 담겨 있음을 입증할 뿐만 아니라, 그의 다층 현실론을 확증한다. 하지만 히브리어 원문을 번역하면 이 문구에 담긴 힘은 대부분 상실된다. 이렇게 되면 최초의 언어가 지닌 힘이 제거될 뿐만 아니라, 암호 같은 이 한 줄의 음절에서 느껴지는 운율도 사라진다. 피코는 언어의 힘에 대한 그의 지적 탐색과 마법의 주문을 만들고 사용하는 저급한 마법사들 사이에는 어마어마한 차이가 있다고 늘 주장했다. 하지만 어떤 면에서는 그가 거부했던 흑마술과 우리가 여기에서 목격하는 최면 효과가 있는 소리의 반복 사이에서 차이를 발견하기가 어렵다.[8]

피코가 이 언어의 힘을 다른 사람들에게 사용하려고 한 적이 있는지, 아니면 이런 천사의 문법에 대해서 이론을 제시하는 선을 넘지 않으려고 조심하면서 그 힘을 실제로 휘두르지 않았는지는 여전히 불분명하다. 폴리치아노는 플라톤의 쇠 반지가 자석에 달라붙듯 그 역시 피코에게 애착하며 달라붙었다고 증언했다. 그에 따르면, 피코는 비를 내리듯 자신의 내면 안으로 어떤 비밀의 힘을 내려, 일종의 신에게 지배된 상태로 만들었다. 그 결과, 그는 열광적으로 말하게 되었다. 소크라테스가 파이드로스와 함께 있는 동안 그러했던 것처럼 열정적인 언어로 말하게 된 것이다. 그렇지만 폴리치아노가 단순히 극적 효과를 노리고 과장하는 것은 아닌지, 자신의 영혼의 동반자를 향한 존경심을 그들이 사랑하는 고대 그리스인들의 용어로 표현하고 있는 것은 아닌지 명확하지 않다. 하지만 폴리치아노의 말이 단순한 비유가 아니었다는 증거가 있다. 두 사람은 이런 비밀 언어들을 연구하는 데에 그치지 않고 그들이 알게 된 것을 도서관 담장 너머로 확장했다. 이런 힘을 휘두른 사람들을 수소문했고, 어쩌면 그들 스스로 그런 시도를 했을 수도 있다. 알려진 바에 따르면, 피코는 피렌체로 돌아온 다음 해 동안 폴리치아노와 함께 가끔 은둔 생활에서 벗어나 카리스마 넘치는 설교자 마리아노 다 제나차노를 찾았다고 한다. 그는 매혹적인 말로 사람들을 사로잡고, 강하게 끌리는 표현으로 그들을 무기력하게 만들고, 힘 있는 웅변술로 그들을 조종할 수 있었다. 폴리치아노는 이 설교자의 말을 들었던 경험을 이야기하면서 그 자신도 그의 말에 귀를 쫑긋하게 되었다고 언급했다. 말하는 사람의 목소리와 그가 말하는 문장의 흐름, 말의 운율을 강하게 의식하게 되었다고도 했다. 또한, 설교하는 동안 그 사람은 실제로 설교단에서 **몸집이 커지는 것처럼** 보였다고 했다. 그는 단지 자신을 드러내 보이는 것이 아니라, 정상적인 인간의 범위를 넘어 확장되었다. 그의 말은 듣는 사람의 마음속에서 서서히 사라지기는커녕 생생하게 남았고 다음 날이 되자 오히려 더 강력해졌다.9

피코는 주문을 걸듯 마음을 사로잡는 언어의 힘을 사용하지 않고 옆에서 방관자로 남으려고 했을 수 있다. 그러나 그의 동시대인들의 기록에 따르면, 그렇더라도 그는 자기 주변 사람들에게 미치는 영향력을 억누를 수 없었던 것 같다. 산 마르코 수도원 도서관에서 토론 중에 이교도의 가르침을 옹호하는 피코의 발언을 듣고 그의 마법의 주문에 걸린 한 남성은 그가 느꼈던 바를 설명하기 위해서 피코를 고대 신화에 나오는 기이하고 거의 괴기스러운 인물에 비유했다. 이 인물은 얼마 전에 복원된 고대 그리스 작가 루키아노스가 지은 이야기에 등장하는 존재였다. 루키아노스는 르네상스 인문주의자들이 특히 좋아한 작가로, 고대 세계의 여러 일면을 보여주는 이야기들과 대화편에서 온갖 사기꾼들에게 일침을 가하는 거침없는 재치로 감탄의 대상이 되었다. 그의 작품 가운데 한 장면에는 루키아노스가 갈리아 지방에서 마주쳤다는 인물이 등장한다. 그 인물은 반신반인 헤라클레스의 지방 버전으로, 헤라클레스가 으레 그렇듯 그 역시 몽둥이와 활을 들고 사자 가죽 망토를 걸친 완벽한 모습이었다. 하지만 이 프랑스판 헤라클레스에게는 눈에 띄는 차이점이 있었다. 그는 육체적 힘의 전형이라기보다는 늙고 노쇠한 모습이었다. 하지만 그렇다고 힘이 없다는 뜻은 아니었다. 오히려 그 반대였다. 그의 뒤로 어마어마한 군중을 끌고 가고 있었기 때문이다. 군중은 각각 금 또는 호박으로 만든 가느다란 사슬로 묶여 있다. 이 사슬은 그들의 귀와 헤라클레스의 혀를 묶고 있다. 아마 가장 난감한 부분은 군중이 이렇게 붙잡혀 있는 것을 전혀 개의치 않아 보인다는 점일 것이다. 그들은 이렇게 엉성하게 묶인 줄을 끊고 달아나려는 시도를 전혀 하지 않는다. 탈출하기 쉬울 것이 틀림없는데도 조금도 저항하지 않는다. 발을 땅에 뿌리박고 버티고 서서 뒤로 잡아끄는 대신, 그들은 기쁜 마음으로 기꺼이 따라가면서 그들을 붙잡아가는 자를 찬양한다. 사슬이 팽팽해지지 않도록 서둘러 열심히 그를 쫓아가는 그들의 모습을 보면, 풀려나는 것이야말로 그들이 가장 원하지 않는 일인 것 같다.[10]

플라톤과 루키아노스 사이에 수백 년이라는 시간이 흐르는 동안, 이 그리스 철학자가 기술했던 사람의 혼을 빼놓는 말의 힘으로부터 이 미심쩍은 가공의 괴물이 탄생한 것 같았다. 헤라클레스의 돌과 자력의 비유가 헤라클레스 자체가 되었고, 화자와 청자를 잇는 유연하면서도 잘리지 않는 사슬 같은 연결고리가 군중을 신성한 혀에 무기력하게 묶는 실제 사슬이 된 것이다. 헤라클레스 오그미오스라고 불리는 이 인물은 후기 르네상스 문화 어디에서든 등장한다. 궁전과 특히 도서관 벽화에 딘골로 그려지고, 수많은 삽화에 등장한다. 심지어 상형 문자 모음에까지 포함되어 고대 이집트인들의 비밀 지식에도 추가된다. 일각에서는 헤라클레스 오그미오스가 단순히 물리력에 대한 설득력의 우월성, 신체적 힘

조프루아 토리의 1529년 작 『샹플뢰리_Champfleury_』에 수록된 헤라클레스 갈리쿠스 또는 오그미오스. 로마의 피아차 나보나 근처 건물 외벽의 프레스코화를 옮겨 그린 것.

에 대한 말의 우월성을 상징한다고 여겼다. 하지만 대부분은 루키아노스의 군중에 대한 묘사를 바탕으로 어두운 암류가 기저에 흐르고 있었다. 군중은 스스로 포획의 공모자로 참여한 뒤, 자신과 묶여 있는 인물을 아무 생각 없이 따라간다. 여럿을 꿰매어 붙여 만든 하나의 망령인 셈이다. 유럽 대륙 전역에서 이렇듯 사슬에 묶인 헤라클레스가 신속하고도 빈번하게 재생산된 것으로 보아, 많은 사람이 항상 알고는 있었으나 결코 명확히 말할 수 없었던 강력한 상징을 그 안에서 인식했음을 알 수 있다. 이와 같은 상징은 세계 전역에서 다른 많은 모습으로 발견된다.[11]

피코는 선두에 서서 군중을 이끄는 이 신성하면서도 섬뜩한 인물에 비유된 최초의 사람이었을 수 있다. 헤라클레스가 이끄는 군중은 표면적으로 우두머리로 보이는 이 연설가 혹은 선동가 혹은 독재자에게 간파되고, 묶이고, 넋을 잃은 상태이다. 그런데 피코의 경우, 결국 황홀경에 빠지는 군중이 되는 것은 산 마르코에서 열린 이교도 가르침에 관한 토론에서 피코와 맞섰던 상대방이었다. 그 주인공은 바로 지롤라모 사보나롤라로, 일 프라테Il Frate, 즉 '그 수도사'라고도 불리는 그는 장차 피렌체를 광란의 신정 체제로 이끌고, 결국에는 열성을 과시하기 위해서 허영의 불꽃Bonfire of the Vanities과 같은 전설적인 일을 벌이게 된다(사보나롤라는 화려한 예술의 도시 피렌체의 사치와 쾌락을 비난하기 위해서 그림이나 화려한 의복, 서적 등 예술품을 몰수해서 소각하는 화형식을 열었다/역주). 피코는 도미니코회 수사인 사보나롤라가 그의 고향 페라라에 있을 때부터 그를 알았던 것으로 보인다. 로렌초에게 영향력을 행사해서 점점 명성이 자자해지던 이 설교자를 피렌체로 불러들여 산 마르코 수도원에 정착하게 만든 장본인이 피코인 듯하다. 피코가 사보나롤라에게 감탄했던 것은 분명하다. 하지만 산 마르코 수도원의 토론회가 시사하듯—이 토론회에서 피코는 사보나롤라에게 모세오경에는 고대 이집트와 그리스 문헌에서 발견된 것과 똑같은 진리가 포함되어 있다고 설득하려고 했다—피코는 사보나롤라의 권력이 커질 때 피렌체에서 침묵을 지켰던 얼마 되지 않는 사람 중 하나였다. 그렇더라도 사보나롤라를 위한 피코의 로비 활동은 장차 피렌체와 피코 자신, 그리고 어떤 의미에서는 서양 그리스도교 세계의 미래에 심대한 영향을 끼쳤다. 왜냐하면 피렌체에서 사보나롤라는 마리아노 다 제나차노보다 훨씬 더 강력한 웅변가의 면모와 피코 사상의 핵심인 최면 운율 달인의 면모만 보이지 않았기 때문이다. 이보다 더 우려스럽게도, 그는 이런 힘을 어디까지 사용할 수 있는지 그 한계를 그곳에서 시험하고자 했다.

이런 폭풍을 몰고 올 먹구름은 산 마르코와 피에솔레에서 평온한 나날을 보내던 피코와 폴리치아노와 아직은 어느 정도 거리를 두고 떨어져 있었다. 하지만 피코는 3년간 집에 틀어박혀 지냈던 탓에 미쳐버릴 지경이 되어 또다시 더 넓은 세계를 갈망하게 된 것 같다. 피치노가 그 얼마 전에 완성된 『헵타플루스』를 언급하며 쓴 글을 보면 짐작이 간다. 창조주께서도 안식일에 휴식을 취하셨거늘, 우리 피코는 천지창조를 마치고도 여전히 뭔지 모를 다른 위대한 일을 하려고 한다. 아마도 데모크리토스처럼 완전히 새로운 세계를 통째 만들려나 보다. 도서관이나 서재에 혼자 틀어박혀 있겠다는 피코의 계획은 어쩌면 언제나 실패로 끝날 운명이었던 것 같다. 꼬리에 꼬리를 물 듯, 하나의 책이 다른 책을 불렀기 때문이다. 하나의 책을 펼치면 다른 곳에 이어지는 이야기가 있다는 언급과 함께 우리가 찾던 답이 있을 법한 책 제목이 나오면서 우리를 유혹한다. 이런 유혹은 워낙 강력해서 마치 모든 책 하나하나가 다른 책으로 이어지는 웜홀처럼 보인다. 책마다 독자를 빨아들여 그다음 잃어버린 것을 찾아 끝없는 탐색에 나서게 한다. 1491년 여름, 바로 이런 사고방식대로 2개의 여행이 시작되었다. 먼저, 피코와 폴리치아노가 베네치아로 떠났다. 그곳에는 그리스와 그 너머로 연결된 교역망 덕분에 수집된 희귀 필사본들이 타의 추종을 불허할 정도로 풍부했다. 이와 동시에 로렌초는 친구의 꿈의 도서관을 짓는 데에 비용을 아끼지 않겠다고 한 약속을 지키기 위해서 그의 중개인 야누스 라스카리스를 지중해 동부로 파견하여 한없이 방대한 퍼즐의 빠진 조각들을 찾아오게 했다. 이 두 여행에는 모두 많은 불가사의와 깜짝 놀랄 만한 발견이 뒤따랐다. 그 가운데는 최면을 거는 듯한 언어의 비밀을 찾는 또다른 퍼즐 조각도 포함되어 있었다. 그리고 그렇게 떠났던 이들이 마침내 피렌체에 다시 모였을 때, 그곳은 알아볼 수 없을 정도로 완전히 다른 도시가 되어 있었다.[12]

# 13

## 나의 공작의 작위보다 소중한

1491년 6월 3일 일몰 후인 17시, 조반니 피코 델라 미란돌라와 나는 피렌체를 떠나 그날 저녁에 스카르페리아에서 묵었다. 토요일, 우리는 그곳을 떠나 피오렌추올라에서 저녁 식사를 한 뒤, 온통 진흙투성이 상태로 약 50킬로미터 떨어진 피아노로에 도착했다. 폴리치아노가 피코와 함께 이탈리아 북동부를 여행하며 썼던 여행일기는 이렇게 시작한다. 이 흥미로운 자료에는 그들이 어디에서 누구와 함께 식사했는지가 다채롭게 기록되어 있다. 이뿐만 아니라, 이해하기 어려운 문헌을 도서관에서 발견하고는 반색하며 기록해둔 고도로 난해한 주석도 실려 있다. 두 사람은 베네치아로 가는 길에 들린 볼로냐에서 남성 인문주의자들로 이루어진 두 무리와 여성 한 무리를 만났다. 그들은 저녁 식사를 함께하며 필사본에 따라 다르게 해석되

▶ 크리스토포로 부온델몬티, 콘스탄티노폴리스 지도, 『군도 지도책*Liber Insularum Archipelagi*』에서.

Mare ponticum

Grecia

Pera

Sepulcra turchorum

Constantinopolis

는, 로마 역사가 루카누스의 작품의 한 대목을 두고 논쟁을 벌였다. 그런 가 하면, 라틴어 발음을 할 때 today 대신 tozay라고 하는 식으로 글자 d 와 z를 바꾸어 말하는 미개한 습관에 대해서도 논했다. 그들은 플라우투스의 연극 작품도 관람했고, 여러 도서관을 방문해서 읽거나 구매한 필사본 목록도 작성했다. 이때, 우리라면 도서 목록을 두 가지로 나누어 각자 짰을 것이다. 하나는 폴리치아노의 관심사에 맞는 책들, 즉 법사학 문헌들과 비교적 완벽한 상태를 유지하고 있는 고대 작가들의 필사본들로 구성하고, 다른 하나는 피코의 범세계적인 호기심을 보여주는 책들, 즉 아랍의 해몽서와 히브리 카발라 서적처럼 그가 절연했다고 알려진 책들로 작성하는 식이다. 그러나 폴리치아노는 이런 식으로 구별을 짓지 않았다. 그는 두 사람이 함께 책을 찾아 읽은 이야기를 하나로 버무려 되돌릴 수 없는 하나의 친밀 행위로 만들었다. 6월 20일 즈음, 두 사람은 페라라를 통과한 뒤 베네치아에 도착했다. 진정한 도서관 군도인 이곳에서 두 사람은 편안하게 자리를 잡고 향후 몇 개월 동안 지냈다.[1]

한편, 로렌초의 그리스인 도서 구매 중개인 야누스 라스카리스도 동시에 피렌체에서 출발해서 페라라를 거쳐 베네치아에 도착하는 같은 경로를 따라 이동했다. 하지만 그는 여기에서 멈추지 않고 아드리아 해를 가로질러 빈번하게 왕래하는 호송선 중 하나에 탑승했다. 이 배는 그리스 서해안의 코르푸에서 잠시 멈춘 뒤, 오스만 제국의 심장을 향해 다르다넬스 해협을 거쳐 아르타를 지나 갈라타까지 이동했다. 이스탄불에 있는 오스만 제국의 궁전 수블리메 포르테 근처에 있는 갈라타 항은 유럽 무역상들의 집결지였다. 이곳에서는 새벽 새소리와 함께 유럽 수도사와 이슬람 무아딘(이슬람 사원 탑 위에서 기도 시간을 알리는 사람/역주)의 기도

콘스탄티노플로 진격하는 오스만군 이는 비잔틴을 공격하는 모습을 보여주는 16세기의 그림.

소리가 한데 어울려 들려왔다. 그리스 문화에 점차 매료된 이탈리아 여행가들은 거의 한 세기 전부터 바로 이 무역로를 따라 배를 얻어 타며 이동했다. 그들은 비문을 옮겨 적은 공책과 허물어져가는 기념물의 밑그림을 가지고 돌아와 그리스 문화에 대한 갈망을 충족시켰다. 이탈리아인들의 수집품에 추가하기 위해서 석조물을 뜯어 가져오면서 이미 허물어지고 있는 기념물을 더 허물어트리는 경우도 많았다. 1440년대에 아르타에 도착한 상인이자 고고학자인 치리아코 데 피치콜리는 프로세르피나 신전의 경이로운 전면을 묘사하면서, 마치 금실로 꿰듯이 석조물 각각의 연결 부위가 하나로 연결되어 있다고 감탄했다. 그러면서도 14년 전에 방문했을 때보다 훨씬 손상된 상태라며 애통해했다. 그는 이렇게 상태가 나빠진 것을 오스만인들의 탓으로 돌렸다. 오스만인들이 유물을 업신여긴다고 암시하는 이런 말은 이스탄불을 방문하는 사람이 많아지면서 거짓으로 드러났다. 이곳에서는 비잔티움 시대의 경이로운 유물을 여전히 우러러보며 공경하고 있었다. 하기아 소피아 대성당부터 누미디아의 오벨리스크에 이르기까지 전부 숭배의 대상이었다. 상형 문자로 장식된 거대한 하나의 덩어리로 된 이 오벨리스크는 전차 경주장 가운데에 세워져 있었다. 실제로, 오스만인들은 그들이 함락한 비잔티움 제국의 유물에 대한 애착이 대단했다. 한 술탄은 예수의 요람으로 쓰였던 구유라고 알려진 대리석 덩어리에 금화 10만 두카트를 주겠다는 어느 베네치아 상인의 제안을 거절했을 정도였다.[2]

이런 경이로운 유물들은 톱카피 궁전의 보물 창고에 보관되었는데, 같은 건물에는 오스만 제국의 놀랄 만큼 특별한 도서관도 있었다. 알려진 바에 따르면, 실제로 여기에 책과 유물이 나란히 같이 보관되어 있었다고 한다. 몰라 루프티라는 이름의 자유로운 사고방식을 가진 한 사서가 높은 곳에 있는 책을 꺼내려고 예수의 구유를 발판으로 사용했다가 물의를 일으켰다는 일화도 있다. 사실, 이곳에는 도서관에 보관해도 좋고 아니면 경탄을 자아내는 신성한 유물과 함께 보관해도 좋은, 어느 쪽에나 다 속하는 물건들이 많았다. 가령, 성 요아네스 크리소스토모스가 필사한 「성 요한 복음서」는 기적을 행할 수 있다고 알려져 있었다. 그런데 라스카리스가 이스탄불에 온 것은 오스만 제국의 술탄과 그리스도교 희귀 서적은커녕 심지어 오스만이나 아랍의 희귀 도서를 거래하려는 목적도 아니었다. 사실 오스만 제국 도서관에 알-비루니가 쓴 인도 문화 관련 기록물이나 이븐 시나의 자서전 같은 특별한 서적들이 소장되어 있었다는 점을 고려하면, 이는 유감스러운 일일지 모른다. 그러나 그 대신 라스카리스는 비잔티움 그리스 명문가 중 하나로 꼽히는 자신의 혈통을 지렛대 삼아 그의 고객인 로렌초의 바람을 충족시켰다. 오스만 제국 영토에 있는 그리스 문화의 위대한 마지막 보물 창고에서 나온 물건들, 즉 절벽 꼭대기에 서 있는 아토스 산 수도원에 보관되어 있던 고대 세계의 파편들을 흥정해서 구해온 것이다. 1453년 오스만 제국이 콘스탄티노폴리스를 함락한 뒤, 곧이어 그리스 땅 대부분도 오스만인들의 손에 넘어갔다. 그러자 그때까지 살아남은 가장 귀한 고대 세계의 자취들이 한순간에 그리스도교에서 이슬람교의 수중으로 떨어졌다. 고대 그리스와 로마에서 전승된 문헌들과 초기 그리스도교 교회 관련 자료가 포함된 많은 진기한 필사본들이 이제는 적의 소유가 된 것이다. 서양의 그리스도교 세계에서는 소중한 문화적 선조들의 흔적을 영원히 잃게 되지나 않을까 두려워했다. 오스만 정복의 여파로, 라스카리스와 같은 많은 비잔티움 그리스 명문가 사람들이 궁중의 장식품, 사라져가는 과거를 대변하는 마지막 대표자, 보물 사냥꾼 역할을 하며 간신히 살아갔다. 이들 중개인은 좋은 가격을 위해서라면, 이제는 사라져버린 비잔티움 제국의 길을 따라 이동하면서 비잔티움 유물을 한 아름 안고 돌아올 수 있었다. 라스카리스는 로렌초에게는 완벽한 특사였다. 그는 이렇게 단편적으로 살아남은 비잔티움 귀족 사회의 연결망 안에서 움직일 수 있었기 때문이다. 이들 귀족 가운데는 라스카리스와 똑같이 행동하면서도 언젠가는 그리스인들이 다시 독립된 민족이 된다는 희망을 품은 사람들이 많았다.3

얼마 지나지 않아서 라스카리스가 보스포루스 해협을 떠나 살로니카를 향해 왔던 길을 돌아간 것을 보면, 술탄 바예지드 2세가 그의 청원을 들어준 것이 분명하다. 살로니카는 아토스 산이 솟아 있는 반도로 가는 배의 승선 지점이었다. 이보다 반세기 전, 치리아코 데 피치콜리가 타소스 섬에서 보낸 편지에는 그가 이곳에서 발견한 것들이 기록되어 있다. 일부만 남아 있는 조각상에는 죽기 직전 마지막으로 몸부림치는 사자와 씨름하는 남성의 모습이 표현되어 있고, 천연석을 조각해서 만든 거대하고 신비스러운 왕좌는 숲의 신 파우누스와 사티로스로 장식되어 있었다고 한다. 이뿐만 아니라 바다 건너편으로 반도가 보이는 전망도 묘사되어 있다. 그에 따르면, 종교적으로 성스러운 이 산은 마케도니아 전역에서 가장 높아서 눈에 확 띄었다. 그곳에는 하느님에게 봉헌된 많은 은둔 수도원이 여기저기 흩어져 있었다. 치리아코는 허락되는 한 이 수도원들을 탐색하기 위해서 최선을 다했다. 한편, 크리스토포로 데 부온델몬티는 아토스 산을 천사의 궁전이라고 불렀다. 그곳의 생활 방식이 이 세상의 것이 아닌 듯 더없이 행복해 보였기 때문이다. 그곳의 수도자들은 대부분 옆에서 큰 벽이 무너지더라도 개의치 않고 고개나 눈을 돌리지 않을 정도로 마음이 평온한 상태에 도달해 있었다. 치리아코에 따르면, 바토페디수도원에는 다양한 색상의 대리석 바닥과 모자이크 바닥뿐만 아니라 흥미로울 정도로 오래된 호메로스의 필사본과 오비디우스의 작품 그리스어 번역본도 있었다. 판토크라토로스 수도원에는 천사 전문가인 디오니시오스 아레오파기테스의 책과 초창기에 작성된 그의 작품 목록이 있었다. 이베론 수도원에는 에우리피데스가 소포클레스에게, 히포크라테스가 아르타크세르크세스에게 보낸 편지와 피타고라스와 브루투스가 보낸 편지뿐만 아니라 조지아어로 쓴 다수의 책도 소장되어 있었다. 절벽위의 독수리 둥지처럼 산꼭대기에 자리 잡은 이 수도원들을 차례로 옮겨다니는 일은 천천히 진행되었다. 육로로 이동할 때에는 상급자에게 임무를 배정받은 실력 없는 안내인의 안내를 받았다. 하지만 일단 목적지에 도착하면 환경은 불편하지 않은 경우가 많았다. 가령 이베론 수도원에 대한 치리아코의 기록에 따르면, 크기가 거대한 오래된 포도주 통 3개 안에 각각 포도주가 가득 차 있었다. 통마다 깊이 6미터에 지름 3미터 크기라서, 아마도 현지 포도주 4만 리터는 족히 보관할 수 있을 듯했다. 그런데어쩌면 포도주보다 중독성이 강한 것은 따로 있었다. 이 지역에서 행해지던 헤시카즘hesychasm이 그 주인공이다. 이 명상 기법대로 실천하면 빛이 감싸고 있는 형태의 에네르기아이energiai, 즉 하느님의 힘을 만날 수 있다고 한다. 이 전통은 일찍이 사막의 교부들로부터 생겨난 것인데, 사막의 교부들은 영적 황홀경에 이르기 위해서 외부와 단절하고 은둔 수행을 실천했던 은수자隱修者들이다. 이와 비슷한 수행법은 다른 곳에서도 찾아볼 수 있었다. 가령, 이슬람 수피즘의 디크르dhikr 명상법(신의 이름을 반복적으로 암송하여 영적 몰입을 유도하는 명상법/역주)이나 알-비루니가 기록한 인도의 요가 명상법이 그렇다. 이런 모든 수행법의 핵심 목표는 하나였다. 개인의 경계선을 허물고 위대한 존재로 몰입하게 만드는 것이다. 수피 신비주의의 권위자였던 아이샤 알-바우니야가 이와 같은 시기에 다마스쿠스에서 보낸 편지에는 그녀가 경험한 이런 신비주의 수행법이 멋지게 기록되어 있다. 그것은 **혼자라는 사막을 배회하다가 하나됨의 바다에 빠지는 경험**이었다.4

여정을 이어가던 치리아코는 마침내 그중에서 가장 규모가 큰 수도원인 라브라 대수도원에 도착했다. 이곳은 아토스 산에서 가장 높은 봉우리 기슭, 바다에서 그리 멀지 않은 곳에 자리 잡고 있었다. 이 수도원은 곳에서 가장 먼 해안에 건설되었고 작은 탑이 있는 벽으로 둘러싸인 요새 같았다. 접근하기가 어려운데도 불구하고, 혹은 어쩌면 그 덕분에, 이곳에는 설립 후 5세기 동안 수많은 경이로운 것들이 안전하게 보관되어왔다. 그중에는 대리석 한 덩어리를 깎아 만든 거대한 유골 단지도 있고, 그 무엇보다도 웅장한 도서관도 있었다. 하지만 치리아코는 넘치는 열정에도 불구하고 자신이 발견한 것을 제대로 살펴볼 자격을 얻지 못했다. 겨우 도서관에 소장된 도서들을 한번 힐끗 보는 것만 허락받았던 것 같다. 더 전면적인 접근이 허용되었을 때에는 책을 엉망으로 다루고는 했다. 치리아코는 라브라 대수도원에서 고대 그리스 시인 논노스의 『디오니시아카*Dionysiaca*』를 보게 된다. 이 서사시에는 디오니소스 신을 모시는 고대 의례가 상세히 기록되어 있었다. 그는 이 작품을 전부 베껴 쓰기 시작했다. 하지만 시가 맞은편 페이지로도 이어진다는 사실을 알아채지 못하고 홀수 줄만 옮겨 적은 탓에 뜻을 알 수 없는 뒤죽박죽이 되고 말았다. 엉망으로 망쳐놓은

이 문헌은 훗날 폴리치아노가 심혈을 기울여 재선해냈다. 여기에는 디오
니소스 찬가 소리, 즉 숲의 신 파우누스가 사투르누스 운율로 그의 귀에 대고
윙윙거리는 소리에 머리가 돌아버린 한 남자의 이야기가 나온다. 치리아
코가 이 시를 제대로 읽었더라면, 그 안에 오랜 세월 잊혔던 의례가 다음
과 같이 묘사되어 있음을 알게 되었을 것이다.

나에게 회향茴香을 가져오고, 심벌즈를 울려라……나의 손에 내가 노래하는
디오니소스의 지팡이를 놓아라. 이웃한 파로스 섬에서 네 춤을 함께 출 상대
를 내게 데려오라. 내가 다양한 노래를 하프를 튕겨 연주하니, 다양한 모습으
로 변신하는 변화무쌍한 프로테우스를 데려오라……나의 신이 사자처럼 그
의 뻣뻣한 갈기를 흔들면, 나는 외치리. 유후!……

치리아코와는 대조적으로, 로렌초를 대리하는 그리스인 중개인 라스
카리스는 수도원들 내부로 들어갈 만반의 준비가 되어 있었다. 더군다나
술탄의 위임장으로 단단히 무장한 상태여서 보물 구경을 시켜달라고 구
걸할 필요가 전혀 없었다. 그는 메디치 도서관에 소장하기 위해서 피코
와 폴리치아노가 가장 원하는 필사본들로 구성된 목록을 가지고 왔다.
이쯤에서 다시 베네치아로 돌아가보자. 피코와 폴리치아노, 두 사람
은 섬과 섬을 오가며 그들만의 방랑 여행으로 바쁜 나날을 보내고 있었
다. 물 때문에 조각조각으로 갈라진 도시를 헤치고 다녀야 해서 배를 타
고 다니면서 새로운 발견을 이어갔다. 폴리치아노의 일기를 보면, 그가
피코와 함께 늦은 오후에 리도 섬에 있는 산 니콜로 수도원에서 대운하
카날 그란데로 돌아온 이야기를 적은 메모와 함께 비잔티움 시대의 이름

모를 누군가가 쓴 기록 조각들이 섞여 있다. 또한, 산타마리아 델라 카리타 수도원(오른편 첫 번째 선반)에서 필사본으로 발견된 페트라르카의 시 한 편도 기록되어 있다. 이외에도 페라라 공작의 집에서 본 것과 같은 종류의 시 운율에 관한 책 목록도 열거되어 있다. 그들은 이처럼 책을 찾아다니는 사이사이에 사람들을 방문하기도 하고 그들을 만나러 오는 사람들을 맞이하기도 했다. 그 가운데는 젊은 알두스 마누티우스도 있었다. 그는 얼마 후 피코와 친구들에 의해서 당대, 아니 어쩌면 시대를 불문하고 가장 위대한 인쇄업자로 불리게 되는 인물이다. 이 인물은 장차 위대한 도서관들이 소장하고 있던 박학다식한 내용들을 수많은 사람이 접할 수 있게 만든다. 그는 폴리치아노가 가장 아끼는 책들을 작은 크기의 문고판으로 내놓아, 이 책들이 삶의 지침서가 되어 전 세계로 퍼져나가게 만든다. 마누티우스가 인쇄한 책들은 쉽게 알아볼 수 있다. 특유의 붉은색 장정과 손바닥만 한 책 크기, 돌고래와 닻 모양의 로고가 특징이다. 그의 손을 거친 책들은 도서관 속 지식을 세상에 영향을 줄 수 있는 것으로 만들려는 르네상스 프로젝트의 열쇠와 같았다. 하지만 이번 여행에서 피코와 폴리치아노가 새로 알게 된 가장 매력적인 사람은 또다른 새로운 천재였다. 폴리치아노에 따르면, 그는 피코에 버금갈 정도로 자신이 감탄해 마지않는 인물이었다. 그 주인공은 바로 카산드라 페델레라는 이름의 젊은 여성이었다.5

이 시대의 뛰어난 지성을 갖춘 여성들 대부분이 그렇듯이, 오늘날 페델레와 그녀의 업적에 관해서 알려진 사실들은 주로 그녀와 동시대를 살았던 남성들의 말에 의존한다. 피코와 폴리치아노를 포함해서 그녀가 당대의 위대한 남성 유명인사들과 주고받은 편지들은 보존되었지만, 그녀의

CASSANDRA FIDELIS VENETA
LITERIS CLARISSIMA.

카산드라 페델레의 초상화.

작품은 대부분 사라졌기 때문이다. 그 가운데는 모든 것을 아우르는 지식의 구조에 관한 논문도 포함되었는데, 이 주제는 같은 시기에 폴리치아노가 연구하던 문제이기도 했다. 페델레는 베네치아의 평범한 가문 출신이었지만, 고대 언어를 배우면서 나이에 걸맞지 않게 어린 나이에 두각을 나타내며 명성을 얻었다. 그녀는 20대 초반이던 그 몇 년 전에 이미 피코와 폴리치아노에게 후견인이 되어달라며 편지를 보낸 적이 있었다. 그래서 두 사람은 베네치아에 머무는 동안 적절한 때에 그녀를 만나기로 약속을 잡았다. 페델레를 만난 다음 폴리치아노가 로렌초에게 보낸 편지를 보면, 그녀에게 넋이 나간 듯이 보인다. 페델레는 기적 그 자체입니다. 이탈리아어로나 라틴어로나 다 마찬가지입니다. 아주 겸손한 데다가 제 눈에는 아름답기까지 합니다. 너무 놀라워서 멍할 지경이랍니다. 폴리치아노는 페델레가 언젠가는 피렌체를 방문하리라고 장담하면서, 그녀가 메디치 가문에서 크게 성공할 것이라고 기대했다. 하지만 스페인의 페르난도 국왕과 이사벨 여왕도 페델레를 자신들의 궁전으로 데려오려고 로비를 벌이고 있었다. 이 시기에 그들은 스페인의 마지막 이슬람 근거지였던 그라나다를 외곽에서 포위하고 있었다. 또다른 전해지는 이야기에 따르면, 베네치아 총독이 **공국의 자랑**인 페델레를 베네치아 영토 밖으로 내보내는 것을 실제로 금지했다고 한다. 하지만 어린 페델레가 보여준 어마어마한 가능성은 결국 거의 실현되지 못했다. 이는 일종의 불가피한 비극이었다. 물론, 폴리치아노는 그녀와 계속해서 서신을 교환했다. 그러면서 과장된 표현으로 그녀를 칭찬하며 답장이 늦어진 이유가 그녀의 총명함에 말문이 막혔기 때문이라고 변명했다. 하지만 실상은 달랐다. 15세기 지성계에는 여성이 설 자리가 없었다. 모든 구조나 직책, 의례가 남성을 염두에 두고 만들어진 상태였다. 혼자 여행해야 하고, 공개적으로 재치를 보여주어야 하며, 후원에서 과음으로 이어지는 친밀한 모임에 참석해야 하는 등의 자격 요건 때문에 페델레를 비롯한 같은 처지의 여성들은 실제로 배제될 수밖에 없었다. 몇 년 후 30대 초반에 들어선 페델레는 결혼하고, 그후로 그녀의 위업에 대한 기록은 거론되지 않는다.[6]

페델레의 저술은 거의 모두 사라졌지만, 그녀가 쓴 편지들은 한 세기 반이 지난 후 수집되어 출판되었다. 그녀의 예리한 지성을 어느 정도 파악할 수 있는 이 편지들을 보면, 그녀가 피코와 폴리치아노를 매료했던 문제를 이해하고 공개적으로 이것을 거론한 얼마 되지 않는 사람 중 한 명임을 알 수 있다. 다시 말해, 페델레 역시 밀턴이 저항할 수 없는 능변이라고 불렀던 것, 즉 굴하지 않을 수 없을 정도로 강력한 말의 힘에 주목하고 있었다. 그녀가 스페인의 이사벨 여왕을 대신해서 자신을 채용하려고 했던 파도바 대학교의 한 저명한 학자에게 보낸 서한을 살펴보자. 페델레는 그의 설득력을 칭찬하며 이렇게 말한다. 달콤한 말의 힘이 (세상에나!) 어찌나 대단한지, 하기 어려워 보였던 것도 쉬워 보이게 할 정도네요. 하지만 동시대 남성들과는 달리, 그녀는 문제를 사소한 수준에 머물게 두지 않고 논리에 따라 사고를 이어간다. 강력한 말로 선한 생각을 전달할 때 인간의 의지가 이 선한 생각을 거부할 수 있을까요? 인간의 의지가 강력한 말에 굴하게 된다면, 의지는 선뿐만 아니라 악도 선택하도록 인도될 수 있지요. 제 생각에 누구도 감히 이렇게 단언하려고 하지 않겠지만요. 만약 이것이 불가능하다면, 누가 자유의지를 부인할 수 있을까요? 젊은 천재 페델레는 이렇듯이 의례적으로 칭찬을 주고받는 편지 내용 가운데에 유일하게 중요한 문제 하나를 끼워넣고 이례적으로 분명하게 언급한다. 헤라클레스 오그미오스의 혀에 황금 사슬로 묶인 사람들처럼, 강력한 말의 운율과 하모니 때문에 듣는 사람이 선이나 악으로 인도될 수 있다면, 죄의 의미는 무엇이며 자유의지의 의미는 무엇인가? 사악한 행위나 덕망 있는 행위가 개인의 특정한 선택이 아니라면, 칭찬이나 비난은 아무 의미가 없다. 청자를 화자와 따로 분리된 개체로 여기는 것이 거의 타당하지 않기 때문이다. 페델레는 경의를 표하면서도 도발적이기도 한 말로 편지를 끝맺는다. 미지의 것을 탐색하고 학자들로부터 그것을 교육받는 일이 아름다운 것이라면, 저는 교수님에게 교육받으면 행복하겠습니다. 우리가 아는 한, 그녀는 자유의지에 관한 질문의 답을 받지 못했다. 하지만 이 문제는 장차 점점 더 긴장을 야기하는 문제가 된다.7

아토스 산의 기슭에 자리한 라브라 대수도원에서, 야누스 라스카리스는 이런 힘에 관한 역사상 가장 위대한 글이 실린 필사본을 손에 넣었다. 향후 유럽 철학계의 중추가 되는 필사본이었다. 그런데 라스카리스가 로렌초의 도서관에 소장하기 위해 모은 200권 남짓한 서적들 가운데 이 필사본을 각별히 여겼다고 믿을 만한 이유는 없다. 반면, 피코에게는 각별한 필사본이었다고 믿을 근거가 있다. 현재 파리에 소장되어 있는, 평범한 그리스 문자로 적힌 특별할 것 없는 이 필사본에 피코 특유의 독서 표시가 여기저기 남아 있기 때문이다. 특별한 관심을 불러일으키는 대목이 나오면 그 옆의 여백에 뚜렷이 그려둔 쌍소행성 표식 말이다. 문제의 필사본은 한때 플로티노스의 제자로 알려졌던 디오니시우스 롱기누스라는 고대 그리스 작가의 『페리 힙소스*Peri Hypsos*』였다. 훗날 『숭고함에 관하여*De sublimitate*』라는 논문으로 알려진 이 책에서 롱기누스는 다름 아닌 청중의 혼을 빼놓는 연설에 필요한 실용적인 지침을 제공했다. 청중을 홀려서 화자의 통제 아래 두는 방법을 단계별로 설명하는 일종의 안내서였던 셈이다. 저자는 이것이 녹록한 과제가 아니며, 주문을 거는 것들보다 주문을 깨는 것들을 지적하기가 더 쉽다고 인정한다. 즉, (피코가 밑줄 친 표현을 빌리자면) 단순한 설득을 초월하는 연설을 가능하게 하는 법을 찾기란 만만치 않다는 뜻이다. 그래도 롱기누스는 노력하기로 다짐한다. 무엇이 되었든, 호메로스의 이야기 속 타이탄들이 하늘과 모든 신들에게 도전하겠다고 위협하는 장면에서 청중이 전율하는 이유를 찾아내거나 뽑아내기로 결심한다. 타이탄들은 천상의 올림포스 산으로 가는 길을 만들기 위해서 낙엽이 흩뿌려진 펠리온 산 위에 오사 산을 쌓았다. 그냥 살기만 했어도 천상으로 갈 수 있었을 텐데 말이다. 롱기누스는 이런 효과는 말에만 있는 것이 아니라고 주장한다. 장소와 화법, 환경, 동기에 따라 좌우될 뿐만 아니라, 하나의 발상이나 이미지를 다른 발상이나 이미지 위에 쌓는 것과도 모종의 관계가 있다고 주장한다. 타이탄들이 천상으로 가는 사다리를 세웠던 것처럼 말이다. 이를 위해서 동원되는 방식이 수사학적 질문이다. 수사학적 질문을 연이어 묻고 답하면서, 듣는 사람에게 멈추고 생각할 시간을 주지 않는 것이다. 숨 돌릴 시간을 주지 않는 것이다. (다음은 피코가 표시해둔 부분이다) 계속해서 몰려오는 열정은 앞에 있는 모든 것을 휩쓸어버리는 특징이 있기 때문이다. 이런 열정은 청자에게 비유의 개수가 몇 개인지 한가로이 음미할 틈을 허락하지 않는다. 청자는 화자의 열성에 넋을 잃는다. 내용이 최고조에 달하는 부분은 피코가 특유의 유성 표시로 길게 표시해둔 긴 대목에 나온다. 여기에서 롱기누스는 독자들에게 이야기한다. 이런 화법은 말을 조화롭게 만드는 일종의 배합 방식이다. 이런 화법은 태어나면서부터 인간의 내면에 각인되어 있어서, 인간이 말을 들을 때뿐만 아니라 인간의 영혼에도 영향을 준다. 나는 이런 화법이 말과 생각, 행동, 아름다움, 선율 등 원래 태어날 때부터 우리 안에 있는 모든 것의 다양한 패턴을 끌어낸다고 믿는다. 나아가 이것은 수많은 음색을 섞는 방법으로 구경꾼들의 가슴에 화자의 감정을 불어넣어 틀림없이 그들도 이를 공유하게 만든다. 롱기누스에 따르면, 언제였건 우리 모두가 경험한 적 있는 무엇인가의 존재 여부를 논한다는 것은 미친 짓이다. 이런 방법으로 그런 화법이 우리에게 주문을 걸어 우리의 생각이 장엄하고 위엄있고 숭고한 것을 향하도록 이끈다는 것을 믿지 못하겠는가? 그리고 우리의 생각을 그런 화법이 아우르는 또다른 잠재력들을 향하게 해서 우리의 마음을 완전히 지배한다는 것도 믿지 못하겠는가? 카산드라 페델레의 글에서와 마찬가지로 롱기누스의 글에서도, 숭고한 말이 지닌 다른 잠재력들이라는 문제는 결론 없는 상태로 남아 있다. 그것이 미칠 영향을 상상할 수조차 없기 때문이다. 고귀한 생각과 고결한 의도를 지닌 사람들만 이런 영향력을 발휘할 수 있다는 보장이 없다면, 찻잔에 난 금이 벌어져 찻잔이 깨지는 우려스러운 방향으로 이어지기 때문이다.[8]

　서양 철학사에서는 『숭고함에 관하여』를 재발견한 사건을 근대 사상사의 중추적인 순간으로 보는 것이 중론이다. 때마침 유럽 지성인들 사이에서는 종교적 신념이 마치 썰물처럼 천천히 빠져나가고 있었다. 바로 그런 시기에 이 논문은 이런 황홀한 감정을 이해할 비신학적 수단을 제공했다. 이런 감정이 인간 경험에 중심이라는 데에는 의문의 여지가 없었지만, 이를 이성적으로 설명하기는 어려워 보였다. 18세기 후반 이후로, 숭고함이라는 경험을 통해서 우리는 실제로 세상에 대한 우리의 견해가 더 큰 틀—형이상학적 영역—과 연결되어 있다는 확신을 얻고 안심했다.

그렇다고 이 영역을 초자연적 존재들이 살거나 신의 계시나 신비주의로 접근하는 곳으로 여긴 것은 아니다. 그 대신, 낭만주의자들은 시선을 사로잡는 장엄한 자연 세계와의 만남을 선택했다. 몇몇 민감한 개인—**천재성**genius(이제 지니genie는 따라다니는 정령에서 일종의 정신적 특징으로 변했다)을 지닌 사람들—이 나머지 인류와 형언할 수 없는 장엄한 저 너머를 연결해주는 전달자 역할을 한다는 증거로 삼은 것이다.

롱기누스의 논문은 이처럼 비범했지만, 신기하게도 그 파급 효과는 천천히 나타났다. 그뿐만 아니라, 논문의 주장이 퍼지지 않도록 억제하려는 움직임도 일었다. 그 결과 라스카리스의 여행 이후 반세기가 지나서야 첫 번째 인쇄판이 출판되었고, 그후로 다시 1세기가 지나서야 프랑스어 번역본이 나오면서 주류에 진입하게 되었다. 그리고 다시 1세기가 지난 다음, 낭만주의 사상의 중심이 되었다. 이 시기를 거치는 동안, 숭고함은 계몽주의와 합리주의에 유용한 균형추가 되었다. 비이성적으로 보이는 충동을 설명하고, 인간의 활동을 현세 너머의 무엇인가와 다시 연결할 수 있게 도왔다. 반면, 잃은 것도 있었다. 피코와 그의 동시대인들은 숭고함이 역사의 기억에서 거의 사라진 많은 도구 가운데 하나라고 인식했다. 그들은 이런 도구들에 인간 존재의 새로운 요소들을 드러내고, 상상할 수 있는 것 너머에 대한 진실을 밝힐 잠재력이 있다고 여겼다. 그런데 이런 인식이 사라진 것이다. 롱기누스의 이 문헌은 보통 아리스토텔레스의 『자연학적인 문제들』과 짝을 이루어 필사본 형태로 남아 있었다. 이것으로 보아, 이 문헌은 대부분의 시간 동안 물리적 효과를 촉진하는 실용적인 안내서로 여겨졌음을 알 수 있다. 하지만 이 문헌에는 말의 특정한 운율과 소리, 박자, 패턴으로 이런 현상을 야기할 수 있다는 의미가 항상 함축되어 있었다. 유럽 문화 안에서 숭고함의 중요성이 커지면서, 이런 흔한 경험으로부터 추정되는 것을 피하고 싶다는 일반적인 충동이 생긴 것으로 보인다. 또한, 숭고함은 오로지 선한 것, 덕망 높은 것, 성스러운 것에만 연결된 것이 틀림없다고 믿고 싶다는 충동도 생긴 것 같다. 대개 입 밖으로 꺼내지는 않지만, 이를 뒷받침하는 주된 논거는 이와 다른 결론은 그 영향이 워낙 어마어마하고 파괴적이라서 그야말로 상상할 수 없다는 것이다. 이런 낭떠러지의 반대편에서는 유럽 사상을 떠받치던 중심 기둥들이 모두 서서히 사라지고 있었다. 그 기둥들이란, 스스로 결정하고 그 결과를 직면할 수 있는 의미 있는 개체로서 개인이 존재하며, 각자 순서가 되면 심판을 받는 사후 세계가 존재한다는 것이었다.

로렌초의 도서관에 소장할 200여 권의 필사본을 구한 라스카리스는 아토스 산을 떠나 크레타 섬과 아풀리아를 거쳐 피렌체로 돌아왔다. 하지만 이렇게 구한 책들을 그의 고객에게 보여줄 기회는 영원히 얻지 못했다. 그가 없었던 동안 위대한 자Il Magnifico로 불렸던 로렌초 데 메디치에게 죽음이 찾아왔기 때문이다. 그는 코레조의 별장에서 병상에 누워 위장 통증으로 괴로워하면서도 비탄에 빠진 폴리치아노에게 피코를 데려올 수 있냐고 물었다. 폴리치아노는 피코가 피렌체에 있으며, 다만 성가시게 하지 않으려고 방문하지 않은 것뿐이라고 그를 안심시켰다. 하지만 로렌초는—별장까지 오기가 너무 힘들지 않다면—지체하지 말고 피코를 소환해달라고 부탁했다. 폴리치아노는 피코가 로렌초의 침대 머리맡에 앉아서 대화를 나눈 장면을 이렇게 묘사했다. 로렌초는 소중한 친구를 마지막으로 볼 수 있어서 편하게 떠날 수 있겠다고 말한 다음, 다정다감하게 피코에게 농담을 던졌다. 자네의 도서관을 온전히 완성하는 날까지 죽음을 미룰 수 있다면 좋았을 텐데. 폴리치아노에 따르면, 마치 방 안에 있던 다른 모든 사람이 죽음을 앞두고 있고 로렌초만 건강한 것 같았다고 한다. 1492년 4월 8일, 로렌초가 세상을 떠나면서 도서관 건설이 중단되었다. 거물다운 위상에 걸맞게 의사가 보석 가루를 그에게 복용하게 해서 그의 죽음을 재촉했다는 소문이 돌았다. 슬픔을 표현하기 위해서 토스카나에서는 마치 지진과 같은 이 엄청난 사건을 상징하듯이 불가사의한 일들이 일어났다는 기록이 남아 있다. 먼저, 그가 눈을 감던 그 순간에 밝은 별 하나가 떨어졌다. 피렌체의 스카이라인을 장식하는 브루넬레스키의 돔에 번개가 떨어져 (목격자에 따르면) **마치 석류처럼** 천창을 열고, 둥근 지붕의 대리석을 산산조각 내고, 메디치 가문의 문장 속 황금 구슬 가운데 하나를 강타했다. 이는 맑은 하늘에 날벼락처럼 떨어진 번개라서 더더욱 불가사의한 일이었다. 반면 폭풍이 치던 날씨였다고 기억하는 사람들도 있었다. 피에솔레에 있는 메디치 가문의 무덤 위로 빛이 내려오는 것을 목격했다는 이야기도 있었다. 아레초에 있는 성 위로 빛이 나타나면서 암늑대의 울음소리가 들렸다고도 했다. 피렌체 동물원에 있던 사자 한 쌍이 서로를 공격하며 싸웠다는 이야기도 있다. 용의자로 지목된 의사는 스스로 목숨을 끊었다. 기를란다요의 프레스코화 속에서 로렌초와 그의 친구들이 내려다보고 있는 산타 마리아 노벨라 성당에서는 신자들 가운데 한 여성이 일어서서 무엇인가에 홀린 듯이 광란에 빠져 성당을 가로지르며 목놓아 외쳤다. 이것 봐요! 이것 좀 봐! 시민 여러분! 당신들 눈에는 성난 황소가 불타는 뿔로 이 거대한 성전을 무너뜨리는 것이 안 보여요?9

폴리치아노의 친구 중 한 명은 로렌초의 죽음을 산에 쌓인 눈이 녹는 것에 비유했다. 조용히 녹아내린 눈이 아래쪽 계곡에 사는 사람들에게는 홍수가 되는 법이라고 말이다. 피코가 떠난 직후 로렌초의 병상을 찾은 한 남성이 바로 피렌체를 덮치는 홍수가 되었다. 그 주인공은 바로 지롤라모 사보나롤라. 그는 죽음을 앞둔 로렌초에게 떳떳하게 살라고 말한 뒤, 축복의 말도 남기지 않은 채 뒤돌아 떠나버렸다.

# 14

# 전율

온 피렌체가 설교에 미쳐 있었다. 얼마 지나지 않아, 산 마르코 수도원은 사보나롤라의 강론을 들으려는 군중을 다 수용할 수 없을 지경이 되었다. 결국 그는 강론 무대를 대성당으로 옮겨야만 했다. 기록에 따르면, 매일 아침 그의 설교를 듣기 위해서 이곳에 1만5,000명이 운집했다고 한다. 다른 사람들과 함께 사보나롤라의 강론을 들었던 마키아벨리는 몇 십 년 후 경이로워하면서 이때의 일을 묘사했다. 피렌체 사람들은 그가 하느님과 이야기한다고 확신했다. 아무런 비범한 일도 보여주지 않았는데도 무수히 많은 사람이 그를 믿었다. 다양한 천사상을 지나 두오모로 들어선 시민들cittadini은 그의 말 한마디 한마디에 움찔하며 동요했다. 잠시 여기에서 기도에 관한 사보나롤라의 강론을 엿보도록 하자. 가치 있는 선행을 하는 것은 피조물의 능력 밖의 일입니다. 이는 자애와 은총 없이는 불가능하며, 그러면 구원의 희망도 없습니다. 그러니 모든 사람은 장엄한 하느님 앞에 완전히 몸을 던져 엎드려야 합니다. 땅바닥에 바싹 엎드려 청해야 합니다. 진심으로 그분을 사랑하는 모든 이에게 임하는 형언할 수 없는 축복만 청할 것이 아니라, 그 축복을 받을 수 있게 은총을 내려주시기를 간청해야 합니다. 우리는 하느님의 자비 없이 얼마나 위험한지 잘 아는 만큼, 그 자비의 문을 더 두드려야 합니다. 특히 지금 우리 눈앞에는 위험한 시대가 펼쳐지고 땅 위에는 변절자들이 늘어만 가고 있습니다. 이런 슬픈 이야기를 하면 하느님의 영광을 열망하는 남녀노소의 순수한 눈에서 쓰라린 눈물이 흘러내려 얼굴은 온통 눈물범벅이 됩니다. 온 세상이 거꾸로 돌아가서 엉망처럼 보이고, 이제는 살아 있는 진정한 공덕의 빛이 모두 꺼져버렸습니다. 그리스도의 교회 안에는 죄악 아니면 겉치레뿐인 거룩함만 있을 따름입니다. 그렇기 때문에 그리스도의 자비로우신 성모님, 어머니와 아드님에게 필요하다면 계속해서 눈물과 한숨으로 호소하며 기도해야 합니다. 우리 자신의 구원과 다른 사람들의 구원을 위해서 다정하신 구원자 예수 그리스도의 문을 계속해서 두드려야 합니다. 특히나 이처럼 앞이 보이지 않고, 비참하고, 불순하고, 답답하고, 진이 빠진 상태에서는 더 그래야 합니다. 우리의 신앙이 더 많이 소진되어 완전히 죽어버린 데다가 땅 위에는 불경함이 가득한 만큼 더 기도해야 할 필요가 있습니다. 오, 그리스도의 신부이자 우리 어머니인 교회가 이처럼 비참하고 슬픈 상태에 놓여 있습니다. 다정한 남편이 흘리신 피를 기억하지 못한 채, 마치 제정신이 아닌 듯이 보물과 같은 그리스도의 피를 소중하게 여기지 않고 있습니다. 오, 이런 죄악의 가장 위험한 시대에 우리가 태어나다니, 이런 세상에서 우리 대부분이 구원을 확신하지 못합니다. 이제 선행이 죄악으로 여겨지고, 죄악이 선행으로 여겨지는 세상이니까요.[1]

몇 년 후 사보나롤라의 연설이 지닌 힘을 부인할 수 있는 사람은 거의 없게 되었다. 이 설교가 탓에 피렌체는 지나친 영적 황홀경에 빠졌다. '그 수도자'로 불리던 사보나롤라는 도시 전체를 위해서 용서를 빌 정도로 막대한 영향력을 행사하는 위치에 올랐다. 그러자 피치노는 추기경단에 서한을 보냈다. 그는 이 위선자들의 우두머리가 인간이라기보다 악마에 가까운 혼령에 이끌려 우리를 꾀어내기 위해서 덫만 놓은 것이 아니라 우리의 생명력까지 갉아먹었다고 주장했다. 피치노에 따르면, 이 흡혈귀 같은 청중 장악의 도구는 얼굴과 목소리, 연설이었다. 대체로 연설은 열변을 토하면서도 전광석화처럼 빨라서, 듣는 사람들은 자발적으로 설득되기보다는 난폭하게 납득당했다. 그는 한창 논쟁을 벌이는 중간에 갑자기 소리치거나 흥분해서 고함을 치기도 했다. 넋이 빠진 모습이 꼭 악마가 들렸거나, 시인들이 즐겨 사용하는 표현을 빌리자면, 분노의 여신에게 홀린 듯이 보였다. 교황 역시 사보나롤라의 글을 보고 그가 어떤 유형인지 즉각 알아챘다고 전해진다. 사보나롤라는 자신의 목소리에 신비한 영향력이 있다고 자랑했다. (그의 주장에 따르면) 무엇보다도 피코가 그의 목소리를 듣고 머리카락이 쭈뼛 섰을 정도였다. 소설가 조지 엘리엇은 고생 끝에 그녀의 소설 『로몰라Romola』에서 사보나롤라가 활약하던 피렌체를 재창조해냈다. 소설 속 여주인공 로몰라는 사보나롤라의 목소리를 듣고 두근두근 설렌다. 그녀는 미묘하고 신비한 영향력을 지닌 한 인물의 명령을 부들부들 떨면서 따른다. 동료들을 움직이는 이런 영향력은 드물게 몇 사람에게만 주어지는 것이다. 사보나롤라가 피렌체에서 발휘한 영향력이 어느 정도였는지는 그를 제지하기 위해서 동원된 방법을 보면 잘 알 수 있다. 사보나롤라의 영향력이 최고조에 달했을 때의 일이다. 그에게 반대하는 한 무리가 다음 날 그의 설교가 예정되어 있던 성당에 침입해서 설교단에 인분을 바르고, 독서대 뒷면에

설교하는 사보나롤라의 모습, 사보나롤라의 『계시론 *Compendio di Rivelazione*』(1495)에서.

못을 박아 뚫고 나오게 만든 다음, 그 위에 썩은 당나귀 가죽을 덮어 놓는 일이 발생했다. 매우 폭력적이라는 점, 모욕적인 재료가 사용되었다는 점, 피렌체에서 가장 큰 성전의 심장부에서 일어났다는 점에서 이 행위는 그 수도자의 말이 급속히 퍼지고 스며드는 것을 막기 위해서 기획된 일종의 자해 행위였다. 사보나롤라는 피렌체 사람들을 가지고 놀면서, 그들이 부인할 수 없는 거짓을 말하는 방법으로 자신의 힘을 과시했다. 그는 자신, 불쌍한 자신에게는 말재주가 없다고 주장했다. 마음이 아니라 귀에 울림을 주는 평범한 말재주는 최소한 없다고 했다. 그는 심지어 운과 음보의 힘을 부정하는 논문까지 썼다. 그러면서도 로저 베이컨이 사보나롤라의 말속에 있는 **숨겨진 비밀 노래**cantus occultior라고 불렀던 것을

사용해서 피렌체 사람들을 거짓으로 속였다.[2]

피코와 폴리치아노는 사보나롤라에 대해서 만반의 대비를 했어야 했다. 실제로 두 사람은 많은 의미에서 그에게 갈 준비를 했다. 폴리치아노의 『잡록』 제1권에서는 페이토Peitho 또는 수아델라Suadela라고 불리는 설득의 여신이 언급된다. 이 여신은 아테네의 페리클레스 같은 위대한 연설가의 입술 위에 앉아서, 듣는 사람의 마음에 자극을 남긴다고 알려져 있다. 유럽인들은 얼마 후 이와 유사한 것을 만나게 된다. 아즈텍 통치자들이 착용한 **황금 독수리 모양의 입술 피어싱 장신구 테오쿠이틀라쿠아텐테투**teocuitlaquauhtentetl는 말을 통해서 생명력tonalli을(또는 생각을/역주) 전달해서 다른 사람들에게 영향력을 발휘하는 능력을 상징한다. 이런 경험은 그들의 필사본에도 표현되어 있는데, 말하는 사람에게서 말이 촉수처럼 나와서 듣는 사람에게 도달하는 모습으로 그려져 있다. 마음속에 자극이 남는다는 발상은 미늘이나 침, 갈고리의 형상으로 그려지기도 했다. 헤라클레스 오그미오스가 군중을 끌고 가는 모습처럼 말이다. 이런 발상은 그런 목소리에서 느껴지는 예리하고 저항할 수 없는 느낌을 어떻게든 설명해보려고 하는 사람들의 표현에서도 널리 드러난다. 가령, 미켈란젤로는 수십 년이 지난 후 그의 전기작가에게 사보나롤라의 생생한 목소리가 그의 마음속에 콕 박혀서 남아 있다고 표현했다. 사실, 당대의 가장 중요한 마법서 『피카트릭스』의 제목 역시 **물다**라는 뜻의 동사 피카picar에서 파생된 것으로 여겨진다. 여기에서는 자연히 말에 물리면 독이 남는다는 생각이 연상된다. 이런 힘은—사이카고고스psychagogos나 플렉사니마flexanima('영혼 조종하기')라고도 부르는데—워낙 강력하다고 알려져서 초기 법전에는 이런 힘의 행사를 규제하는 구절이 대부분 포함되어

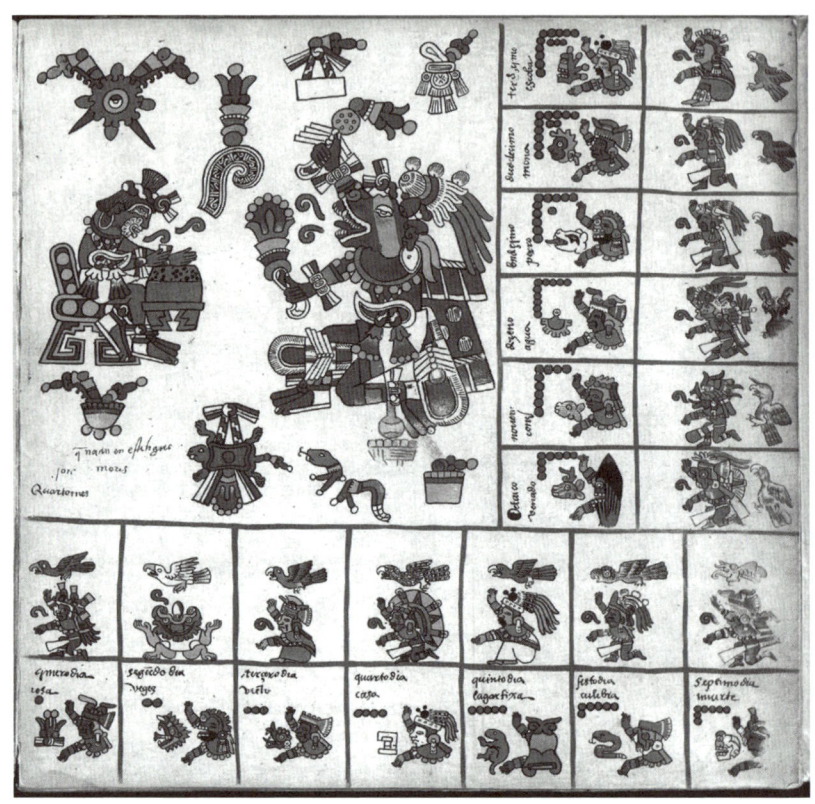

믹스텍 문명의 『코덱스 시우아코아틀*Codex Cihuacoatl*』의 일부, 아주 강력한 말의 힘을 나타내는 말 소용돌이를 보여주는 그림.

있을 정도였다. 가령, 로마법의 12표법 가운데 한 구절에는 **마법의 주문을 걸거나⋯⋯적개심을 품은 채 노래를 부르거나⋯⋯노래를 작곡하는 자**에게 취할 조치들이 규정되어 있었다. 예언자 무함마드는 자신 외에는 시적 목소리를 내지 못하도록 조처했다. 시적 목소리가 정령들jinn이 세상에 영향력을 행사하는 수단이 된다고 간주했기 때문이다.3

사보나롤라를 피렌체로 데려오는 데에 피코가 혁혁한 역할을 한 것은 맞다. 그럼에도 전체적으로 보면 그 수도자가 지배적 위치에 있는 동안 두 사람은 양가적 관계에 있었다. 이 시기에 피코는 자신의 부동산을 실제 가치보다 훨씬 낮은 가격으로 조카에게 양도했다. 심지어 자신을 위해서는 작은 살림살이만 남기고 재산 대부분을 어려운 사람들에게 나누어주었다. 게다가 그의 조카에 따르면, 피코가 제아무리 고요하고 천사 같아도, 삼촌의 몸에는 채찍 자국이 보였다고 한다. 하지만 피코가 일찍이 폴리치아노와 노닥거렸던 사실을 고려하면, 피코에게 성적인 채찍질이 육체적 금욕으로 바뀐 시점이 언제인지 딱 잘라 말하기는 힘들 듯하다. 마침내 피코는 신임 교황 알렉산드로 6세로부터 그의 두드러진 위법 행위를 용서받는다. 하지만 이것은 피코가 개과천선했다는 증거라기보다는 바티칸에서 메디치 가문의 영향력이 부활한 것으로 보는 편이 더 맞다. 또한, 피코의 말년에 대해서 우리가 아는 내용이 좀 복잡한 이유는 그의 조카가 삼촌의 이런 급격한 행동 변화의 유일한 목격자인데, 그를 신뢰할 수 있을지 매우 의문스럽다는 데에서 기인한다. 피코 사후 몇 년간 그가 만들고자 했던 피코의 이미지를 생각하면 고개를 갸우뚱하게 된다. 그는 피코를 질풍노도의 불경한 청년기를 보낸 후, 자신의 오류를 깨닫고 여생을 성스럽게 살다가 생을 마감한 탕아의 모습으로 그렸다. 이런 전략의 일환으로, 피코의 문제 많고 이상한 작품들이 거의 모두 뒤로 밀려났고, 대단히 많은 작품이 다 함께 폐기되었을 수도 있다. 전면에 배치된 것은 이 앙팡 테리블을 아주 다르게 조명하는 경건한 내용의 편지와 시 일부였다. 하지만 이 시기에도 피코는 같은 길을 가고 있었다는 증거가 있다. 그는 늘 그러했듯이 독서에 탐닉하기 위해서 독실한 조카가 보낸 편지들을 무시했다. 로렌초가 세상을 떠난 뒤 몇 달 후, 그가 쓴 편지에는 그가 20일 동안 밤낮으로 몇몇 히브리 서적에 파묻혀 지냈다고 적혀 있다. 이 책들은 미트리다테스를 대신해서 이해하기 힘든 진리에 대한 그의 허기를 채워줄 사람으로 그가 찾아낸 또다른 유대계 시칠리아인이 그에게 보내준 것들이었다.4

더 중요한 사실은 피코가 한 번도 사보나롤라의 확고부동한 추종자가 된 적은 없는 듯하다는 점이다. 사보나롤라의 신봉자들은 자기 자신을 완전히 저버리고 울부짖었다고 해서 '통곡파piagnoni'(사보나롤라의 설교에 감명받아 통곡하는 사람들을 일컫는 말/역주)라고 불렸다. 피코의 조카 잔프란체스코와 그와 가장 친한 친구인 지롤라모 베니비에니는 통곡파였던 것이 분명하다. 그러나 피코는 도미니코회에 입회할 것을 촉구하는 사보나롤라의 제안에 못 들은 척 귀를 닫았다. 사보나롤라는 자신의 입맛에 맞게 피코의 천재성을 왜곡하려고 했지만, 이런 애착이 상호적이었다는 증거는 거의 없다. 사보나롤라는 피코가 자신을 믿을 만한 친구로 생각해서 자신에게 도미니코회에 입회하고 싶다고 고백했다고 주장했다. 하지만 그 수도자는 피코가 부정도 긍정도 할 수 없는 피코 사후에야 이런 주장을 했다. 피코의 저술 가운데 남아 있는 상당수가 사보나롤라의 손을 거쳐 필사되거나 주석이 달렸다. 그 수도자는 피코의 저술 가운데 특히 『점성술 비판Disputationes adversus astrologiam divinatricem』에 관심을 가졌던 것 같다. 사보나롤라를 둘러싸고 거짓 예언자이며 점성술 마법으로 예측한다는 비난이 있었는데, 피코의 글을 이용해서 이런 비난을 잠재우고자 한 것이다. 이 책에 담긴 피코의 주장은 그가 예전에 다양한 형태로 설명했던 우주관을 확장한 것으로, 우주는 다층 현실로 이루어져 있으며, 각 단계에 있는 것들 사이에는 등식이 성립하지 않는다는 내용이다.

덕분에 특정한 초월적 환경이 조성되면, 사슬의 상층에서 그것과 대응하는 것들로 변할 수 있다고 했다. 하지만 피코는 이런 변환이 반대 방향으로도 작동한다고 믿지는 않았다. 천상계의 힘은 그 영향력이 물리 세계에 있는 모든 물질에 스며들면 혼탁해지기 때문이다. 이는 완벽한 천체의 운동을 보고 유추해서 이 타락한 지상에 무슨 일이 일어나는지 구체적으로 예측하는 것이 불가능하다는 의미이다. 이렇게 되면 점성술사들은 사기꾼에 불과해진다. 이런 피코의 주장은 후대에 그의 가장 큰 업적으로 평가받게 된다. 인간이 더는 자신의 인생 경로가 천체에 의해서 결정된다고 생각해서는 안 된다는 이런 통찰이 자기 결정권과 자유의지의 가능성을 열어주었기 때문이다. 사보나롤라가 이런 피코의 주장에 무임승차한 이유는 두 가지인 것 같다. 먼저, 피렌체에 돌던 자신에 관한 소문을 잠재우기 위해서였다. 별을 읽었더니 그 시기에 거짓 예언자가 부상하고 심지어 사보나롤라가 이단 성향을 드러낸다고 나왔다는 소문이 돌고 있었기 때문이다. 이와 동시에, 사보나롤라는 점성술에 대한 피코의 반박이 자신의 예측이 틀림없이 맞음을 증명한다고 주장했다. 사건들이 자신의 예측을 뒷받침하기 때문에, 이는 정확한 예측일 뿐만 아니라 하느님에게서 영감받은 예언임이 입증된다는 주장이었다.[5]

피코의 마지막 역작과 사보나롤라가 피렌체인들을 인도하던 길 사이에도 마찬가지로 불편한 관계가 존재한다. 피코는 말년에도 여전했다. 여전히 그의 통일장 이론과 씨름하고, 여전히 플라톤과 아리스토텔레스를 융화하려고 했다. 그러면서 이들 두 학파 사이의 주요 난제를 푸는 데에 몰두했다. 무엇이 먼저냐, (그리스도교에서 하느님과 동일시하는) 일자―者(또는 하나/역주)냐 아니면 존재 그 자체냐 하는 문제에 집중했다. 이런 질문을 접하면 공허하거나 무의미하다고 느낄 사람이 아마도 많을 것이다. 하지만 만물은 필연적으로 무엇이든 먼저인 것을 뒤따르는 법이기 때문에, 이것이야말로 핵심 쟁점이었다. 만약 존재의 원리, 즉 존재하는 만물이 공유하는 본질이 먼저라면, 그것이 하느님보다 우월한 셈이 된다. 그 원리는 하느님 없이도 존재할 수 있지만, 반대로 그것 없이는 하느님이 존재할 수 없기 때문이다. 다른 한편으로, 만약 하느님이 먼저라면, 어떤 방식으로 하느님이 존재 이전에 존재했다고 할 수 있을지는 그리 뚜렷하지 않다. 피코는 이 문제를 『존재와 일자에 관하여De ente et uno』라는 논문에서 다루었다. 그의 말에 따르면, 피코가 청년 시절에 뛰어든 위대한 과제의 완결판 격인 이 논문은 폴리치아노의 재촉으로 작성한 것이라고 한다. 피코가 제시한 해답은 손에 잘 잡히지 않는다는 것이 특징이다. 그는 일자가 다른 것들과 같은 의미에서 존재하지 않는다고 주장한다. 일자는 그 자체가 존재의 원리이다. 반면 다른 모든 것의 경우, '존재'는 그것들이 소유한다고 보는 본래의 성질이다. 이것을 다른 특성들과 비교해서 생각해보면 좋다. 우리는 '흼'이라는 개념을 그 자체가 희다고 이해하지 않는다. '높음' 역시 그 자체를 다른 개념들보다 높다고 이해하지 않는다. 이와 마찬가지로, 일자는 존재라는 바로 그 개념으로서 존재하는 것이 아니다. 피코는 이를 생각할 또다른 방식도 제안한다. 하나라는 수를 중심으로 이와 관련해서 생각하는 방법이다. 다른 모든 수는 하나가 여럿이 됨으로써 존재하지만, 하나 그 자체(수학에서 말하는 '1이라는 수')는 이런 관계에 기대지 않는다. 1이라는 수는 나머지 체계의 바탕을 이루는 원리이다. 여기에서는 피코의 수에 대한 언급이 효과적인 설명으로 들린다. 이에 따르면 우리가 다시 파르메니데스와 고대 엘레아 철학의 논리-역설 영역으로 돌아와 있음을 알 수 있다. 이에 따르면, 만물은 붕괴하여 어지럽고 구별되지 않는 하나됨으로 되돌아갈 조짐을 보인다. 이런 하나됨의 상태에서는 구별이나 차이도 없고, 그 어떤 안정적인 개별 개체도 확인되지 않는다.[6]

　논문 말미에서 피코는 원질료—즉, 특정한 무엇인가가 되는 성질을 받아들이기 전, 물질의 가장 기본 상태에 있는 원물질—문제로 이 문제에 다시 접근한다. 여기에서 관건은 이것이 하나가 아니라면, 저것이 본래의 1이 아니라면, 어느 것이 만물을 아우르고 통합한다고 어떻게 말할 수 있느냐는 데에 있다. 이 문제에 피코는 이렇게 답한다. 원질료는 무한히 나누어질 수 있기 때문에 무수히 많다. 무수히 많음에는 일자의 성질이 없다. 무수히 많음에는 한계의 성질이 없기 때문이다. 이 말인즉슨, 물질에는 경계를 둘 수 없기 때문에 물질을 하나의 단일한 것이라고 주장할 수 없다는 뜻이다. 하지만 물질은 무한히 나누어질 수 있고 나누면 만물이 파괴되기 때문에, 우주에는 물질의 체계 밖에 서서 만물의 존재를 보장할 존재의 원리로서 하느님이나 일자가 필요한 것도 사실이다. 그렇다면 하느님은 완전히 구별되지 않는 상태에 있을 운명, 즉 서로 경계를 알수 없는 진창 안에 존재할 어지러운 운명으로부터 우리를 구해준다고 보아야 한다. 피코는 대가답게 기교를 발휘한다. 더는 의미가 중요하지 않은 심연으로 빠지는 구멍의 가장자리에 서서 그 위로 몸을 기울인 채, 수렁에서 다시 올라오고 싶어하는 사람들을 위해서 탈출용 사다리를 남겨두는 것이다. 여기에서 하느님은 개별 대상들이 존재하고 그들의 작용이 중요한 세상의 필연적인 보증인이며, 단일하고 독립적인 존재의 최고 표준이다. 이런 의미에서 보면, 하느님은 법과도 같다. 유죄를 선고할 때,

법은 개인이 혼자 행동하고 독립적으로 죄를 저지를 수 있는 유용한 허구를 만들어낸다. 법은 누구도 책임지지 않는 구분되지 않은 세상의 심연에 한계를 설정한다. 인간의 내적 분열과 더 넓은 사회 집단 내의 위치를 외면하고 개별 죄인으로서 그를 고립시킨다. 이와 마찬가지로, 하느님은 별개의 따로 분리된 실물들의 존재를 보장함으로써 우주를 안정시킨다.7

이런 식의 수습은 명백히 불안정하고 불안하다. 심지어 피코 본인의 철학 안에서도, 하느님 덕분에 안정된 우주가 균형을 유지하는 이유는 하나된 상태로 돌아가고 싶은, 사랑이나 황홀경 안에서 다른 것들과 하나로 융합하고 싶은 만물의 깊은 갈망 때문이다. 신학이나 법학도 이와 비슷하다. 신학이나 법학에서는 사람들이 실제로 개별적으로 존재한다고 확신하지만, 많은 의례와 민속 전통 때문에 정반대에 주목하면서 이런 확신에 의구심이 생겼다. 피코는 고대 아테네의 부포니아 의식에 대해서 알고 있었을 것이다. 이 연례 행사의 중심에는 성스러운 소의 희생 제의가 있었다. 그러나 이처럼 성스러운 소를 죽이는 행위는 의례의 핵심인 동시에 끔찍한 범죄였기 때문에, 유책 당사자를 확인하기 어렵게 의식이 설계되었다. 먼저, 3명의 처녀가 우물에서 물을 길어 온다. 이 물로 다른 사람들이 도끼를 씻어서 또다른 사람들에게 준다. 이들은 건네받은 도끼를 날카롭게 간 다음, 또다른 사람들에게 준다. 그러면 이들은 다시 도끼를 운반해서 한 사람에게 건네고, 이 사람이 도끼로 소를 가격한 다음, 또다른 사람이 소의 목을 자른다. 그런 다음에야 소를 구워서 공동체 전체가 함께 잔치를 벌인다. 이렇게 되면 소를 죽이는 끔찍한 범죄의 책임을 궁극적으로 누구에게 물어야 할지 불분명한 탓에, 의식의 일부로 열리는 재판에서는 각 단계에 참여했던 무리마다 차례로 다음 무리—물을 길어 온 사람들, 도끼를 간 사람들, 운반한 사람들, 소를 잡아서 먹은 사람들—을 비난한다. 이 과정은 결국 도끼의 잘못이 선언될 때까지 이어진다. 유죄가 인정된 도끼는 바다에 던져 버려지는 벌을 받는다. 이 의례는 겨우 방조범에 해당하는 도끼에 책임을 지움으로써 법을 조롱하는 듯 보인다. 하지만 사실 이 과정은 모든 사람을 집단으로 범죄의 공범으로 만듦으로써 하나의 공동체를 만든다. 유대교 동요 「카드 가드야」의 가사도 이와 유사한 방식이다. 아버지의 염소가 고양이에게 먹히고, 고양이는 개에게 물리고, 개는 막대기에 맞고, 막대기는 불에 타고, 불은 물로 꺼지고, 물은 소가 마시고, 소는 도살자의 손에 죽고, 도살자는 죽음의 천사에게 살해되고, 죽음의 천사는 하느님이 파멸시킨다. 이러면 아버지가 잃어버린 염소를 어디에서 보상받아야 하는지가 명확하지 않다. 그 대신, 책임 소재를 따지려는 시도가 흩어지면서 모든 것을 포함하게 되는 것처럼 보인다. 마지막에는 오로지 하느님, 즉 모든 무한급수를 억제하는 일자—者로 끝난다.[8]

사보나롤라가 구사한 전략이 바로 이런 것이었다. 그는 설교단이 주는 권력을 이용해서 피렌체 사람들을 유인하여 공동체를 무아지경에 빠뜨렸다. 이를 위해서 더 큰 무엇인가에 속하고 싶어하는 그들의 갈망을 자극했고, 그들이 공유하던 죄책감과 격노의 감정을 이용해서 그들을 하나로 묶었다. 이렇게 하면 나중에는 벌어진 일에 대한 책임을 어디에 또는 어떻게 물어야 할지 어려워졌다. 점성술에 관한 피코의 주장을 통해서 우리의 인생 경로를 결정하는 별의 힘은 완전히 무력화되었을 수 있다. 하지만 그 영향력이 별보다 더 가까운 곳, 즉 청중을 쥐락펴락하는 카리스마 넘치는 연사의 영향력에서 온다면 어떻게 되는지는 명확하지 않았다. 이런 경우, 자유로운 행위 능력은 다른 사람들에게서 빼앗아야만 이기는 일종의 제로섬 게임이 된다. 셰익스피어가 낳은 우유부단한 인물 햄릿 왕자는 나중에 이런 종류의 힘을 지니기를, 이런 목소리를 가지게 되기를 꿈꾼다. 무대를 눈물바다로 만들고, 끔찍한 말로 모두의 귀를 쪼개면서도 모으며, 죄지은 자들을 미치게 만들고 자유로운 자들의 간담을 서늘하게 하며, 무지한 자들을 어리둥절하게 만들고 눈과 귀를 정말로 놀라게 하는 목소리 말이다. 이런 문장으로 셰익스피어는 말의 숭고함을 완벽하게 표현하면서, 그 한중간에 영어에 있는 동철반의어(표기가 같으나 의미가 반대인 말/역주) 가운데 아마도 최고봉으로 꼽히는 단어를 사용한다. 하나로 합친다는 의미와 찢어서 나눈다는 의미를 모두 지닌 'cleave'라는 단어가 그 주인공이다. 셰익스피어는 이 단어를 사용함으로써, 최면을 걸듯이 넋을 빼놓는 말을 듣는 경험을 압축해서 담아낸다. 이런 말에 마음을 빼앗기면 모순되는 두 가지를 동시에 마음속에 간직하면서 역설 속에 살려고 하고, 주변 세상으로부터 찢어져 분리된 것처럼 느끼면서도 하나로 붙어 있는 듯이 느끼게 된다. 이런 영향력이 정확히 어떻게 작동하는지 이해하려면 암시의 힘에서 열쇠를 찾는 것이 한 가지 방법이다. 일찍이 중세 이슬람 백과사전 편찬자 이븐 할둔이 이 힘에 대해서 기록했다. 그에 따르면, 벽 선반 위나 줄타기용 줄 위를 걷는 사람은 떨어진다는 생각이 상상 속에 강하게 남아 있으면 반드시 떨어지고야 만다. 이런 발상은 훗날 심리학자 윌리엄 제임스에 의해서 공식화되었다. 그는 종교적 경험이 듣는 사람들에게 이런 종류의 주입을 위한 밑밥을 까는 방식에 방점을 두었는데, 이는 '암시'라는 개념에 잘 내포되어 있다. 원래 이 단어는 높은 곳으로부터 받은 어떤 것에서 비롯된 말이다. 제임스에 따르면, 어떤 생각이 암시될 수 있으려면, 뜻밖의 발견이 지닌 위력이 작용해서 그 생각이 개인에게 이르러야만 한다. 사보나롤라의 권력이 절정에 달했던 시절에 출판된 한 삽화에는 한창 열변을 토하며 설교하는 그의 모습이 그려져 있다. 그는 로마 황제가 군대를 앞에 두고 연설하는 아들로쿠티오adlocutio 자세를 취하고 있다. 이런 자세는 마치 검을 휘두르듯이 말이라는 무기를 휘두르는 연설을 상징한다. 그의 말을 들으려 모인 사람들은 하나로 합쳐져서 빈틈없이 단단히 하나의 무리를 이룬다.9

암시에 대한 이 같은 이야기들이 의미하듯이, 이런 영향력이 행사되려면 꼭 필요한 것이 있다. 듣는 사람이 가지게 되는 생각이 외부에서 오지 않고 그 사람의 내면에서 발생했다는 인상을 주어야 한다는 것이다. 설교자의 말은 이미 듣는 사람의 내면에 항상 있던 것을 그저 메아리쳐주는 것일 뿐이라고 느껴져야 한다. 사보나롤라가 강론할 때 의지했던 직관은 피코의 직관과 똑같았다. 해체되어 더 큰 존재와 하나로 통합되고 싶어하는 사람들의 깊은 갈망을 직감한 것이다. 피코는 바로 숭고한 말에서 해체를 통한 이런 소멸을 느꼈고, 그런 숭고한 말을 통해서 이런 소멸을 묘사했다. 사보나롤라는 자신의 목소리만 들리도록 사람들에게 묵도를 강력히 권고했다. 그리고 더 큰 파급력을 불러오기 위해서 강론 내용을 인쇄해서 배포했다. 이성적 피조물과 그를 만드신 분이 함께 말하지 않는다면 그런 기도란 대체 무엇이란 말입니까? 피조물과 창조주가 함께 숨을 쉬면서, 다정하게 슬픔을 나누고, 은총의 희망을 품고 헤아릴 수 없는 은총을 간구하지 않는다면 말입니다. 기도를 통해, 피조물의 지성을 저 이해할 수 없는 빛과 헤아릴 수 없이 선하신 분과의 달콤한 유대를 통해서 느끼는 감정과 하나로 합쳐야 합니다. 그리하여 인간을 모든 피조물 가운데 가장 높이 올려서 마침내 그 창조주이신 하느님과 똑같이 하나가 되어야 합니다. 오, 세상에서 가장 달콤한 명령이여. 오, 세상에서 가장 다정한 속박이여. 오, 세상에서 가장 사랑스러운 사슬이여. 누군들 이 달콤한 밧줄에 묶이고 싶지 않겠습니까? 누군들 이 기분 좋은 끈에 옥죄고 싶지 않겠습니까? 누군들 다정하신 구세주 예수를 영원히 꼭 끌어안고 싶지 않겠습니까? 이런 사보나롤라의 강론은 위대한 존재에 속박되는 경험을 묘사하는 동시에 그런 생각이 현실이 되게 만든다. 그리고 얼마 후, 이런 강론 때문에 말의 힘에 대한 심판이 촉발되고, 그 반향은 그후로 수 세기 동안 이어진다.[10]

## 15

# 삶, 속박을 벗어나다

로렌초가 세상을 떠난 이후로 삶은 많은 이들의 눈에 불가사의의 연속으로밖에 보이지 않았다. 폭풍이 다가온다는 불길한 조짐만 잇달았기 때문이다. 피렌체의 한 일기작가에 따르면, 로마의 티베르 강에서 자궁 하나가 건져 올려졌다고 한다. 그 안에서 살아 있는 상태로 구조된 아기는 교황으로부터 '티베리노'라는 세례명을 받았다. 타란텔라 거미 춤의 도시인 타란토의 산 카탈도 성당 벽에서는 납 덮개에 CJD라는 글자가 찍힌 책이 발견되었다. 이 책은 비밀리에 나폴리 국왕에게 전달되었고, 책 내용은 아무에게도 알려지지 않았다. 하지만 책에 찍혀 있던 암호가 Cito Judicium Dei—하느님의 심판이 임박했다—의 약자라는 소문이 돌았다. 이런 기이한 기록들 사이에 파묻혀 거의 잊힌 뉴스가 있었다. 1493년 5월 피렌체로 날아든 이 소식은 스페인 국왕이 파견한 젊은이들이 포르투갈인들이 항해한 지역을 넘어 새로운 섬에 도착했다는 내용이었다. 그곳에서는 남녀노소가 모두 벌거벗은 채로 온전히 자연 속에서 살고 있었다. 스페인인들은 한 해 전에 이베리아 반도에서 마지막 이슬람 왕국을 물리쳤을 때보다 더 아낌없이 이 소식을 축하했다. 하지만 일각에서는 이른바 이 신세계는 베사리온 추기경이 이탈리아로 가져온 고대 지도들에 이미 나와 있다고 하기도 했다.[1]

1494년 여름, 폭우 때문에 피렌체 주변 강 수위가 오르기 시작한다는 징후가 여기저기서 포착되었다. 피렌체인들은 끊임없이 쏟아붓던 비가 조금 멈추기를 바라면서 이탈리아에서 가장 오래된 성모상인 임프루네타의 산타마리아 성당 성모상을 피렌체 성곽 안으로 들였다. 그러자 마치 효과가 있는 것처럼 잠시 비가 멈췄지만, 비구름은 다른 곳으로 옮겨가 계속해서 내렸다. 6월 10일 저녁이 되자 아르노 강의 수위가 올라가면서 강물이 들판을 뒤덮고 작물을 파괴했다. 누군가에 따르면, 기억하는 한 최악의 홍수였다. 또다른 누군가는 이 홍수 때문에 최대의 거악이 도시를 장악하면서 변화가 일어난다는 예언이 있다고 말했다. 이즈음 많은 사람이 사보나롤라를 예언자로 여겼다. (일기작가에 따르면) 그는 강론 중에 한 번도 이것을 부정하지 않고 오로지 주님께서 말씀하시듯……이라고 말하며 대응했다. 물론, 이런 힘을 대놓고 주장해서는 안 된다. 「신명기」에서도 이렇게 명하기 때문이다. 예언자가 주님의 이름으로 말하였는데도 그 말이 이루어지지 않거나 일어나지 않으면, 그것은 주님께서 하신 말씀이 아니라 예언자가 제멋대로 말한 것이므로, 너희는 그를 무서워해서는 안 된다 (18:22). 하지만 그 수도자는 수많은 과거의 순간들로부터 현재와 연결되는 것처럼 보이는 부분들을 끌어오는 법을 너무도 잘 알고 있었다. '지금은 맑아 보여도 금세 흐려지는 법'이라고 내가 숱하게 말했는데 기억나지 않습니까? Qui habet aurens audiendi audiat, '귀가 있는 자는 듣거라'라고도 하지 않았습니까? 들으려고 하지 않은 자가 결국 어떻게 되었는지는 여러분도 다 보았을 겁니다. 피렌체는 줄타기용 밧줄 위에 올라서 있는 형국이었기 때문에, 이제 어떻게 떨어지느냐는 암시만 필요한 상태였다.[2]

　이탈리아 전체가 한마음이 되어 로렌초 데 메디치를 애도했다. 하지만 폴리치아노가 가르쳤던 로렌초의 아들 피에로는 아버지의 성향을 전혀 물려받지 않았음이 금세 드러났다. 오래지 않아 도시에 위기가 닥치면서 로렌초조차 시험대 위에 올랐다. 사실, 프랑스 국왕은 이탈리아 반도를 침공할 명분을 오래 전부터 찾고 있었다. 때마침 밀라노를 섭정하던 루도비코 스포르차가 기꺼이 우군이 되어주었다. 밀라노 공국을 차지하겠다는 속셈으로, 샤를 8세의 나폴리 왕국 상속권 주장을 지지하기로 약속한 것이다. 이렇게 아르노 강 수위가 올라가고 프랑스 군이 접근해오자, 피에로는 그의 아버지처럼 힘의 균형을 노려보려고 했다. 하지만 이런 시도는 비겁하고 우유부단하게만 보였다. 처음에 그는 나폴리에 충성을 맹세하더니 곧이어 피렌체는 중립을 지킬 것이라고 선언했다. 그러는 동안 그의 사촌들은 프랑스를 지원했고, 피렌체 정부는 서서히 물러나고 있었다. 프랑스 군이 피사를 지나자, 피에로는 지금껏 유일하게 시도해보지 않은 일을 벌였다. 피렌체 정부의 동의 없이 샤를 8세에게 길을 내어주며 모든 요구를 들어준 것이다. 무력감과 분노에 사무친 피렌체 시민들은 희생양을 찾았고, 이 수치스러운 항복을 보고하려던 피에로의 측근들은 정부 출입을 통제당했다. 얼마 후, 로렌초의 아들들은 옮길 수 있는 보물들은 다 챙겨서 피렌체를 떠났다. 가져갈 수 있는 도서관 도서들도 다 가져갔다. 곧이어 프랑스 군이 피렌체로 몰려왔다. 추정컨대, 프랑스 군은 평화롭게 입성해서 도시에 숙박하는 비용을 낸 다음 가던 길을 가기로 합의되었던 것 같다. 하지만 한 일기작가에 따르면, 프랑스 군대의 행동은 마치 **뿔 값만 내고 소를 다 잡아먹는 것**과 같았다. 그러는 동안 사보나롤라의 권력은 커져만 갔다. 피에로의 항복은 배반으로 보였던 반면, 그 수도자의 구세주 같은 기운은 그가 양팔 벌려 샤를 8세를 맞이하면서 오히려 더 강해지기만 했다. (그는 샤를 8세를 환대하며 이렇게 말했다.) 오, 국왕이여, 마침내 오셨군요. 이것이 그가 그토록 이야기하던(피렌체의 부패를 심판하기 위해서 내려올 것이라던/역주) 하느님의 검이었을까?3

이런 폭풍의 한가운데에서 안젤로 폴리치아노는 갑자기 열병에 걸려 몇 주일을 앓더니 세상을 떠나고 말았다. 피에로 데 메디치가 제 손으로 무덤을 팠음에도, 폴리치아노는 자신의 옛 제자에게 끝까지 신의를 다했던 것 같다. 실패한 메디치 가문 상속자를 향한 피렌체 시민들의 증오는 그런 만큼 폴리치아노에게도 향했다. 한 일기작가에 따르면, 폴리치아노는 사람이 감당하기 힘든 불명예와 여론의 질타 때문에 죽었다. 그의 악행 때문이 아니라 그의 제자인 피에로 데 메디치를 향한 혐오 탓에 그에게도 인정사정없는 경멸이 쏟아졌다. 대중은 피에로를 제거할 수 없었기 때문에 그와 그의 친구들까지 혐오했다. 폴리치아노는 세상의 혐오와 열병 사이에서 임종을 며칠 남겨두고 정신이 나갔던 것 같다. 같은 일기작가에 따르면, 운명의 여신은 자신의 위력을 보여주고 싶은 듯이, 라틴어와 그리스어에 정통하고, 역사와 의례, 관습에 대한 지식이 풍부하며, 변증법과 철학에 박식했던 이 사람을 병마로 제정신이 아닌 상태에서 죽음을 맞게 했다. 이 시기의 또다른 편지를 보면 내용이 더 악의적이다. 폴리치아노는 숨을 거두기 직전에 피코를 베드로라고 불렀으며, 자신을 하느님이라고 생각해서 자신에게 경배하라고 요구했다고 한다. 이 마지막 행동은 적그리스도의 징조였기 때문에 이를 전해 들은 사람들에게 불길한 예감을 안겼을 것이다. 피코는 가장 가까웠던 동료의 고통스러운 최후에 대한 자신의 반응을 기록하지 않았다. 하지만 그의 침묵은 어쩌면 슬픔을 더 웅변적으로 보여주는 증거일 수 있다. 영혼의 반쪽을 잃었는데 상심이 크지 않을 수 없었을 것이다. 피코가 좋아했던 시인 카발칸티는 애끓는 심정을 이렇게 표현한다. 나는 마치 속박에서 벗어난 삶을 사는 이처럼 산다네. 밖에서 보면 그는 기계로만 움직이는 구리나 돌, 소나무로 만들어진 사람처럼 보인다네. 그러나 그의 심장 속에는 상처가 있다네. 그것은 숨김없이 보여주는 그의 죽음의 흔적이라네.4

애끓는 심정 때문이었든 아니면 다른 이유에서였든, 피코는 폴리치아노가 세상을 떠난 뒤로는 공개적인 발언을 일절 하지 않았다. 그리고 그 자신에게 주어진 시간도 얼마 남지 않았음이 이내 명백해졌다. 어느 시점엔가 그는 사보나롤라 추종자들의 지성소 격인 산 마르코 수도원으로 거처를 옮긴 것 같다. 다른 한편으로 이 수도원은 훼손된 상태로 남은 메디치 도서관과도 가까운 곳에 있었다. 전해지는 바에 따르면, 예언 능력을 지녔던 한 수녀가 이와 관련된 예언을 했다고 한다. 피코가 산 마르코 수도원으로 들어오는 때가 백합이 만발하는 시기일 것이라고 말이다. 훗날에야 이 말은 프랑스의 샤를 8세가 백합 문장의 깃발을 들고 진격해 들어온다는 뜻이었다고 풀이되었다. 이외에도 피코가 병에 걸렸음을 시사하는 기록도 있다. 어쩌면 그의 친구를 앗아간 그 열병이었을 수 있다. 열은 13일간 지속되었고 어떤 치료도 소용이 없었다. 심지어 샤를 8세가 최고의 의사를 보내도 속수무책이었다. 그래서 피코는 육신과 영혼의 건강이 좋아지기를 바라며 산 마르코 수도원으로 거처를 옮겼을 수 있다.

피코가 마지막 순간을 산 마르코 수도원에서 보냈다고 생각하면 확실히 마음에 위안이 된다. 복음 가운데 초월성이 가장 잘 전달된 순간들을 포착한 프라 안젤리코의 벽화들이 있는 곳이었으니 말이다.5

피코가 산 마르코 수도원 관할 구역을 자신의 마지막 거처로 택했다는 것은 그가 남긴 저술이 사후에 사보나롤라의 손에 남게 된다는 의미이기도 했다. 피코의 저술은 한동안 사보나롤라의 수중에 있다가 피코의 조카 잔프란체스코에게 넘어갔다. 삼촌의 사후 2년 뒤에 집필한 전기에서 잔프란체스코는 출판되지 않은 작품이 매우 많다고 언급했다. 그는 미출간 저술을 세상에 내놓아 삼촌의 명성을 더 높이고자 했다. 하지만 막상 출간한 작품 가운데에는 귀한 저술이 거의 없었고, 피코가 젊은 시절을 낭비했다고 회개한 뒤 독실한 삶을 살았다는 서사를 뒷받침하는 저술들뿐이었다. 언젠가 피코는 그의 천사 같은 평정심을 무너뜨리고 그를 분노하게 할 수 있는 일은 이 소중한 저술들을 잃는 경우뿐이라고 했다. 그러나 이 저술들이 사라졌을 때 그는 이미 이 세상 사람이 아니었다. 그의 조카가 이 저작들을 출판하지 못한 이유는 삼촌의 이야기를 새로 쓰고 싶은 욕심 때문만은 아니었을 수 있다. 이에 대해서 잔프란체스코는 이렇게 이야기한다. 마지막 며칠 동안 피코의 머릿속 생각은 알 수 있는 모든 것과 그 이상을 종횡무진 내달렸고, 이런 생각의 속도를 따라가기 위해서 피코의 손도 거의 **통제할 수 없을 정도로 빨라졌다**. 이렇게 남은 글들은 워낙 뒤섞여 있는 데다가, 지웠다가 그 위에 다시 쓰고, 조각들을 이어붙여서 혼란스러웠던 탓에 도저히 풀 수 없게 엉킨 **덤불과 잡동사니**만 한가득이 되어버렸다. 피코가 남긴 마지막 글들이 일종의 숭고한 뜻모를 말로 변한 것은 어떤 면에서는 그와 퍽 어울리는 일이다. 생각할 수 없는 것을 열렬히 좇는 가운데 판독할 수 없고 불가해한 글로 탈바꿈한 것이니 말이다. 이유가 무엇이었든, 출판된 피코의 저술들에서 잔프란체스코나 피코 본인이 언급했던 작품들은 대부분 사라져버렸다.[6]

그후 수년이 지난 뒤, 피코의 최후를 둘러싸고 더 사악한 음모가 있었다는 증언이 등장했다. 사보나롤라의 신정 체제가 거의 막을 내릴 즈음이었다. 로마 교황청은 더 이상 통제할 수 없는 상황이 벌어지는 것을 막기 위해서 그 수도자를 파문하고 설교를 금지했다. 그러자 한때 피코의 비서였던 크리스토포로 카살마조레라는 자가 고문 끝에 자신이 피에로 데 메디치의 사주를 받아 스승을 독살했다고 자백했다. 사실, 카살마조레의 구금과 고문은 사보나롤라 측이 둔 술수의 일부였다. 그들은 이 방법으로 메디치에 충성하는 잔당을 몰아내고 자신들의 체제가 붕괴하는 것을 모면하고자 했다. 그래서 아마도 메디치 가문에 또다른 죄를 씌우려는 목적으로 이 자백을 받아냈을 것이다. 피코가 자신의 예전 후견인들의 목표물이었을 가능성은 없어 보인다. 물론, 그렇다고 해서 피코의 32년 인생 동안 그의 죽음과 관련된 부정행위가 없었다는 뜻은 아니다. 사망 당일 사보나롤라가 보는 앞에서, 그리고 그의 옛 보호자인 샤를 8세가 피렌체에 들어온 거의 그 시간에 그가 세상을 떠났다는 사실은 적어도 의심을 살 만하다. 피코가 사망하고 며칠 후, 사보나롤라는 한 강론에서 그가 피코를 **채찍으로 자주 위협했다고** 인정했다. 하지만 **그를 죽이려고 하지는 않았다고**—그것은 자기 생각이 아니었다고—항변했다. 그가 어떤 말을 듣고 이렇게 자신을 변론했는지는 분명하지 않다. 사보나롤라의 추종자 가운데에는 피코가 연옥에서 불길에 둘러싸여 있는 환영을 보았다는 자도 있었다. 그러면서 그는 이것이 피코가 하느님의 은총을 받지 못한 채 죽었다는 그 수도자의 말을 확인해준다고 주장했다. 물론, 의심의 덫에 걸려들어 피코의 죽음을 사보나롤라의 사악함을 보여주는 또 하나의 증거로 삼고 싶은 유혹이 클 수 있다. 이 사건을 이용해서 르네상스 피렌체에 종말을 고하고 전쟁과 분열의 시대로 이어지게 하고 싶을 수도 있다. 사보나롤라 추종자들이 빛나는 별과 같았던 피코의 죽음을 이용해서 메디치 가문을 파멸하려고 했던 것처럼 말이다. 하지만 달리 생각할 수도 있다. 피코의 출생 때 나타났다는 징조들이 그의 삶의 궤도가 운명으로 정해져 있음을 보여주기 위한 것이었듯이, 그의 죽음을 둘러싼 상황도 그의 삶에 연결되어 의미를 더해야 했다. 우리는 이야기를 만들어내는 존재들이다. 우리는 매듭을 짓지 못한 결말이나 불필요한 것, 임의적인 것에 강한 불편함을 느낀다. 아마도 그런 이유 중 하나는 확고한 시작과 끝이 없으면 각각의 개인이 단순히 군중 속으로 녹아들어가 사라질 위험이 있기 때문일 것이다. 마치 하나의 파도처럼 말이다. 파도는 잠시 수면 위로 올라가 최고조에 달하지만, 이른바 자기만의 진정한 정체성은 결코 가지지 못한다.7

폴리치아노가 세상을 떠나기 몇 주일 전, 피치노는 **한평생 그와 영혼을 공유했던 두 사람**에게 편지를 보냈다. 물론 그는 이것이 그들에게 보내는 그의 마지막 편지가 될 줄은 미처 몰랐다. 편지에는 피코가 점성술에 거둔 승리를 축하하는 내용이 있었다. 이와 함께 피치노 본인의 작품들 가운데 별자리로 인생 경로를 읽을 수 있는 것처럼 시사하는 부분과 거리를 두려고 하는 내용도 있었다. 피치노에 따르면, 피코와 폴리치아노는 거인들을 정복한 아테나와 헤라클레스 같았다. 심지어 한때 천상으로부터 타이탄의 헛되고 불경한 공격을 되돌리기도 했던 제우스와도 같았다.

피코와 폴리치아노의 인생 궤도는 별자리로 정해지지 않았다. 오히려 두 사람의 공적은 옛날 영웅들처럼 사후에 천상에 기록되었다. 피코가 남긴 특이한 유산은 누더기처럼 훼손되어서 대부분이 500년간 잘못 이해된 상태로 남게 된다. 그래도 후대 사람들은 그의 인생에서 분명한 교훈을 얻었다. 게임의 규칙은 정해져 있지 않으며, 우리는 열망의 한계를 훨씬 더 높게 두어야 했다. 또한, 수명이 단축된 경우라도, 모든 순간은 그 순간에 존재하는 모든 것으로 가득할 정도로 밀도가 무한히 높아야 했다. 또한, 우리가 보는 것은 여러 계층 가운데 하나일 뿐이며, 우리의 모든 행동은 가장 근본적이고 가장 보편적인 것들과 연결되어 틀이 만들어지고, 실제로 이것들은 모두 같다는 사실을 깨닫고 살아야 한다. 피치노는 그럼에도 폴리치아노가 지상에서 오래 살기를, 행복하게 잘 살기를 바랐다. 하지만 이 노철학자는 젊은 피코가 세상을 떠난 뒤—그들보다 세상에 먼저 왔을 때처럼—마치 벼락을 목격하고 놀란 사람처럼 세상에 남게 되었다.[8]

피코가 사망한 당일인 1494년 11월 17일, 피렌체는 프랑스 국왕의 개선 입성을 환영할 준비를 하고 있었다. 샤를 8세가 메디치 가문의 궁전에 묵을 예정이어서, 입구에는 프랑스 국가의 문장이 그려진 깃발이 내걸렸다. 이로써 이 도시 최고위직의 거주지는 이 도시를 정복한 영웅의 숙소이자 이와 동시에 도시의 수호자가 바뀌었다는 상징이 되었다. 정복자와 수호자라는 낯선 조합의 주인공인 프랑스 국왕에게 충성심을 보여주기 위해, 피렌체 시민들은 명절처럼 화려하게 장식하고 행사를 준비했다. 바퀴 달린 이동식 극장 에디피지edifizi에서는 성서 속 기적과 성인들의 생애를 무대에 올려서 축제 때처럼 거리 여기저기로 끌고 다니며 공연했다. 이때를 위해서 특별히 선정된 연극은 수태고지 장면이었다. 이 장면은 피코가 임종을 맞은 수도원에 그려져 있었을지도 모르는 프라 안젤리코의 걸작 속 장면이기도 했다. 결국 피렌체 거리 곳곳과 산 마르코 수도원에서 같은 장면이 되풀이해서 연출되고 있었던 셈이다. 수태고지는 한 천사가 젊은 여성에게 나타나, 말로 그녀의 뱃속에 한 생명을 태동시키는 장면이다. 그것도 그냥 하나의 생명이 아니다. 이 생명의 시작과 끝은 실제로 시작이나 끝이 아니라 강생과 부활이었다. 이것은 일자
―者나 말씀이 사람이 되어 다른 모든 이에게 개인으로서 영원함을 보장해주는 하나의 신비이다. 그날 피렌체로 입성하는 프랑스 국왕을 환영하던 인파 중에는 스피리테글리spiritegli도 있었다. 이들은 고대 예술에서부터 죽마를 타고 천사 같은 존재를 연기했다. 사람들은 최근에 세상을 떠난 이들의 영혼이 노랫소리에 위로 끌어올려져서 아직 해체되어 소멸하지 않은 상태에서 살아 있을 때와 같이 젊고 육신을 지닌 모습으로 변모되어 나타난다고 믿었다. 이렇듯 그날 피렌체에서는 어디에서나 힘겨운 싸움의 흔적이 나타났다. 개인으로 남고 싶다는 갈망과 그 반대가 되고 싶다는 그에 못지않게 강한 유혹이 서로 부딪히며 힘을 겨루고 있었다.9

# 16

# 에필로그 : 숭고함과 초유기체

1529년, 혹은 일부 기록에 의하면 1530년의 일이다. 프랑스 남서부 가스코뉴 출신 수도자 하코보 데 테스테라가 하느님의 말씀을 전파하기 위해서 옛 아즈텍 제국에 도착했다. 현지어인 나우아틀어를 배우기가 어려워 좌절에 빠진 그때, 그에게 문득 참신한 아이디어가 떠올랐다. 현지 필경사들이 사용하던 그림 문자로 핵심 그리스도교 신앙 고백을 적으면 되겠다는 생각이 든 것이다. 이렇게 해서 탄생한 『테스테리안 교리문답*Catecismos testerianos*』은 금세 널리 퍼져서 굉장한 인기를 얻었다. 아즈텍의 그림 문자를 빌려와 십계명과 일곱 성사, 그리고 **사실상** (주장에 따르면) **그리스도교 교리 전체**에 대한 안내서를 만든 것이다. 신앙의 신비를 이처럼 완전히 다른 문화의 언어로 번역하는 작업은 만만한 일이 아니었다. 그래도 이 그림 복음서에 사용할 어휘 중에는 이미 완성된 것들도 있었다. 천사와 관련된 문제나 하느님이 천사들에게 주신 기적과 같은 말과 노래의 힘을 설명할 어휘들이 그러했다. 이런 경우, 번역가는 그저 아즈텍 필사본에 나와 있는 말 소용돌이 표시를 사용하면 되었다. 믹스텍 문명 사람들은 소용돌이치듯이 구불구불한 촉수들이 노래함으로써 그들의 세계가 존재하게 된다고 믿었다. 이는 말의 위력이 있는 화자의 입에서 소용돌이가 나오는 것으로 표현되었다. 신과 왕, 심지어 동물의 목소리는 입에서 나오기만 하는 것이 아니라, 뒤쪽과 주변으로 둥글게 감기면서 듣는 사람을 끌어당기는 것처럼 보인다. 가장 강력한 경우는 『테스테리안 교리문답』에서 천사를 표현하기 위해서 빌려온, 꽃이 활짝 피듯이 소용돌이가 주변으로 펼쳐진 모습이다. 이는 마치 꽃이 핀 덩굴손이 입과 귀를 하나로 묶는 듯하다. 이런 발상은 나우아틀어에서 숭고한 언어를 가리키는 표현 '꽃과 노래in xochitl in cuicatl'에서도 찾아볼 수 있다. 초창기 판본에서 말 소용돌이는 사람들이 아니라 새들의 입에서 나온다. 여기에서 새들은 그들의 힘을 왕들에게 부여하고 있는 것처럼 보인다.[1]

피코 사후 수 세기가 흐른 뒤, 유럽인들은 세계 곳곳에서 언어의 숭고한 본질에 대한 신념을 뒷받침하는 증거를 만났다. 듣는 사람의 마음을 사로잡아 외부의 무엇인가로부터 조종을 받게 하는 언어의 능력을 확인하게 된 것이다. 프랑스 여행가 장 드 레리는 브라질에서 장장 2시간 동안 진행된 투피남바족 의례를 목격했다. 그로서는 이 의례를 일종의 '안식일 의례' 또는 '디오니소스 축제'로 묘사할 수밖에 없었다. 그의 기록에 따르면, 이 의례에서 부른 **노래의 운율과 반복** 때문에 듣고 있던 여성들이 황홀경에 **빠졌다**. 그는 자신이 들은 바를 최선을 다해 heu, heuaure,

---

▶ 스위스의 마르틴 보트머 박물관에 소장된 『테스테리안 교리문답』의 일부. 천사의 말을 묘사하기 위해서 믹스텍 문명의 말 소용돌이를 사용한 모습.

heura, heuraure, heura라고 기록했다. 이와 함께 그는 이 의례를 접한 자신의 반응도 다음과 같이 기록으로 남겼다. **완전히 황홀했다. 그때의 노랫소리를 떠올릴 때마다 나의 심장이 떨리고, 여전히 나의 귓속을 맴도는 것처럼 느껴진다.** 또다른 포르투갈인의 기록에 따르면, 브라질 원주민들은 그들의 군주를 새들의 새벽 합창을 이끄는 새와 같은 존재로 여겼다고 한다. 레오 아프리카누스는 유럽 독자들에게 북아프리카의 틀렘센 지역에서 어마어마하게 많은 추종자를 모은 어떤 성스러운 남성의 이야기를 들려준다. 비록 레오는 그 사람이 하느님을 지칭하는 몇몇 비밀 단어로 만든 주문만 외우고 있어서 그가 마법사라고 확신했지만 말이다. 지금의 캐나다 남부 지역에 살던 앨곤퀸 부족에 파견된 한 예수회 선교사는 부족민들의 노래가 주로 층층이 쌓인 몇몇 단어를 음조를 달리해서 반복하는 패턴이라고 기록했다. 부족민들은 선교사에게 이렇게 말했다고 한다. **우리는 노래로 새들의 지저귐을 흉내 낼 뿐, 더 듣기 좋은 소리를 추구하지 않는다오.** 그 결과물은 예수회 선교사의 귀에는 매우 거슬렸던 것 같지만, 이 노래를 들은 앨곤퀸 사람들은 열렬한 마음이 복받쳐 열광에 빠졌다. 대서양 연안 일대에서는 노예제가 만연하던 수 세기 동안, 서아프리카 의례와 노예로 잡혀 온 사람들이 카리브 해 지역에서 접한 의례가 뒤섞이면서 부두교와 칸돔블레 같은 종교들이 발달했다. 이 종교 의례들을 수행하려면 비밀 언어와 수수께끼, 찬가를 배워야 했다. 이런 찬가들에는 실제로 쓰는 말이 포함되어 있지 않았지만, 듣는 사람이 숭고한 감정을 느끼게 하는 효과가 있었다. 칸돔블레 찬가 가운데 가장 위력적인 것은 신입 구성원들에게 숭배 의식의 신비를 접하게 할 때 부르는 찬가인 '천사의 노래' 인골로시Ingolosi이다.[2]

이처럼 세계 방방곡곡에서 언어의 힘을 관찰했으니, 유럽인들은 이제 흔히 느끼는 공통된 경험을 인정하지 않았을까? 숭고한 언어가 수많은 문화의 가장 소중한 신념들의 공통된 밑바탕이라는 사실을 깨닫지 않았을까? 그러나 이런 일말의 희망은 유럽 안에서 이런 경험들을 배척하는 반응이 나타나기 시작하면서 산산이 부서졌다. 사보나롤라의 신정 체제 이후, 이와 유사하게 카리스마 있는 설교자들이 무수히 많은 청중을 하나로 만든 일화들이 생겨났다. 독일 뮌스터에서 일어난 반란과 스코틀랜드 서약파의 저항이 대표적인 사례로, 이 사건들의 여파로 전반적인 사회 분위기는 무아지경을 가지고 장난하는 자들을 거부하는 쪽으로 돌아섰다. 예언자 조반니 메르쿠리오 다 코레조만 보아도 이런 시대상의 변화를 알 수 있다. 그는 1484년에는 추종자 무리를 이끌고 로마를 통과할 수 있었지만, 1499년에 다시 로마로 돌아오려 시도했을 때에는 이런 선동자들을 경계하던 교회의 명으로 바티칸 진입을 금지당했다.

오래지 않아 유럽 철학자들은 합리적 개인이라는 개념을 중심으로 세계를 새롭게 이해하기 시작했다. 이 철학에 따르면, 합리적 개인이 도출한 발상과 결정만 유일하게 수용할 수 있고, 다른 모든 것들은 미신이나 군중심리 딱지를 붙여 일축해야 한다. 오래 전부터 전승된 전통들은 우리가 파악할 수 있는 범위 너머에 있는 다른 형태의 존재 방식들을 탐구하기 위해서 황홀경에 빠지는 경험을 동원했다. 하지만 이제는 이런 전통은 조롱과 심한 편견의 대상이 되었다. 피코와 그의 선배들은 사고의 절벽 너머를 응시하면서 우리의 지각 너머에 있는 우주의 구조를 상상하려 시도했다. 그곳에서는 존재하는 것처럼 보이는 개별 대상들이 더 근본적인 단계로 접어들어, 모든 물질의 공통된 본질에 의해서 하나로 통합된다. 이런 경험은 숭고한 말을 통해서 주변 세계와 분리된 느낌이 약해질 때 언뜻 느낄 수 있는 것처럼 보였다. 그런데 이러한 시도들이 이제는 경멸의 대상이 된 것이다. 이는 그저 바늘 끝에 올라갈 수 있는 천사들의 수나 따지는 무미건조한 논쟁으로 치부되며 조롱거리로 전락하고 말았다. 물론, 일각에서는 멀리 떨어져 있는 사람들에게 작용하는 기이한 영향력을 계속 탐구하고 있었다. 조르다노 브루노 같은 사람들은 여전히 '유대 중의 유대vinculum vinculorum'를 탐구했다. 그에 따르면 이런 유대는 사물들 사이에 만들어질 수 있으며, 그 궁극적인 사례가 바로 숭고한 말의 힘이다. 하지만 이런 것들은 측정 대상이 되지 못해서 증명될 수 없는 문제들로 분류되어 점차 비술이라는 울타리에 갇혔다. 결국, 피코가 세상을 떠난 지 1세기가 조금 지난 시기에 브루노는 자신의 견해를 철회하지 않으면서 로마에서 화형에 처해졌다. 피코와 마찬가지로, 그는 세상을 관찰한 결과와 가장 넓은 범위에서 도출된 사상들을 섞어서 가장 근본적인 그리스도교 믿음 가운데 일부를 재고하려고 했다. 그 결과, 그의 사상은 기존의 확립된 그리스도교 교리에 엄청난 위협이 되었다. 그런 가운데 이런 신비주의적 유산의 핵심 문서들 가운데 최소한 일부가 위조임이 증명되면서 이런 전통에 대한 신뢰가 무너졌고, 그 전통 속 사상들도 함께 배척되었다. 가령, 아이작 카조봉은 『포이만드레스 Poemandres』가 플라톤 사상의 고대 기원이 아니며, 오히려 플라톤 이후 한참 지난 뒤 플라톤주의에서 나온 것임을 증명했다. '학자들의 자긍심'— 나폴리 출신 역사가 잠바티스타 비코가 만든 용어로, 우리에게 가장 중요한 사상은 고대부터 존재했으며 거기에서 복원될 수 있다는 신념이 담긴 표현—은 근대성의 승리에 대한 자부심으로 서서히 대체되었다. 그러면서 과거의 통찰들은 원시주의와 미신과 연계된 탓에 도저히 손쓸 수 없을 정도로 오염되고 말았다는 믿음이 자리를 잡았다. 황홀경 사상은 대중문화에서 혼령을 불러내어 명령을 따르게 하려는 자들과 얽히면서 나빴던 평가가 더 나빠졌다. 찬가나 숭고한 운율이 지닌 힘에 관한 관심은 점차 악마 숭배나 허풍이라는 오명을 쓰게 되었다. 여기에는 로저 베이컨이나 파우스트 박사와 같은 사람들에 관한 우화들도 한몫했다. 모두 이런 사상에 발을 들이면 처참한 결말을 맞게 된다고 경고하는 이야기들이었다.3

그래도 운율감 있는 소리가 지닌 힘에 관한 의견은 명맥이 끊기지 않고 이따금 수면 위로 계속 올라왔다. 예를 들어 17세기 예수회 학자 아타나시우스 키르허의 보편적 음악학musurgia universalis 이론에 따르면, 하모니 효과는 모든 물질의 연관성을 이해하는 열쇠이다. 독일 출신 의사 안톤 메스머의 '동물 자기론' 개념도 마찬가지이다. 그는 피아노로 감동을 주는 선율을 연주해서 무아지경 상태를 만들어 사람들을 하나로 결속시켰다. 그러나 이런 발상들은 단호한 반응을 불러왔고 공공의 조롱거리가 되었다. 조너선 스위프트는 매우 재미있는 초기 풍자 소설 『정신의 기계적 작동에 관한 담론A Discourse of the Mechanical Operation of the Spirit』에서 키르허 같은 사람들뿐만 아니라 감리교와 침례교 설교자들을 겨냥했다. 그는 디오니소스부터 청교도에 이르기까지 광신적 청중의 역사 전체를 추적해서 익살스럽게 이렇게 설명한다. 이 예술의 기술과 영향력은 음절의 선택과 박자에 전적으로 달려 있다. 이렇게 해서 아무 의미 없는 음악을 창조해서 감각들을 전환하고, 하나로 묶고, 마비시키고, 혼란스럽게 만들고, 즐겁게 하거나, 아니면 감각들을 제 위치에서 밀어내버린다. 이런 방법으로 청자를 화자의 영향력 아래 두는 것이다. 음악의 힘을 믿은 메스머는 어린 모차르트의 활동을 지원했지만, 모차르트는 무정하게도 그의 작품 속에서 메스머를 우스꽝스럽게 묘사하는 것으로 은혜를 갚았다. 가령 오페라 「코지 판 투테」에 등장하는 자석처럼 사람을 끄는 돌팔이 철학자 돈 알폰소나 또다른 오페라 「바스티앙과 바스티엔」의 마법사 콜라가 그를 빗댄 인물이다. 마법사 콜라는 아무 뜻도 없는 주문—디기, 다기, 슈리 무리!—으로 젊은 여성에게 최면을 걸려고 한다. 이 주문을 노래하는 아리아는 역사적으로 대단히 아이러니하게도 300년 후에도 여전히 듣는 사람의 소름을 돋게 한다. 의례용 찬가의 경우, 평판이 땅에 떨어져 말장난 같은 '호쿠스포쿠스'라는 주문으로 전락하기도 했다(호쿠스포쿠스는 미사 전례에서 빵과 포도주가 성체와 성혈로 변하는 성변화 때 사제가 하는 말 '옥 에스트 코르푸스'[이는 나의 몸이니/역주]가 변질되어 만들어진 주문이다). 이런 찬가는 대개 우는 아기를 달래기 위해서 부르는 자장가로 남았다. 우리가 자장가를 부르면 아이들이 말을 잘 듣게 만들기 위해서 리듬의 마법과 운율의 마술을 이용하는 셈이다.4

큰 노력을 쏟아부으면서 숭고한 것을 기괴한 것으로 변질시킨 이유는 당연히 이런 사고방식을 유럽에서 근절하기 위해서였다. 하지만 이것이 전부는 아니었다. 유럽 외의 다른 곳에서도 모두 몰아내는 것이 목표였다. 16세기 예수회 선교사 마테오 리치는 그가 파견된 중국에서 근본적이면서도 매우 난해한 불교 사상에 직면했다. 하늘과 땅과 모든 현상이 하나의 물질적 에너지를 공유하며—이런 직관은 불경 암송과 깊이 연관된 것이다—인간의 육체는 단순히 물리적인 육신으로 보일 수 있지만, 그 안과 밖에는 모두 하늘과 땅의 물질적 에너지가 존재하며, 만물은 그 크기가 크든 작든 본질은 유기적으로 하나라는 것이었다. 마테오 리치는 유럽 사상계 안에도 이와 똑같은 결론에 도달한 전통이 많다는 사실을 잘 알고 있었을 것이다. 그럼에도 그는 대화 상대였던 중국인들을 꾸짖으면서 이런 믿음에 거침없이 독설을 퍼부었다. 당신들이 방금 한 말에는 지금껏 내가 들어본 말 중에 가장 큰 오류가 있소. 그러니 어떻게 내가 비슷한 생각을 하겠소? 그는 호통을 치며 말을 이어갔다. 부처의 말에는 독이 있어서 사람들을 감염시키기 때문에 그의 저술은 금지해야 하며, 천사와 하느님이 같은 것으로 만들어졌다는 바로 그런 암시 때문에 지옥이 창조된 것이라고 주장했다. 그에 따르면, 피조물과 창조주가 같은 기반 위에 있다고 말하는 것은 악마의 오만한 말을 하는 것과 같다. 이런 죄는 백성이나 도랑 속 벌레가 중국 황제에게 당신이 나이고 내가 당신이라고 말하는 것과 같은 이치이다.5

합리적인 서양의 개인들과 이런 그럴듯한 열광의 기미에 마음이 끌리는 서양 바깥의 사람들을 구별하는 일은 점차 흔하게 일어났다. 사실 스위프트의 풍자 소설은 이런 황홀경 의식에 마음이 끌린 수치스러운 영국인들을 정확히 겨냥한다. 그는 황홀경 의식을 통해서 역사상 가장 위대한 인물의 혁명이 탄생할 수 있었는데, 아랍이나 페르시아, 인도, 중국의 역사나 모로코와 페루를 조금이라도 아는 사람들에게도 곧 그런 일이 생길 것이라고 했다. 이제 계몽된 유럽인과 다른 야만인을 구별할 때, 합리적 개인주의를 위협할 수 있는 모든 황홀경 의식을 거부하느냐 여부가 기준이 되었다. (인류학자 클로드 레비-스트로스가 주장했듯) 조금이라도 이런 행동을 하는 성향을 보이면 일종의 정신 이상으로 몰아서 나머지 사회에 접근할 수 없게 점차 막았다. 유럽 계몽주의에 대한 낙관적 확신은 수 세기 동안 이어졌다. 계몽주의에서는 사상가이자 투표권자, 유권자로서 개인을 소중히 여겼다. 이런 계몽주의 시대가 지난 다음에야 인류학자들은 세계 역사와 문화의 맥락에서 하나로 묶인 단일한 자아라는 발상이 얼마나 이례적인지 생각하기 시작했다. 서양 문화에서는 사람들을 셀 수 있고, 조사할 수 있고, 세금을 부과할 수 있고, 법을 적용할 수 있는 개인으로 고립시키려고 서둘렀다. 이를 위해서 언제나 인간 문화의 중심이었고 전 세계와 전 역사에 걸쳐 존재했던 다양한 감정과 경험으로부터 스스로를 단절했다. 피코의 조카는 피코의 죽음을 가리켜, 나뉘어 싸우던 사상들이 화해할 기회를 잃은 순간이라며 애통해했다. 한 사람 안에 탈레스의 증기와 헤라클레이토스의 불, 데모크리토스의 원자를 통합하고, 오르페우스와 피타고라스를 플라톤과 아리스토텔레스와 하나로 묶고, 이븐 루시드와 이븐 시나, 아퀴나스를 융합할 기회를 상실한 것이다. 그의 말이 옳았다. 피코야말로 진정한 보편적 철학을 시도했던 마지막 사람들 가운데 한 명이었기 때문이다. 그는 다른 문화권의 사상들을 자신의 문화권 전통들과 융화시키려고 했다. 이에 반해 그의 사후 얼마 후부터 유럽 사상계는 점차 유럽과 다른 문화권 사상의 공통점보다는 양측의 차이점을 바탕으로 스스로를 규정했다.6

롱기누스의 논문 『숭고함에 관하여』는 야누스 라스카리스가 아토스 산에서 발견해 가져와서 피코가 독서 표시를 남긴 희귀본이다. 이 논문이 마침내 유럽 문화의 주류에 들어가면서, 숭고함이라는 개념은 낭만주의라고 불리는 범유럽 문화, 철학 운동의 핵심이 되었다. 물론 그렇다고 해서 피코가 생각했듯이 숭고함을 유럽의 사상과 유럽의 신비주의적 과거와 더 넓은 세계 문화를 연결하는 보편적 현상으로 받아들이게 된 것은 아니었다. 숭고함에 대한 새로운 발상은 독일 철학자 이마누엘 칸트의 저작에서 가장 중요하게 표현되었다. 칸트는 세계에 대한 우리의 물리적 경험과 추상적 진리 영역의 관계를 설명할 때, 신비주의적 경험의 필요성을 회피하면서 설명하려고 했다. 이를 위해서 그는 플라톤의 주장과 거리를 두었다. 플라톤은 우리가 사랑과 운율에서 경험하는 숭고함 덕분에, 어지럽고 부정확한 일상적 물체의 세계 너머 다른 어딘가에 있는 형이상학적 세계를 언뜻 볼 수 있다고 주장했기 때문이다. 칸트의 체계를 이루는 중심 사상은 우리가 '아름다움'이라고 느끼는 것은 실제로는 **이성과 상상의 자유로운 상호작용**이라는 것이다. 이 말인즉슨, 무엇인가를 보고 그것을 이해하려 노력한 다음, 새로운 눈으로 그것을 보고 이해하려고 하는 식으로 계속되는 순환을 통해서 우리 안에 즐거운 '심미적' 감정—우리가 '아름다움'이라고 부르는 감각의 자극—이 싹튼다는 뜻이다. 하지만 어떤 상황에서는—가령, 산이나 먼 우주 공간, 우뚝 솟은 고딕 성당을 보거나 특정한 음악을 들을 때면—우리가 보거나 듣는 것과 우리가 이해할 수 있는 것 사이의 반응 고리는 그것을 파악할 수 있는 우리의 능력을 넘어서서 순환한다. 그러면 우리는 무한한 공간이나 우리가 언뜻 본 복잡성을 상상하고, 우리의 이해 능력 밖에 있는 존재의 질서를 이해하려 시도하면서 경외감에 젖는다. 그렇다. 이것이 바로 숭고함이다. 시인 워즈워스는 거장다운 노련한 솜씨로 이런 숭고함을 표현한다. 그는 알프스 산길을 걸으면서 보았던 풍경에 자극을 받아 초월을 경험했던 일을 묘사한다.

썩어가면서도 결코 다 썩어버리지는 않는

가늠할 수 없게 높이 치솟은 숲,

멈춘 듯이 쏟아지는 폭포수,

모퉁이마다, 좁은 틈으로

버려져 당황하는 바람들을 막아서는 바람들,

청명한 푸른 하늘에서 떨어지는 급류들,

우리 귓가에서 중얼거리던 바위들,

마치 목소리를 안에 품고 있듯

길가에서 말하던 커다란 검은 바위들,

지켜보면 메스껍고 어지러운

격렬히 흐르는 물결,

족쇄 풀린 구름과 하늘,

소란과 평화, 어둠과 빛—

마치 모든 것이 하나의 마음이 작용하는 듯했다네.

한 얼굴에 담긴 이목구비, 하나의 나무에 핀 여러 꽃송이,

위대한 묵시록을 이루는 글자들,

영원함, 즉, 처음과 끝과 중간, 그리고 끝이 없는 것을 보여주는

여러 유형이자 상징들 같았다네.


숭고함에 대한 워즈워스의 이런 낭만주의적 해석은 피렌체의 신플라톤주의자들의 해석과 크게 달라 보이지 않는다. 다만, 그는 우리의 이해 가능 범위 너머에 존재할지도 모르는 것에 대해서 과도하게 이야기하는 대신 개인적 경험을 설명하는 데에 초점을 둔다. 여기에서는 천사나 정령이 언급되지 않는다. 분명히 의미심장한 차이가 있다. 칸트는 자연에서 느끼는 숭고한 경험을 설명할 때, 감정에 너무 강하게 영향을 주거나

경험하는 동안 마음속에 어떤 대상을 심하게 각인시키지 않으려고 주의를 기울인다. 그는 이런 것을 **광신**으로 치부한다. 칸트의 사고방식에 따르면, 숭고함은 자유롭게 판단하는 개인이 숭고함이 다 가실 때까지 온전한 상태로 남을 때만 숭고하다. 그 외의 것은 무엇이든 일종의 **좀 먹는 질병**이다. 사람들의 마음속에 생각을 이식할 수 있다는 숭고함의 잠재적 위험성을 둘러싼 이런 불안감은 프랑스 혁명이라는 맥락에서 생각하면 더 쉽게 이해가 된다. 칸트가 집필하던 시기에는 프랑스 혁명이 진행 중이었으며, 당시 많은 이가 이런 넋을 사로잡는 연설 때문에 혁명이 과도해졌다고 느꼈기 때문이다. 그래서 칸트는 숭고함이라는 개념이 혁명의 열기와 연루되어 더럽혀지지 않도록, 저 높은 곳에 있는 무한한 것을 보여주는 자연적인 것들에 대한 경험만을 숭고하다고 주장했다. 이때, 자연적인 것들은 이런 무한한 것이 만들어낸 힘을 그것을 경험하는 사람에게 사용하려고 해서는 안 된다. 이처럼 칸트는 **자기중심적 숭고함**이라는 틀을 만드는 방법으로 이런 황홀한 힘이 사적인 개인의 경험 영역에 안전하게 머물기를 바랐다. 군중이 연설가의 목소리 운율에 휩쓸려 마치 자기가 말하는 것처럼 느끼면서 청중과 연사 사이의 구별이 사라지고 군중이 연설가에게 사슬로 묶이듯이 속박될 우려가 사전에 차단되기를 바란 것이다.7

　숭고함에 대한 이런 견해는 현대 문화에 상당한 영향력을 계속해서 행사했다. 현대 문화에서는 자연이나 음악의 아름다움에 도취되는 경험을 정례적으로 기념한다. 물론, 대개는 이 책에 거론된 것들보다 훨씬 더 차분하고 점잖다. 현대 문화에서도 강력한 연사에 홀려 황홀한 상태에 빠진 군중의 망령은 심히 불편하다. 현대 서구 사회에는 히틀러의 연설과 그의 리듬감 있는 달변의 힘에 이끌려 하나로 뭉친 거대한 군중이 이루는 장관이야말로 악 그 자체를 나타내는 가장 강력한 상징으로 남아 있다. 찰리 채플린은 「위대한 독재자」에서 이런 연설을 풍자하면서 단도직입적으로 정곡을 찌르는 불멸의 패러디를 남겼다. 누구나 알아챌 수 있게 독재자 총통의 목소리가 나오지만, 연설 내용은 의미 없는 횡설수설이다. 최면을 걸듯이 넋을 빼놓는 찬가가 사람들을 로봇으로 만든다는 발상은 우리 문화적 상상력의 중심에 여전히 남아 있다. 이를 대표적으로 보여주는 것이 「위커 맨」과 「악마의 씨」부터 「인디아나 존스 : 마궁의 사원」과 「맨츄리안 켄디데이트」에 이르는 수많은 공포 영화들이다.

서구 문화권에서는 우리가 청중의 혼을 빼놓는 연설에 걸려들지 않도록 예방하는 데에 대단한 에너지를 투여해왔다. 이런 연설과 관련된 과거의 트라우마를 생각하면 충분히 이해가 가는 일이다. 하지만 이런 탄압에는 대가가 따른다. 적어도 이 때문에 우리는 전 세계가 널리 공유하는 심오한 인간 경험을 온전히 이해할 기회를 잃었다. 우리 존재의 심오한 본질을 알 수 있는 의미 있는 실마리가 그 안에 담겨 있을 수 있는데도 말이다. 단지 이런 사고의 흐름을 따른 결과가 불편하다는 이유 때문이었다. 또한 신성불가침의 영역이라도 되는 듯이 개인을 과도하게 고집한 결과, 여전히 다른 문화를 이해할 준비가 되어 있지 않다. 여기에서 말하는 다른 문화란, 고금을 막론하고, 개인성 수호에 그다지 전념하지 않는 문화, 인간들이 특정한 경험에 이끌려 집단적 유대를 형성하여 개인의 이익보다 집단의 이익을 우선시한다는 생각에 크게 질색하지 않는 문화를 말한다. 사실, 기록으로 남아 있는 거의 모든 역사 속에 등장한 대다수 문화가 그러했다. 그럼에도 서양 문화에서는 개인보다 집단을 앞세우는 사회를 보면 여전히 충격을 받은 듯이 반응한다. 우리의 집단적 상상력 안에는 공산주의식 순응과 숭배 사상 세뇌라는 악몽과 같은 환영이 여전히 떠나지 않고 있다. 개인 정체성의 결핍 문제가 마음에 걸리지만, 사실 자본주의식 시장 원리는 서양 사람들을 꾀거나 부추겨서 모두가 눈에 띄게 비슷한 삶을 살게 만든다. 물론, 얼핏 우리가 선택한 삶처럼 보이고, 외견상으로는 어느 정도 형식적인 차이가 있는 것처럼 보이지만 말이다.

개인을 해체해서 군중으로 만들 수 있는 것이라면 무엇이든 격렬히 거부한 결과, 여러 문제가 발생했다. 널리 퍼진 전통, 즉 적극적으로 개인을 해체하고 소멸해서 더 큰 구조로 흡수시키려는 전통과 단절하지 않은 다른 문화를 이해할 때에만 문제가 되는 것이 아니다. 우리 사회가 직면한 공통된 문제에 대한 반응을 조율할 때에도 문제가 생긴다. 오늘날 세계가 봉착한 가장 심각한 문제들—환경 파괴부터 세계적 빈곤, 전염병, 탈세까지—을 해결하려면 거의 다 반드시 집단행동이 필요하다. 하지만 개인의 자유에 대한 서로 다른 문화적 관점 때문에, 집단행동을 계획하려는 노력이 좌초하는 경우가 많다. 특히, 현대 서양인들은 집단의 통제 아래 놓인다는 생각에 공포심을 느낀다. 물론 역사적 상처를 고려하면 압제적 통제로 가지 못하게 견제와 균형을 강제하고 싶은 마음은 충분히 이해가 간다. 하지만 이런 감정이 집단행동이라는 발상을 일반화해서 마뜩잖게 여기는 쪽으로 확대하는 경우가 많은 것이 문제이다. 즉, 집단행동을 초창기의 자아 개념에 대한 대대적 거부와 자기 멸각과 야만이나 미신 사이의 부정적 결탁이 낳은 유산으로 여기는 것이 문제이다.

최근 수십 년간, 생물학계에서는 특정 종들 안에서 집단행동을 조율해서 하나의 독립체로서 효과적으로 행동하는 방법을 더 많이 알게 되었다. 개미 군락이 대표적이다. 개미 군락 안에서는 화학적 신호를 사용해서 각각의 개미를 지휘하여 집단이 우선시하는 임무에 에너지를 집중하게 만든다. 이런 '초유기체'는 개별 개체들로 구성되지만, 마치 하나의 존재인 양 행동한다. 그런데 이번에도 우리는 이 초유기체를 보면서 매우 불안한 눈으로 우리 문화적 상상력 속에 자리 잡은 로봇 집합체의 또다른 모습이라고 생각할 수 있다. 하지만 개별 개미의 관점에서 보면 이런 임무는 그들이 기꺼이 맡아서 하는 것이다. 즉, 개미를 지휘하는 페로몬이 욕구를 느끼게 만들고, 개미는 집단행동이 이런 욕구를 충족시킨다고 느낀다. 이러한 초유기체와 널리 퍼진 문화 기록 속의 숭고한 경험 사이에는 충격적일 정도로 유사한 부분이 있다. 자아의 경계가 사라지는 경험과 정확히 동시에 일어나는 것처럼 느껴지는 가장 고조된 느낌, 외부의 목소리가 실제로는 우리 내면에서 나온다는 느낌 말이다. 현대 신경과학에서는 숭고한 연설의 힘을 설파했던 고대 선구자들이 옳았음을 시사하는 발견을 여럿 했다. 먼저, 크립토파시아cryptophasia의 존재를 확인했다. 이는 아직 말을 할 줄 모르는 쌍둥이들끼리 다른 사람은 뜻을 알 수 없지만 서로는 소통할 수 있는 언어를 발달시킨다는 것이다. 또한 우리 뇌 구조가 영아기에 듣는 리듬에 매우 큰 영향을 받는다는 증거도 발견했다. 이 외에도 우리 눈에 보이는 상대방의 감정뿐만 아니라 행동까지 따라 하게 만드는 '거울 뉴런' 현상도 알게 되었다. 인터넷에는 자율감각쾌락반응ASMR, 혹은 '두뇌가 찌릿찌릿한 느낌'을 자극하는 동영상이 넘쳐난다. 우리가 경험하는 가장 심오하고 강렬한 느낌은 하나의 초유기체로 통합되는 메커니즘의 잔재일 수 있다. 피코를 비롯한 많은 이들이 관심을 가진 일자—ṣ로 가는 단계의 흔적일 수 있다는 말이다. 이런 가능성은 도발적이고 (많은 사람에게) 골치 아픈 문제가 되기도 한다.

그러나 우리 대다수가 이미 중요한 방식으로 하나의 초유기체에 빠르게 편입되고 있다는 사실을 고려하면, 아마 이런 생각에 대한 거부감이 덜할 것이다. 인터넷은 일종의 디지털 중추신경계를 만들었다. 점차 많은 사람이 인터넷에 연결되어가고 있고, 점차 많은 (언어적, 경제적) 교류가 인터넷을 통해서 이루어져가며, 인터넷과 연결되지 않으면 많은 사람이 점점 더 불편하다고 느낀다. 이처럼 조화롭게 조율하는 존재는 압제적 권력으로 우리에게 강제되었던 무엇과는 거리가 멀다. 사람들은 여기에 소속되고 싶은 마음을 강하게 느낀다. 바람직한 행동은 긍정적 강화로 보상받고 바람직하지 않은 행동은 처벌받으면서(가령, 소셜미디어에서 화제가 되거나, 반대로 계정이 삭제되는 경우가 그렇다) 점차 집단의지에 반응하도록 훈련되어 행동하게 된다. 개미 군락을 형성할 때에도 분명 그렇겠지만, 여기에 잘 맞지 않는 사람들도 있기 마련이다. 하지만 절대다수에게 효과가 있으면, 이런 소수자들은 (기껏해야) 관심 밖 존재로 무시된다.

이런 사실을 깨달으면, 현재 형성 중인 유기체로부터 단호히 벗어나는 식으로 반응할 수도 있다. 인터넷 망을 벗어나 동화되지 않으려 저항할 수도 있다. '근대성'의 기치 아래 발달한 문화 안에서 개인주의가 중심 사상이었다는 점을 고려하면, 이런 반응은 익히 이해할 수 있다. 하지만 이 책에서 다루었듯이 자기 멸각을 추구했던 역사를 되짚어보면, 그런 반응을 보이기 전에 잠시 멈춰서 한 번 더 생각하게 된다. 첫 번째 이유는 이렇다. 역사적으로 살펴보면, 개인주의보다는 개인을 해체하고 소멸해서 더 큰 집단이나 구조에 흡수시키고 싶은 욕망이야말로 예전부터 인간에게 훨씬 더 '자연스럽고' 중요한 것임을 알 수 있다. 그러면 우리는 잠시 멈춰 서서 현대 서구 사회에 사는 우리가 개인주의에, 그리고 어떤 대가를 치르더라도 이 개인주의를 수호해야만 한다는 신념에 왜 이렇게 집착하게 되었는지 알고 싶어질 것이다. 인류 역사를 통틀어 세계 전역에서 인간은 어떤 식으로든 집단적 존재에 함몰되고 싶은 쪽으로 마음이 끌린다. 이런 증거를 고려하면, 우리가 이런 초유기체의 형태를 선택하는 데에 더 적극적으로 나서야 하는 것은 아닐까 하는 생각도 할 수 있다. 지속적인 단기적 만족감—사진을 통한 시각적 자극, 인정받음을 통한 감정적 보상, 다양한 욕구의 충족—으로 만들어진 집합체가 황홀한 경험으로 만들어진 집합체보다 정말로 훨씬 더 나을까? 우리가 이런 황홀한 경험을 그저 원시적 망상으로 치부하지 않고 더 잘 이해하면, 어쩌면 우리의 집단적 미래를 더 훌륭하게 빚어낼 수도 있다.

적어도, 우리는 발견이 탐험가의 전유물도 아니고 실험실에서만 이루어지는 것이 아님을 피코의 삶을 통해서 다시금 깨달아야 한다. 우리 각자가 지도에 나와 있지 않은 영토이며, 알려진 것의 경계 너머를 들여다볼 도구라는 사실을 말이다. 현대 의학의 발전으로 우리 인간에 대한 신비감이 사라지고 명확한 이해가 가능해진 경우가 많아졌다. 그러다 보니 우리는 생물학적 과정이나 화학적 반응으로 설명되는 작동 방식을 가진 기계와 같은 존재가 되었다. 그러나 우리의 존재에는 여전히 과학의 영역을 훨씬 넘어선 측면들이 많다. 어쩌면 이들이야말로 우리 존재에서 가장 중요한 측면일 것이다. 가령, 뇌와 인체는 어떻게 다중적 물리 작용을 통해서 의식을 생성하는가, 어떻게 비활성 물질로부터 생명이 출현하는가 등의 문제가 그렇다. 이런 문제들은 우리가 세상에서나 세상 너머에서 사는 방식에 한없이 많은 영향을 미친다. 우리가 속해 있는 모든 것과 우리의 관계를 이해하는 열쇠를 쥐고 있기 때문이다. 이런 문제들의 답을 찾을 실마리는 우리의 일상 속에 있을 수도 있다. 혹은 수천 년간 무無에서부터 가장 대담한 직관을 보존할 수단을 만들어낸 문화들에 대한 기록에서 그 찾을 수도 있다. 이 문화들은 그들의 가장 위험한 직관, 가장 심오한 경험, 이런 발상과 감정을 공유하기 위해서 찾아낸 방법들을 글과 예술뿐만 아니라 낭송과 의례 전통을 통해서 보존하고자 했다. 베다 사제들은 프라자파티Prajapati(베다의 창조신/역주), 혹은 카Ka(영혼/역주)를 그들의 여러 신 가운데 맨 앞자리에 둠으로써 이런 직관을 남겼다. 프라자파티 혹은 카는 존재의 해결할 수 없는 난해한 핵심이다. 범접할 수 없는 곳에 있는 생각과 말을 파악해야 이 지평이 보인다. 이런 사고방식에 따르면, 프라자파티는 없어서는 안 되는 바로 그 존재이다. 이 존재가 없다면 세상은 결국 완전히 고정되고, 알려지게 되며, 신비가 없는 곳이 되기 때문이다. 그렇게 되면 과연 누가 그런 세상에서 살고 싶겠는가?

# 감사의 글

가장 먼저 고마움을 전해야 할 곳은 존 사이먼 구겐하임 재단이다. 재단에서 연구비 지원을 받은 2023-2024년 동안 이 책을 대부분 집필할 수 있었다. 또한, 이 기간에 나를 객원 연구원으로 초빙해준 바르부르크 연구소에도 감사를 표한다. 덕분에 연구소의 놀라운 도서관을 이용하고, 완벽한 공동체 안에서 이번 주제를 고찰하고 이를 글로 옮길 수 있었다. 늘 그렇듯이, 내가 연구비 지원 기간에 자리를 비울 수 있게 허락해주고 지속적인 지원과 우정을 아끼지 않은 케임브리지 대학교 시드니 서식스의 학장과 동료들에게도 감사한다.

이번에도 윌리엄 콜린스 출판사 애러벨라 파이크의 편집진이 보내준 신뢰와 배려, 사려에 무한한 고마움을 표한다. 블레이크 프리드먼 에이전시 소속 이소벨 딕슨의 팀에게도 변함없이 즐겁게 함께 일하고 지원해준 것에 감사한다.

피코의 사상은 비범할 정도로 방대한 영역을 망라한다. 이런 그의 사상을 이해하기 위해, 나는 이 분야들에서 나보다 훨씬 전문성 있는 수많은 사람과 대화하며 도움을 받았다. 이런 사실을 여기 지면으로나마 알릴 수 있어서 기쁘다. 물론, 이들 외에도 내가 고마워해야 하지만 빠트린 사람들이 많다. 이번 책을 집필하는 여러 단계에서 중요한 조언뿐만 아니라 실용적인 도움을 준 버네사 팔로마 엘버즈, 알무트 힌체, 줄리아 러벨, 롭 맥팔레인, 크리스 페이지, 레나토 파스타, 아루시 푸니아, 빌 셔먼, 크레이그 스티븐슨, 클라이브 윌머에게 고마움을 전한다. 나는 카리나 존슨, 조 모셴스카, 아이샤 라마찬드란과 인류학에 관해서 대단히 즐거운 대화를 나누면서 큰 도움을 받았다. 대화 내용 가운데 대부분이 이 책을 구상하던 나의 생각 속에 녹아들었다. 타자로 작성된 원고를 여러 단계에서 읽고 검토해준 찰스 버넷, 브라이언 코펜하버, 에마 길비, 알베르토 망겔, 조 모셴스카, 클라이브 윌머, 그리고 늘 그러했듯이 켈시 윌슨-리에게 감사를 표한다. 이 책에 남아 있는 오류나 결함은 이 관대한 사람들이 해준 훌륭한 조언에 주의를 기울이지 못한 나의 잘못이다.

늘 그렇듯이, 켈시와 개브리얼, 앰브로즈의 인내심과 명랑함, 사랑에 감사한다. 이 책을 집필하는 동안 나의 육체적, 정신적 부재를 수없이 참고 기다려준 장본인들이다.

# 출처와 더 읽어볼 만한 문헌들

본문에 나오는 구체적인 인용문이나 주장의 출처는 권말에 실린 주석을 참고하면 된다. 여기에서는 일반 독자들에게 피코와 그의 세계를 중심으로 성장한 방대한 학문 영역을 간략히 소개하고자 한다. 독자들은 이 내용을 출발점으로 삼아서 심화 독서를 이어가면 된다. 이 자료들에 익숙해지면 독자들은 나의 해석이 피코의 업적 중 특정한 측면에 초점을 맞추었음을 금세 알아챌 것이다. 이는 사상사를 관통하는 일관된 주제—숭고한 언어에서 느끼는 황홀경, 이로 인해서 제기된 존재론적 문제, 이런 문제들에 답하기 위한 형이상학 체계—아래 피코의 사상을 살펴보기 위함이었다. 그 대신 이런 주제 못지않게, 혹은 어쩌면 그보다 더 피코의 저술의 핵심이라고 주장할 만한 다른 영역들은 제외했다. 이런 주제들—주로 15세기 사상과 그 이후의 신비주의와 카발라, 고대 신플라톤주의의 중요성—에 관심이 있는 독자라면 여기에서 어느 정도 출발점을 발견하게 될 것이다. 나아가, 피코의 삶과 주변 환경, 황홀경과 숭고한 언어에 관한 더 많은 자료도 안내받을 수 있다.

피코가 요절한 이래로, 그에 관한 관심은 사실 한 번도 사라진 적이 없다. 피코의 사상에 관한 근대적 연구는 19세기 말에 그를 중심으로 르네상스를 설명하면서 본격적으로 시작된다. 야코프 부르크하르트의 『이탈리아 르네상스 문명*Die Cultur der Renaissance in Italien*』(1860)과 월터 페이터의 『르네상스 역사 연구*Studies in the Renaissance*』(1873)에 포함된 피코에 관한 산문이 대표적이다. 피코에 관한 연구 초창기에는 피코의 조카가 시도한 대로 그가 천재성을 발휘한 청년기를 보낸 뒤 회개하고 교회의 정통에 따라 독실한 삶을 살았다는 말을 액면 그대로 믿는 경향이 있었다. 하지만 그후에는 피코를 새로 등장한 최초의 실존주의적 명령의 전령으로 자리매김하기 위해서 그의 특정 작품에 초점을 맞추게 되었다. 주로 로마 대토론회 개막 연설로 준비했던 『연설』을 중심으로 연구가 이루어졌는데, 이 작품은 당시까지만 해도 『인간의 존엄에 관한 연설*Oratio de hominis dignitate*』이라는 제목으로 널리 알려져 있었다. 이런 실존주의자적 명령에 따르면, 인간은 그의 초월적 능력을 주장하기 위해서 종교의 그늘을 벗어나야 한다. 이런 틀로 피코를 규정하자, 그가 후기 스콜라 철학 사상 연구에 매진했던 것과 그의 세계관의 중심에 비술 철학이 있었다는 사실이 관심 밖으로 밀려났다. 이런 프레임은 에른스트 카시러와 폴 오스카 크리스텔러, 존 허먼 랜들 주니어가 편찬한 대중서 『르네상스 철학에서의 인간*The Renaissance Philosophy of Man*』(1948)에서 더 강화되었다. 세계대전 이후 세대부터 (나를 포함해서) 많은 학생이 피코를 처음 접하게 된 계기가 바로 이 책이다. 이와 동시에 크리스텔러, 에우제니오 가린과 같은 학자들이 피코가 남긴 문헌과 시대 상황에 대한 기초 연구를 진행하면서 피코에 대한 연구의 발전에 기여한다. 이들은 현대 독자들을 위해서 더 광범위하게 피코의 저술 선집을 편찬했고, 그의 지적 탐구의 궤적과 인맥을 정리하기 시작했다. 이렇게 피코를 종합적으로 설명하면서 그의 사상에 대한 대대적인 재평가가 이루어졌다. 아마도 가장 유명한 저작은 프랜시스 예이츠의 『조르다노 브루노와 신비주의 전통*Giordano Bruno and the Hermetic Tradition*』(1964)일 것이다. 여기에서는 헤르메스 트리스메기스투스와 관련된 글이나 마법 형태로 전승된 전통들이 15세기 말에서 16세기 말까지 유럽 철학에서 공인받지는 못했으나 매우 중요한 암류를 형성했다고 주장하면서, 이런 흐름 안에서 피코에게 중요한 위치를 부여한다. 물론, 훗날 학계에서는 예이츠가 당시의 신비주의 사상에 매우 중요한 위치를 부여한 것에 의문을 제기한다. 하지만 이런 그녀의 주장이 분수령이 되어 피코와 그의 동시대인들의 난해하고 비밀스러운 지적 탐구에 관심이 집중되기 시작했다. 예를 들면, 에드거 윈드는 오르페우스교를 연구했고(『르네상스 시대의 이교도 신비*Pagan Mysteries in the Renaissance*』[1958]), 모셰 아이델과 하임 비르스줍스키는 히브리 신비주의와 카발라가 피코의 사상에 깊은 영향을 미친 것에 관해서 중요한 연구를 진행했다(그 정점을 이룬 결과물이 비르스줍스키의 『피코 델라 미란돌라와 유대 신비주의의 만남*Pico della Mirandola's Encounter with Jewish Mysticism*』[1989]이다).

운 좋게도 오늘날에는 피코에 관한 연구를 진행할 때 이와 같은 토대 위에서 탄생한 뛰어난 출판물들을 다양하게 접할 수 있다. 이 가운데에는 브라이언 코펜하버가 편집한 피코의 『연설』과 피코의 조카가 쓴 피코 전기 신판도 포함된다(『조반니 피코 델라 미란돌라의 삶*Life of Giovanni Pico della Mirandola*』, 『연설』[2022]). 마찬가지로 하버드 대학교 출판사의 iTatti

르네상스 라이브러리 시리즈에서 피코의『논제』신판도 출간 예정이다. 이 출간 예정 도서는 내가 이 책을 집필하는 동안에는 구할 수 없었기 때문에, 나는 현재 영어권 독자들에게 가장 접근성이 좋은 S. A. 파머의『서양에서의 통합주의 : 피코의 900 논제*Syncretism in the West: Pico's 900 Theses*』(1998)를 참고했다. 코펜하버는 피코의 작품과 명성에 대한 사후 평가에 관한 권위 있는 새로운 해석도 내놓았으며(『마법과 인간의 존엄*Magic and the Dignity of Man*』[2019]) 피코의『논제』와 1487년 로마에서 진행된 소송을 둘러싼 논란에 대해서 새로운 해석을 발표했다(『재판정에 선 피코 델라 미란돌라 : 이단, 자유, 그리고 철학*Pico della Mirandola on Trial: Heresy, Freedom and Philosophy*』[2022]). 프랑스 독자들은 루이 발크가 흥미롭고 지적인 시선으로 최근에 쓴 피코의 전기『피코 델라 미란돌라 : 어느 철학자의 여정*Pic de la Mirandole: Un Itinéraire Philosophique*』(2005)을 만나볼 수 있다. 영어권 독자들은『스탠퍼드 철학 백과사전』온라인판에 코펜하버가 참여한 피코 관련 자료로 시작할 수도 있다. 피코의 삶과 사상, 배경, 사후 평가에 관한 최근의 참고문헌은 워낙 방대해서 여기에 다 요약할 수 없다. 그래도 영어권 독자들에게는 마이클 J. B. 앨런, 줄리오 부시, 크리스토퍼 셀렌자, M. V. 도허티, 아모스 에델하이트, 앤서니 그래프턴, 질 크레이, 데니스 J-J 로비쇼드의 작품들이 도움이 될 것이다. 또한, 도허티가 관리하면서 피코에 관한 학문적 저작물과 영어 번역물을 포괄적으로 제공하고 있는 온라인 참고문헌('영어로 읽는 피코 : 참고문헌', http://www.mvdougherty.com/pico.htm)도 추천할 만하다.

　피코 관련 연구물의 서론 격에 해당하는 저작물만 해도 이렇게 방대하다는 데에서 짐작할 수 있듯이, 그와 가까웠던 동료 폴리치아노와 피치노를 비롯한 르네상스 이탈리아 사상계 관련 연구는 훨씬 놀랄 만한 규모를 자랑하기 때문에 맛보기로도 요약을 시도할 수 없다. 다만, 영어권 독자들은 가장 중요한 문헌들 가운데 일부를 iTatti 르네상스 라이브러리 시리즈의 뛰어난 편집과 번역으로 즐길 수 있다(가령, 폴리치아노의 작품 중에서는 다이크와 코트렐이 번역한『잡록』, 버틀러가 번역한『서간문*Letters*』, 판타치가 번역한『숲*Silvae*』, 피치노의 작품 중에서는 앨런이 번역한『플라톤 비평*Commentaries on Plato*』, 앨런과 핸킨스가 번역한『플라톤 신학*Platonic Theology*』). 이뿐만 아니라, 크리스토퍼 셀렌자의『이탈리아 르네상스 지성계*Intellectual World of the Italian Renaissance*』(2018)와 그래프턴의『15-16세기 유럽의 마술사들*Magus: The Art of Magic from Faustus to Agrippa*』(2024)과 같은 권위 있으면서도 이해하기 쉬운 출판물을 통해서 그 당시의 사회적, 물질적, 지적 배경에 관한 윤곽을 잡을 수 있다.

이 책은 피코의 사상과 지적 환경을 특유의 방식으로 색다르게 탐구하며, 이는 숭고함과 마법의 언어도 마찬가지이다. 이 두 주제에 대해서는 각각 방대하고 복잡한 학문 분야가 존재한다. 물론, 이 책에서처럼 두 분야를 함께 다루는 경우는 드물다. 고전적 형태의 숭고함과 이후 예술과 철학의 모습을 한 숭고함에 관한 방대한 저술들은 특히 다루기 까다롭다. 숭고함을 이루는 것이 정확히 무엇인지 의견이 분분하기 때문이다. 숭고함은 웅장함을 심미적으로 표현한 동의어로 볼 수도 있고, 아니면 낭만주의적 숭고함으로 이끌었다가 거기에서 벗어나게 하는 심미적, 형이상학적 결합으로도 볼 수 있다. 독자들이 이런 궤적을 개략적으로 접하고 심화 독서 관련 아이디어를 얻을 수 있도록 추천할 만한 책들은 뉴 크리티컬 이디엄 시리즈로 나온 필립 쇼의『숭고함*The Sublime*』과 코스

텔로에의 『숭고함 : 고대에서 현재까지*The Sublime: From Antiquity to the Present*』 등이다. 하지만 나는 이 책에서 롱기누스가 설명했듯이 숭고함의 경험으로 인해서 생긴 존재론적 윤리적 문제들에 초점을 맞추기로 했다. 이는 마법의 언어와 마술, 강령술, 천사와 교감하는 에녹 마술과 흔히 관련된 주제이다. 이들에 관한 더 자세한 내용을 접할 수 있는 저작들로는 (다른 많은 책 중에서도) 찰스 버넷(『중세의 마법과 점술*Magic and Divination in the Middle Ages*』, 앤서니 그래프턴(『15−16세기 유럽의 마술사들』), 스티븐 윌슨(『마법의 세계 : 초기 근대 유럽의 일상적 마법과 의례*The Magical Universe: Everyday Magic and Ritual in Early Modern Europe*』), 키스 토머스의 고전 『종교와 마법의 몰락*Religion and the Decline of Magic*』 등이 있다. 그런데 숭고함과 마법, 이들 두 분야가 겹치는 부분에 초점을 맞추는 데에는 타당한 이유가 있다. 이를 잘 보여주는 사례가 제니 C. 만의 『오르페우스의 재판 : 시, 과학, 그리고 초기 근대의 숭고함*The Trials of Orpheus : Poetry, Science, and the Early Modern Sublime*』(2021)이다. 이 책은 주로 영국 상황을 다루는데, 오랫동안 이번 책을 준비한 나의 눈에 너무 늦게 들어오는 바람에 참고하지 못했다. 나는 언어가 지닌 마법의 힘과 숭고함에 관한 관심을 결합하려고 시도했다. 초자연적 동인에 대한 믿음에 주로 의존한 설명을 받아들이기 힘들어하는 사람들이 이런 문제들을 생각할 길을 터주고 싶었기 때문이다. 물론, 나는 둘 중 어느 하나도 완전히 이해하는 데에 사실상 실패했다. 그래도 이 책 덕분에 여전히 흔한 이런 경험들로 인해서 생긴 심오한 존재론적, 윤리적 이슈에 느끼는 매력을 독자들이 어느 정도 공감할 수 있었기를 바란다. 또한, 독자들과 시공간적으로 분리된 문화들 안에서 이런 문제들을 고민해온 사고방식에 대해서도 생각할 수 있게 되었기를 희망한다.

　이런 맥락에서는 또 하나의 과제가 생긴다. 피코가 접할 수 있었던 다양한 전통들과 피코 및 그의 직속 후배들은 겨우 서서히 알게 되었던 다른 많은 문화권에 존재했던 전통들을 연결하는 작업이다. 숭고함과 관련 개념에 대한 전반적인 비교 연구는 여전히 진행 중이다. 관련 설명은 대부분 인류학 분야에서 나온다(가령, 미르치아 엘리아데의 『샤마니즘 : 고대적 접신술Shamanism: Archaic Techniques of Ecstasy』과 질베르 루제의 『음악과 무아지경 : 음악과 홀림의 관계론Music and Trance: a theory of the relations between music and possession』). 그리고 (루제의 경우처럼) 이런 현상들을 비교문화적으로 연결하기를 주저하게 만드는 지적 결과물에서도 나온다. 이에 관해서 이 책은 넌지시 화두를 던지는 수준에 그쳤지만, 바라건대 이러한 전통들을 연결하는 더 많은 작업이 곧 이루어졌으면 한다.

# 그림 목록

본문 삽화

*Statue of the Virgin and Child Commissioned by Giulia Boiardo for the Palazzo della Ragione*, Miranola, unattributed photograph. (author's collection)

Woodcut of a wryneck from Andrea Alciati, *Emblemes d'Alciat, de nouveau translatez en françois* (Paris: H. de Marnef, 1561). (Public Domain)

Italy, Ferrara, View of Castello Estense. (Getty Images / DEA / A. DE GREGORIO / Contributor)

Image of the Orphic god Phanes, owned by Ercole d'Este, now in Galleria Estense, Modena. (Alamy)

Leonardo da Vinci's designs for a production of Poliziano's *Orpheo* (Alamy)

Vishnu's avatar Matsya recovering the Vedas from the belly of a fish and returning them to Brahma. (Public Domain)

Mosaic inlay portraying Hermes Trismegistus, from the floor of Siena Cathedral (Alamy)

Rhythmomachia board from Jacques Lefevre d'Etaples, *Arethmetica et Musica* (Paris: Joannis Higman, 1496), sig. [i8r]. (Public Domain)

Arabic talisman to protect against scorpion bites, 10th century, Louvre. (Public Domain)

A depiction of the discovery of the *Tabula Smaragdina*, 1602. (Alamy) A page from Flavius Mithridates' *Sermo de Passione*, Vatican Library Barb. Lat. 1775, fol.

102r. (By permission of Biblioteca Apostolica Vaticana, with all rights reserved)

A psalter in the language of Ge'ez, possibly used by Mithridates to teach Pico: Vatican Library, Vat.et.20, fol. 3ʳ. (By permission of Biblioteca Apostolica Vaticana, with all rights reserved)

An etching of Michelangelo's first work, 'The Battle of the Centaurs', a topic suggested by Poliziano. (Alamy)

Hercules Gallicus or Ogmios, copied from a fresco on the exterior wall of a building near the Piazza Navona in Rome, in Geoffroy Tory, *Champfleury*, (Paris: Gilles de Gourmant, 1529), fol. 3ᵛ.(Public Domain)

Cristoforo Buondelmonti, Map of Constantinople, from the *Liber Insularum Archipelagi*, Universitäts- und Landesbibliothek, Düsseldorf, MS-G-13, fol. 66ʳ. (Public Domain)

Ces Moeurs et fachons de faire de Turcz (Customs and Fashions of the Turks) after Pieter Coecke van Aelst, published by Mayken Verhulst, 1553 (Public Domain)

Portrait of Cassandra Fedele from Giacomo Filippo Tomasini, *Elogia virorum litteris et sapientia illustrium* (Padua: Sebastiano Sardi, 1644), p. [344]. (Public Domain)

Image of Savonarola preaching, from his 1495 *Compendio di Rivelazione* (Alamy)

A page from the Mixtec Codex Borbonicus, showing the speech scrolls representing overpowering speech, Bibliothèque de l'Assemblée Nationale, Paris (Public Domain)

A page from the Codex Testeriano Bodmer, showing the use of Mixtec speech scrolls to portray angel–speech, Cod. Bodmer 905, fol. 3ᵛ. (The Martin Bodmer Foundation, Cologny (Geneva))

화보

Paul Delaroche, 'The Childhood of Pico della Mirandola', 1842, Musée des Beaux Arts, Nantes. (Alamy)

'April' from the frescoes at the Palazzo Schifanoia, Ferrara. (Alamy)

Domenico Ghirlandaio, 'The Annunciation of the Angel to Zecharias', Tornabuoni Chapel, Santa Maria Novella, Florence. (Bridgeman Image Library)

Golden lip plug in the form of an eagle head (teocuitcuauhtentetl), before 1521, Saint Louis Art Museum

Cosimo Rosselli, detail from the 'Miracle of the Sacrament' showing Pico clasped by two figures traditionally associated with Poliziano and Ficino, Sant'Ambrogio, Florence. (Bridgeman Image Library)

Detail from Raphael's *School of Athens*, showing an unidentified figure looking out of the picture, identified by some as Pico. (Alamy)

Botticelli, detail from 'The Trials of Moses', Sistine Chapel, Vatican,

portraying the Ethiopian ambassadors from the 1481-2 embassy. (Alamy)

Portrait of Girolamo Savonarola, *Il Frate*, by Fra Bartolomeo della Porta, from the Museo di San Marco. (Bridgeman Image Library)

# 주

## 약어 안내

*Commento* – Eugenio Garin, ed. and trans., *De Hominis Dignitate, Heptaplus, De Ente et Uno, e Scritti Vari* (Florence: Vallechi Editore, 1942)

*Miscellanies* – Angelo Poliziano, *Miscellanies*, 2 vols, ed. Andrew R. Dyck and Alan Cottrell (Cambridge, MA: I Tatti Renaissance Library, 2020)

*Opera* – *Opera Omnia Ioannis Pici, Mirandulae Concordiaeque comitis* (Basel: per Heinricum Petri, 1557)

*Oration* – *Life of Giovanni Pico della Mirandola & Oration*, ed. Brian C. Copenhaver (Cambridge, MA: I Tatti Renaissance Library, Harvard University Press, 2022)

*Theses* – *Syncretism in the West: Pico's 900 Theses* (1486) *with Text, Translation and Commentary*, ed. S. A. Farmer (Arizona: Arizona Center for Medieval and Renaissance Studies, 2008)

## 제1장 900 논제

1   *Diario della città di Roma di Stefano Infessura scribasenato*, ed. Oreste Tommasini (Rome: Forzani, 1890), pp. 216, 217–18, 220–21, 222–3, 224–5; *Diario Romano dal 3 maggio 1485 al 6 giugno 1524 di Sebastiano di Branca Teddalini*, ed. Paolo Piccolomini, in *Rerum italicarum scriptores: raccolta degli storiciitaliani dal cinquecento al millecinquecento* (Città di Castello: S. Lappi, 1907–11), p. 316. 피코가 그의 조카 잔프란체스코에게 보낸 편지 가운데 여기에서 인용한 부분은 토

머스 모어의 번역본 『조반니 피코 미란돌라의 삶The Lyfe of Johan Picus Erle of Myrandula』 (London: William Rastell, 1510)에 수록된 내용을 바탕으로 현대어에 맞게 살짝 변경했다.

2 Giovanni Pico della Mirandola, *Conclusiones DCCCC publice disputandae* (Rome: Eucharius Silber, 7 December 1486). 이후로 이 문헌을 언급하는 경우에는 『논제 *Theses*』라는 짧은 제목으로 출간된 (영어권 독자들에게 가장 접근성이 좋은) 파머의 번역본을 가리킨다. 이 책의 p. x를 보라. 또한 루이 발크의 『피코 델라 미란돌라 : 어느 철학자의 여정』 (Paris: Les Belles Lettres, 2005), p. 155. Miscellanies, I.484-5을 보라. 다른 주석이 없는 경우, 기존 번역본을 바탕으로 내가 직접 번역했다.

3 *Theses* 2>40, 7.25, 2>49, 22.4-8, 28.7, 9>21. 피코의 조카 조반니 프란체스코가 쓴 피코의 전기와 피코의 『연설』 인용 부분은 『연설*Oration*』이라는 짧은 제목으로 출판된 코펜하버 판에서 인용했다(여기에서는 pp.116-117, 139). 마찬가지로 달리 출처가 특정되지 않은 경우, 내가 코펜하버 판을 비롯한 기존의 다른 번역본을 참고하여 직접 번역했다.

4 Gugliemo Raimondo Moncada, *Sermo de Passione Domini*, ed Chaim Wirszubski (Jerusalem: Israel Academy of Arts and Sciences, 1963); the sermon survives in Vat. Lat. Barberini 1775, fols 90-126. 또한 Grafton, *Commerce with the Ancients* (Ann Arbor: University of Michigan Press, 1997), p. 94.

5 Valcke, *Pic*, pp. 152-3.

6 *Oration*, pp. 120-23; *Theses*, p. 42.

7 *Oration*, pp. 118-121, 175, 86-7, 80-81.

8 *Oration*, pp. 86-7; 98-9; 100-103.

9 물론, 원격 작용과 관련된 이론 가운데는 별의 영향력, 대상들 간의 주술적 교감, 마술, 영혼 소환과 조종 관련 이론을 바탕으로 하는 경우가 매우 많다. 하지만 이 책에서는 자세히 다루지 않을 예정이다. 소리와 목소리의 경험과 관련된 전통에만 초점을 맞추기 위함이다. 이 책에서 나는 이런 소리의 경험이 가장 핵심적일 뿐만 아니라(물론 그렇다고 이 경험이 따로 고립되어 있다거나 배타적이라는 뜻은 전혀 아니다), 전 세계 역사상 원격 작용 관련 발상들을 광범위하게 연결한다고 상정한다. 점성술이나 마법, 주술, 점술에 관한 학문은 범위가 방대해서 이 책에서 간략히 요약할 수는 없다. 다만, 중세와 근대 초기의 이 분야 관련 주요 연구서들은 다음과 같다. Frances Yates's classic *Giordano Bruno and the Hermetic Tradition* (Chicago: Chicago University Press, 1964); Richard Kieckhefer, *Magic in the Middle Ages* (Cambridge: Cambridge University Press, 1989); Charles Burnett, *Magic and Divination in the Middle Ages: Texts and*

*Techniques in the Islamic and Christian Worlds* (Aldershot, UK: Variorum, 1996); and Claire Fanger, ed., *Conjuring Spirits: Texts and Traditions of Medieval Ritual Magic* (University Park, PA: Penn State University press, 1998). 피코가 활동했던 시대와 가장 관련된 신비술 관련 최근 연구서로는 다음을 참조하라. Grafton, *Magus: The Art of Magic from Faustus to Agippa* (London: Allen Lane, 2024).

10 *Commento*, p. 556. 「이사야」서는 Valery Rees, *From Gabriel to Lucifer: A Cultural History of Angels* (London: I. B. Tauris, 2013)에 따라서 영어 표준 성서를 인용했다.

11 피코가 훗날에 얻은 명성에 관한 이야기는 최근 출간된 브라이언 코펜하버의 『마법과 인간의 존엄 : 근대의 기억 속에 남은 피코 델라 미란돌라와 그의 연설 *Magic and the Dignity of Man: Pico della Mirandola and his Oration in Modern Memory*』 (Cambridge, MA: Harvard University Press, 2019)에 설득력 있게 포괄적으로 기록되어 있다. 여기 이 대목 외에도 필자는 피코에 관한 코펜하버의 방대한 연구물에 큰 신세를 지고 있다. 폴 들라로슈의 그림은 낭트 순수 미술관에 소장되어 있다, Inv. # 902.

12 *Oration*, pp. 128-9; 138-9.

## 제2장 불의 고리

1 *Oration*, pp. 10-11. *Picatrix: A Medieval Treatise on Astral Magic*, trans. Dan Attrell and David Porreca (University Park, PA: Penn State University Press, 2019), p. 44; *Commento*, pp. 505-6. Plotinus, *The Enneads*, trans. Stephen McKenna, ed. John Dillon (London: Penguin Classics, 1991), I.6, pp. 48-9.

2 *Oration*, pp. 10-13

3 이 책에 나오는 플라톤의 저서는 특별한 언급이 없는 한 존 M. 쿠퍼가 편집한 『플라톤 전집*Plato: Complete Works*』(Indianapolis: Hackett, 1997)에서 인용했으며, 해당 내용에 따라서 전집에 수록된 특정 저작 제목과 쪽수, 표준 참조 번호인 스테파누스 번호를 표기했다. *Symposium*, trans. A. Nehemas & P. Woodruff, p.490 (207d-e). '테세우스의 배'는 『플루타르코스의 영웅전*Lives of the Noble Greeks and Romans*』속 테세우스 편에 처음 등장해서 고전이 되었다.

4 L. Dorez, 'Lettres inédites de Jean Pic de Mirandole, 1482-1492', in *Giornale storico della letteratura Italiana*, 85 (1895), 352-61, 356. *Oration*, pp. 12-13.

5 Valke, *Pic*, 87. 건물이 건축가의 마음 안에 먼저 존재하는지 아니면 물리적 형태로 먼저 존재하는지는 피코의 사상에 매우 중요한 문제이다. 이 문제는 아리스토텔레스가 『영혼에 대하여』 403a-b에서 제시했고, 이어서 플로티노스의 『엔네아데스*Enneads*』 I.6 (p. 48)에서도 다루어진다. 피코가 이 문제를 활용한 사례

는 『논평*Commento*』, p.467과 『헵타플루스』가 수록된 피코 미란돌라의 『인간의 존 엄에 관한 연설/존재와 일자에 관하여/헵타플루스』, trans. Charles Glenn Wallis, Paul W. J. Miller, Douglas Carmichael (New York: Hackett, 1998), pp.86–87을 참조하라.

6  *Oration*, pp. 12–13. Sac. F. Ceretti, 'Intorno a P. Francesco Ignazio Papotti ed ai suoi Annali della Mirandola', *Memorie storiche della città e dell'antico ducato della Mirandola* III, (Mirandola: Gaetano Cagarelli, 1876), p. XXVI.

7  Dante, *De Vulgari Eloquentia*, ed. and trans. Steven Botterill (Cambridge: Cambridge University Press, 1996), pp. 2–3, 34–7. Giovanni Pontano, 'Naeniae', in *Varia Opuscula* (Naples: Sigismondo Mayr, 1505), Fiiᵛ-[Fv]ʳ. 로마인들이 라틴 어를 문법어로 배웠는지 아니면 속어로 배웠는지를 둘러싸고 당시에 논쟁이 치 열했다. 가령, 당시의 브루니와 비온도의 견해를 논하는 포조 브라촐리니의 『유 쾌한 토론의 역사*Historia disceptativa convivialis*』 3부를 참조하라.

8  (Ps.?–)Plato, *Halcyon*, §8, trans. Brad Inwood; Cavalcanti, 'Fresca Rosa Novella' in Guido Cavalcanti, *Complete Poems*, ed. and trans. Anthony Mortimer (London: Alma Books, 2012), pp. 2–3. 인용상의 편의를 위해서 이 시집의 이탈리아어 원 문을 바탕으로 직접 번역했다. 시구르드와 파브니르 이야기는 이 이야기가 수 록된 『에다 운문*The Poetic Edda*』, trans. Carolyne Larrington (Oxford: Oxford University Press, 2014)을 참조하라. Jacobus de Voragine, *The Golden Legend*, ed. Richard Hamer & trans. Christopher Stace (London: Penguin Books, 1998), pp.263–265. 문화 속에서 새소리를 어떻게 다루는지 살펴본 최근 연구로는 다 음을 참조하라. Francesco Santi, 'When and Why the So-Called Chirping of the Birds Pointed out the Harmony of the World', *Micrologus* XXV (2017), 149–167. 이 연구에서는 카를하인츠 슈톡하우젠의 곡 「슈티뭉」에서 느껴지는 이런 연결 관계는 유럽 문화에 계속 존재하던 현상이었다는 레오 슈피처의 주장을 다시 다룬다. 인간의 귀를 훈련하는 것과 어린 새가 노래를 배우는 법이 비슷하다는 직관은 현대 뇌과학에서 확인되었다. Bolhuis and Everaert ed., *Birdsong, Speech and Language: Exploring the Evolution of Mind and Brain* (Cambridge, MA: MIT Press, 2013), 특히 5장을 참조하라.

9  Pindar, Pythian IV. 피코를 딱따구리와 연결짓는 장난에 대해서는 Poliziano, *Letters* III.xxi를 참조하라. 개미잡이새와 관련된 칼데아 전통에 관해서는 Ruth Majercik, *The Chaldean Oracles: Text, Translation, and Commentary* (Leiden: E. J. Brill, 1989), p.9을 참조하라. 또한, Copenhaver, *Magic and the Dignity of Man*, pp.9–12도 참조하라. 개미잡이새를 뜻하는 이탈리아어 pico bocciolo (i.e. tocciolo)에 관해서는 Gessner, *Historia Animalium Liber III De Avibus* (Frankfurt:

Ioannis Wecheli, 1585), pp.520, 573에서 아우구스티노 니포를 인용하는 부분을 보라. 게스너에 따르면, tocciolo는 torzicuello에서 파생된 단어로 추정된다.

10 피치노는 플라톤과 플로티노스에 관한 그의 작업과 피코와의 연관성을 그가 번역한 플로티노스의 『오페라_Opera』 (Florence: Antonio di Bartolommeo Miscomini, 7 May 1492), sig. [aii]ᵣ⁻ᵛ에서 논한다. Valcke, *Pic*, 143도 참조하라.

## 제3장 가볍고 날개 달린 성스러운 존재

1 『파이드로스』와 『파르메니데스_Parmenides』의 인용문은 모두 『플라톤 전집 12권 *Plato in Twelve Volumes*』 trans. Harold N. Fowler (London: William Heinemann, 1925)과 추가 자료로 벤저민 조웻의 번역본, 5 vols (Oxford: Oxford University Press, 1888)에서 인용했다. 따라서 여기에서는 표준 스테파누스 번호로 표기했다. *Phaedrus* 227ac230e.

2 *Phaedrus*, 267b-d; 228b-c.

3 *Phaedrus*, 230c, 259a-d.

4 플라톤의 대화에서 이온과의 대화를 인용한 부분은 다음을 참조하라. *Classical Literary Criticism*, trans. Penelope Murray & T. S. & T. S. Dorsch (London: Penguin Classics, 1965), pp.1–4, 5–7.

5 Pliny, XXXIV.42; Evliya Çelebi, *An Ottoman Traveller: Selections from the Book of Travels of Evliya Çelebi*, ed. and trans. Robert Dankoff and Sooyong Kim (London: Eland Books, 2011), II.9; 탈레스 관련 부분은 Aristotle, *De Anima* 405a; 작용과 열정의 상호 관계와 관련된 부분은 *Physics* III.3과 Sarah Waterlow, 'Agent and Patient', in *Nature, Change and Agency in Aristotle's Physics: A Philosophical Study* (Oxford: Oxford University Press, 1982), pp.159–203을 참조하라. Petrus Peregrinus, *Epistola de Magnete*에서 여기에 인용된 부분은 곤빌 & 카이어스 대학교, 케임브리지 대학교에서 발견된 익명의 인물이 번역한 16세기 영문본 MS 174/95, pp.395–441에 있다. 이 문헌은 크리스토프 샌더의 페레그리누스의 저술 데이터베이스를 통해 접할 수 있다. 자석과 노래/마법의 연관성은 16세기에 이 현상을 이해할 때 계속해서 중추적 역할을 했다. 이런 사례로 다음도 참조하라. Pietro Pomponazzi, *De Incantationibus*, ed. Vittoria Perrone Compagni (Rome: Olschki, 2011) III. 2–3, pp.17–18; Sandro Landi, 'The Multitude's Two Bodies: On a key concept of Machiavellian criticism', *Essais: Revue interdisciplinaire d'humanites* 19 (2023).

6 *The Iliad*, VIII. 25–7, trans. A. T. Murray, 2 vols (Cambridge, MA: Harvard University Press, 1924).

7 Dodds, *The Greeks and the Irrational* (Berkley, CA: University of California

Press, 1951), p. 79; 소크라테스가 코리반테스 의식에 관해 내부자로서 알고 있다는 것은 『에우튀데모스*Euthydemus*』 277d에 암시되어 있다. 아리스토텔레스는 『정치학*Politiká*』 1342b에서 디오니소스 찬가는 그리스 도리아 양식이 아니라 동방의 프리지아 양식으로만 작곡된다고 언급했다. Rouget, *Music and Trance: a theory of the relations between music and possession*, trans. Brunhilde Biebuyck (Chicago: University of Chicago Press, 1985), p. 92.

8   Pierre Clastres, *Le grand parler: Mythes et chants sacrés des Indiens Guarani* (Paris: Éditions du Seuil, 1974), pp. 7, 11, 113.

9   *Parmenides*, 130d-e.; 플로티노스는 『엔네아데스』 VI.7.11-12에서 다시 진흙과 머리카락 문제로 돌아온다.

10  *Phaedrus*, trans. Jowett, 250b-c. 여기에서 중요한 사항이 하나 있다. 시/음악과 육체적 사랑은 얼핏 초월에 접근하는 매우 다른 방식처럼 보일 수 있다. 그러나 에로스가 개인에게 작용하는 방식은 음악과 매우 유사하다. 가령, 향연에서 아가톤은 사랑을 가리켜 '생각[phronema]을 마법처럼 사로잡는[thelgon] 노래를 부르는 것'이라고 묘사한다. 이 대목은 훗날 디오니시오스 아레오파기테스가 다시 인용한다. K. Corrigan, 'Pseudo-Dionysios the Areopagite', in *The Stanford Encyclopedia of Philosophy*, from which the quotation from Symposium 197C.

## 제4장 그 철학자

1   Bernardino Zambotti, *Diario Ferrarese dall'anno 1476 sino al 1504*, ed. Giuseppe Pardi, in *Rerum Italicarum Scriptores* XXIV/vii (Bologna: Nicola Zanichelli, 1937), p. 59.

2   Zambotti, *Diario Ferrarese*, pp. 61–2, 72–3; Thomas Tuohy, *Herculean Ferrara: Ercole d'Este, 1471–1505, and the invention of a Ducal Capital* (Cambridge: Cambridge University Press, 1996), pp. 4, 7.

3   Zambotti, *Diario Ferrarese*, pp. 73, 79. 피코의 형 갈레오토가 에르콜레의 누이 비앙카 마리아 데스테와 혼인했다.

4   Zambotti, *Diario Ferrarese*, p. 75.

5   아리스토텔레스의 『영혼에 대하여』 인용문은 W. D. 로스가 편집한 『아리스토텔레스 전집*Works of Aristotle*』 vol. III (Oxford: Clarendon Press, 1931)에 수록된 J. A. 스미스의 번역본에서 인용했고, 인용 표기는 표준 방식에 따라 스테파누스 번호로 표기했다. *De Anima* 413a.

6   *De Anima* 414b, 417a; 피코는 『오페라』의 p.350에서 1484년 즈음 『영혼에 대하여』를 익히 잘 안다고 언급한다.

7   아리스토텔레스가 원자론자들의 다중세계론을 배척한 내용은 그의 『천체론*De*

*Caelo*』I.7; 자크 르페브르 데타플 9를 참조하라. 다중세계론의 윤리적 의미에 관해서는 다음을 참조하라. James Warren, 'Ancient Atomists on the Plurality of Worlds', *Classical Quarterly* 54/2 (Dec 2004), 354–365. 아리스토텔레스가 엘레아 학파의 일원론을 공격한 내용은 *Physics* 1.2 184b25–1.3 187을 참조하라. 양상실재론과 다중세계론에 관한 최근 논쟁은 David Lewis, *On the Plurality of Worlds* (Oxford: Blackwell, 1986)를 참조하라.

8 핵심 부분은 *De Anima* 430a 참조.

9 프랑스 인문주의자 자크 르페브르 데타플이 기억하는 피코의 모습에 관해서는 Valke, *Pic*, pp.281–282를 참조하라. Pico, *Heptaplus*, trans. Carmichael, 140. Zambotti, *Diario Ferrarese*, pp. 65–6. Apuleo volgare tradutto per il magnifico conte Matteo Maria Boiardo . . . (Venice: Nicolò di Aristotile, detto Zoppino, 1526), sig. A3ʳ는 직접 번역했다.

10 Matteo Maria Boiardo, *Orlando Innamorato*, ed. Luigi Garbato, vol. 1 (Milan: Marzorati, 1970), I.42, p.48. Cavalcanti, 'Chi è questa che vèn, ch'ogn'om la mira'. 갈레오토 피코 델라 미란돌라와 그의 신부 비앙카 데스테를 묘사한 것으로 추정되는 초상화는 스키파노이아 궁전 살라 데이 메시 방의 '7월'에 그려져 있다.

11 잠바티스타 델라 포르타의『초상화에 대하여*Della fisonomia dell'uomo*』(Padua: Tozzi, 1623), fol. 172v에 수록된 피코의 판화는 코시모 투라가 사용한 에스테 양식의 초상화를 바탕으로 한 것으로 보인다. 아마도 메트로폴리탄 미술관 (Accession Number: 14.40.649)이 소장한 투라의 '어느 젊은이이 초상'을 판화로 만들었을 가능성이 있다. 이 작품의 인물이 누구인지는 밝혀지지 않았으나, 이 판화를 통해 이런 양식으로 그린 피코의 초상화가 있었음을 알 수 있다.

12 파네스/미트라 숭배 의식에 관한 고대와 근대 초기의 해석에 대해서는 다음을 참조하라. Simona Cohen, *Transformations of Time and Temporality in Medieval and Renaissance Art* (Leiden: Brill, 2014).

## 제5장 오르페우스 이야기

1 Poliziano, *Letters*, ed. Shane Butler, vol. I (Cambridge, MA: Harvard University Press, 2006), pp. 34–7, 41.『오르페우스 이야기』의 집필 배경이나 상황에 대해서는 안토니아 티소니 벤베누티의『폴리치아노의 오르페우스 이야기*L'Orfeo del Poliziano*』(Padua: Editrice Antenore, 1986)에 가장 잘 설명되어 있다. 영어권 독자라면 코리나 살비도리, 피터 브랜드, 리처드 앤드루스의『오페라의 서곡 : 르네상스 시대 이탈리아 목동들의 이야기를 다룬 연극*Overture to the Opera: Italian Pastoral Drama in the Renaissance*』(Dublin: UCD Foundation for Italian Studies,

2013)을 참고하라. 여기에 인용된 부분은 폴리치아노의 시집 『마상시합의 노래 *Stanze per la giostra de Giuliano de'Medici*』(Florence: Bartolomeo de' Libri, 1494)를 보라.

2 Poliziano, *Letters*, ed. Butler, pp. 220–22. 폴리치아노와 로렌초의 아내 클라리체 오르시니 사이의 논쟁에 관해서는 다음을 참조하라. Alan Stewart, *Close Readers: Humanism and Sodomy in the English Renaissance* (Princeton, NJ: Princeton University Press, 1997), pp. 19–28.

3 *Miscellanies*, I.134–6; 186–93; II.144–9. '헤라클래스의 매듭'에 관해서는 에르멜라오 바르바로에게 보낸 편지를 참조하라. *Letters*, ed. Butler, p. 41.

4 Poliziano, *Letters*, ed. Butler, pp. 16–25. 『점성술 비판』에 나오는 고통과 성적 쾌락에 관한 구절은 다음을 참조하라. Grafton, *Commerce with the Ancients*, p. 121.

5 Poliziano, *Letters*, ed. Butler, I.7, p. 27. Montaigne, 'De L'Amité'. Iamblichus, p.216. 폴리치아노의 죽음에 관한 이야기의 출처는 Paolo Giovio, *Elegia doctorum virorum* (1546)이다. 이 이야기는 Blake Wilson, *Singing to the Lyre in Renaissance Italy: Memory, Performance, Oral Poetry* (Cambridge: Cambridge University Press, 2019)에 인용되어 있다. 폴리치아노의 성 정체성에 대한 사후의 논쟁과 15 세기 말 피렌체의 법에 관해서는 Alan Stewart, *Close Readers*, Ch. 1을 참조하라.

6 Poliziano, *Stanze*, sigs. E3$^v$, E[7]$^r$.

7 N. G. Wilson, *From Byzantium to Italy: Greek Studies in the Italian Renaissance* (London: Duckworth, 1992), p. 86. 오르페우스교에 관해서는 *The Letters of Marsilio Ficino*, translated from the Latin by Members of the Language Department of the School of Economic Science, 11 vols (London: Shepheard-Walwyn,1975–1981), I.67–8, 129 and IV.35; Poliziano, *Miscellanies* I.484/5; Valcke, Pic, p. 79.

8 Wilson, *Singing to the Lyre*, p. 193에서 로렌초의 *De summo bono* 재인용; 폴란드에서 가져온 의복을 언급한 칼리마쿠스의 편지는 피치노의 『서간집』에 수록되어 있다. Ficino, *Letters*, vol. 7, p. 93 (Supplemental Letter E).

9 Plotinus, *Enneads*, p. 327; Charles Le Blanc, 'From cosmology to ontology through resonance: A Chinese interpretation of reality', in *Beyond Textuality*, ed. Gilles Bibeau and Ellen E. Corin (Berlin: De Gruyter, 1995); *Letters of Marsilio Ficino*, I.7, pp. 13–19.

10 Pindar, *Nemean Odes/Isthmian Odes/Fragments*, trans. William H. Race (Cambridge, MA: Harvard University Press, 1997), p. 303; Poliziano, *Stanze*, sigs. F2$^r$–F3$^r$. Poliziano, 'Nutricia', in *Silvae*, ed. and trans. Charles Fantazzi (Cambridge, MA: Harvard University Press, 2004), p. 123. 피코의 『900 논제』에 따르면, 디오

니소스는 카발라 신비 철학자들이 말하는 '가장 순수한 포도주'뿐만 아니라 성서에 등장하는 영적 도취와도 연결된다. 오르페우스에 관한 피코의 17번째 논제를 참조하라. 이 내용에 관심을 가지도록 이끌어준 브라이언 코펜하버에게 감사를 전한다.

11  여기에 언급된 음각 부적 2개는 뉴욕 메트로폴리탄 미술관에 소장되어 있다. 두 소장품 모두 2-3세기경에 만들어진 것으로 추정된다. '벽옥 부적 : 연꽃 위에 앉은 하포크라테스', 소장품 번호 41.160.638, '사문석 부적 : 사방으로 뻗어나가는 모양의 사자 머리의 신', 소장품 번호 10.130.1392. 아라웨테족과 관련된 내용은 Eduardo Viveiros de Castro, *From the Enemy's Point of View*, trans. Catherine V. Howard (Chicago: University of Chicago Press, 1992), pp.13, 58, 66, 225-230 참조. '탈리스만'에 관해서는 *Picatrix*, p.14.

## 제6장 학문의 장인

1  William E. Gohlman, *The Life of Ibn Sina: A Critical Edition and Annotated Translation* (Albany, NY: SUNY University Press, 1974), pp. 25, 27-9, 31.

2  Gohlman, *Life of Ibn Sina*, pp. 35-7. Pico, *Oration*, p. 16.

3  Paul Hullmeine, 'Al-Bīrūnī and Avicenna on the Existence of Void and the Plurality of Worlds', *Oriens* 47 1/2 (2019), 114-44; al-Biruni, *Alberuni's India*, trans. Edward C. Sachau (London: Kegan Paul, 1910), pp. 33, 125. Staal, *Discovering the Vedas: Origins, Mantras, Rituals, Insights* (Haryana: Penguin Books, 2008), p. 203.

4  al-Ghazali, Ihya Ulum ad-Din, trans. Duncan B. Macdonald as 'Emotional Religion in Islam as Affected by Music and Singing', in the *Journal of the Royal Asiatic Society* (Apr. 1901), 195-252, 218-19, 229-30; (Oct. 1901), 705-48; (Jan. 1902), 1-28. Leo Africanus, *Descrittione dell'Africa*, in Giovanni Battista Ramusio, *Primo volume delle navigationi et viaggi* (Venice: Giunti, 1550), fol. 44r.

5  Ficino, *Letters*, I.52-3. 잔프란체스코가 쓴 피코의 전기 속 임종 전 이야기에서는 인간과 세상 만물이 하나의 영혼을 이룬다는 '아니마 문디(세계의 영혼)'에 대한 신념을 말하는 것으로 보인다(*Oration*, p.62). 이 이야기에 따르면, 알베르토 피오는 임종 전 피코의 마음을 편안하게 해주려고 아프로디시아스의 알렉산더와 테미스티우스, 이븐 루시드의 사상에 따라 본질을 생각하게 했다. 피코는 자신에게는 그런 오류를 범할 시간이 거의 남아 있지 않다고 대답했다. 이것으로 보아, 그가 이전에는 이 아니마 문디 사상에 동의했다는 것을 짐작할 수 있을 뿐만 아니라, 피오에게도 이런 사고방식을 전수했을 가능성이 있음을 알 수 있다. 아울러 개인의 죄라는 문제에 관해서는 꼭 짚고 넘어가야 할 사항이 있다. 초기 그리스도교 교회에서는 개인의 죄보다는 모든 인류가 공유하는 죄의 흔적에 더 관

심이 있었다. 또한, 개인의 죄라는 개념은 로마법을 모델로 삼아 고대 후기에 만들어진 것이다. 이와 관련해서 다음을 참조하라. Edward Peters, 'Ecclesiastical Discipline: Heresy, Magic, and Superstition', in *The Cambridge History of Medieval Canon Law*, ed. Anders Windroth and John C. Wei (Cambridge: Cambridge University Press, 2022), pp. 511–36, and Gabriel Thome, 'Crime and Punishment, Guilt and Expiation: Roman Thought and Vocabulary', *Acta Classica* 35 (1995), 73–98. 지성의 공유라는 발상은 이븐 루시드에 관한 피코의 두 번째, 세 번째 논제에 등장한다.

6  *Theses*, pp. 59–60; Valcke, *Pic*, p. 40. 스텐 에베센의 설명에 따르면('Averroism', *Routledge Encyclopedia of Philosophy: Islamic Philosophy*), 철학적으로 참인 것과 신학적으로 참인 것이 따로 있다는 생각을 공개적으로 주장했던 사람은 거의 없었던 듯하지만, 실제적으로 철학 교육과 신학 교육은 거의 같은 것이 되었다.

7  Elia del Medigo to Pico in Garin, *Commento*, p. 67.

8  Chaim Wirszubski, *Pico della Mirandola's Encounter with Jewish Mysticism* (Cambridge, MA: Harvard University Press, 1989), 3–7; Valcke, *Pic*, pp. 96–7, 270–71; *Secundum Avenroem: Pico della Mirandola, Elia del Medigo e la 'seconda rivelazione' di Averroe*, ed. Giovanni Licata (Palermo: Officina di Studi Medievali, 2022) II.i, esp. pp.199–200에서 엘리아 델 메디고가 피코에게 보낸 편지를 참조하라. 이 편지에 따르면 엘리아는 피코가 아랍어를 배우고 있음을 알고 있었던 것 같다. 이 편지는 피코가 미트리다테스를 고용한 이후에 받았을 수 있다. 미트리다테스의 평판이 나빴던 것은 카발라가 위험하다는 방증이었다. 나는 감사하게도 브라이언 코펜하버 덕분에 이런 내용을 접할 수 있었다.

9  바르바로에게 보낸 편지의 영문 번역본은 *Renaissance Debates on Rhetoric*, ed. and trans. Wayne A. Rebhorn (Ithaca: Cornell University Press, 2000), pp. 58–67; Valcke, *Pic*, pp. 110–11.

10  Christopher Marlowe, *The Tragicall Historie of Doctor Faustus*, ed. Roma Gill (Oxford: Oxford University Press, 1990), 1.3,5, pp. 34–6.

11  *The historie of the damnable life, and deserued death of Doctor Iohn Faustus . . translated into English, by P.F. Gent* (London: Thomas Orwin, 1592). Sig. A2ᵛ; Marlowe, *Doctor Faustus*, 1.pp. 51–62.

## 제7장 소리 안에 담긴 도서관

1  안토니오 베니비에니가 피코의 첫 번째 피렌체 방문을 묘사한 내용은 Valcke, *Pic*, p. 95. 피치노가 주장하는 내용은 그가 번역한 Plotinus, *Opera* (Florence: Antonio di Bartolommeo Miscomini, 7 May 1492), sig. [aii]ʳ에 수록된 로렌초에

대한 그의 헌사에 담겨 있다.

2  Poliziano, *Letters*, pp. 100–103; *Miscellanies* I.97, p. 469.

3  Poliziano, *Miscellanies*, pp. 202–5. 폴리치아노가 인용하는 두 필사본은 BML Plut.20 sin.1, fol. 316ʳ, and Plut. 82.2, fol. 91v. Giovanni Pontano, *Dialogi Charon et Antonius* (Naples: Mathias Moravus, 1491), sig. fiiᵛ-fiiiʳ로 보인다.

4  *Opera*, p. 348; Kristeller, 'Giovanni Pico and his Sources', in *Studies in Renaissance thought and Letters*, 4 vols (Rome: Edizioni di Storia e Letteratura, 1956–1996), vol. III, 227–321, 233.

5  Poliziano, *Letters*, pp. 262–5 (IV.vii), 205 (III.xx). Vasari, *Le Vite de' piu eccellenti pittori* (Florence: Guinti, 1568), vol. I, part II, p. 438. 피코를 묘사했을 가능성이 있는 초상화들과 여러 회화 속에 등장하는 피코의 모습에 관한 내용은 Brian Copenhaver, *Magic and the Dignity of Man*, pp.300–308를 참조하라. 이 책이 지적하듯, 이 초상화들은 대부분 우피치 미술관에 소장된 그다지 미화되지 않은 초상화와 별로 닮지 않았다. 바사리의 비평을 보면 피코의 사후 얼마 후에 이런 천사 같은 모습을 피코와 연관 짓는 전통이 생긴 것이 확실하다.

6  Gaspar Schott, *Magiae universalis natura et artis*, vol. 3 (Bamberg: Joan. Arnoldi Cholini, 1572), p. 598. 또한 Michel de Certeau, 'Angelic Speech', in The Mystic Fable, ed. Luce Giard and trans. Michael B. Smith (Chicago: University of Chicago Press, 2015), vol. 2, 161–80도 참조하라. Dante, *Paradiso* XXVIII.93. 「사사기」 제13장 제18절에서 천사의 이름을 묘사하기 위해 사용된 용어 'fe li'는 '비밀스러운', '신비한', '이해할 수 없는'으로도 번역된다. 「사사기」 제13장 제18절과 이를 중요하게 여긴 로이힐린과 아그리파에 관한 내용은 Grafton, *Magus*, pp.195–196를 참조하라. 디오니시오스 아레오파기테스의 언어와 침묵에 관해서는 *Mystical Theology* 1033C를 보라. 사해 문서에 수록된 '안식일의 노래'에 나오는 천사 찬가 역시 일종의 신성한 침묵이다. Rees, *Gabriel to Lucifer*, p. 21.

7  헤르메스는 『일리아스』의 마지막 부분(24:153, 182, etc.)과 『오디세이아*Odysseia*』 전편에서 전령이자 영혼의 인도자로 등장한다. Wolfgang Speyer, 'The Divine Messenger in Ancient Greece, Etruria and Rome', in *Angels: The Concept of Celestial Beings Origins, Development, Reception* (Leiden: Brill, 2006), p. 38. Dante, *Paradiso* XIV.127–9. Dante, *De Vulgari Eloquentia*, p. 4–5. 최근의 광범위한 천사학 연구에 관해서는 Valery Rees, *From Gabriel to Lucifer* 참조. 천사는 부류별로 하나씩 존재한다는 피코의 생각은 후기 스콜라 철학에서 널리 공유되던 것이었다. 권능한 존재들의 목록은 Jacobus Brutus, *Corona Aurea* (Venice: Giovanni Tacuino, 1496), sig. kiiᵛ-kiiiᵛ을 보라.

8  Plotinus, *The Enneads*, trans. McKenna, p. civ; Plato, *Timaeus*, 23a-b. 고대 그리

스 지식의 전통이 최소한 일부라도 고대 이집트에서 파생되었다는 것은 성 히에로니무스의 '파울리누스에게 보내는 첫 번째 편지'를 통해 피코의 동시대인들에게는 널리 알려진 사실이었을 것이다. 이 편지는 성서의 서문으로 자주 사용되었기 때문이다. Ficino to Pier Leone, 3 January 1488 (i.e. 1489).

9  현대적으로 재현된 조로아스터교 의례는 MUYA(Multimedia Yasna) 프로젝트를 참조하라. 나를 조로아스터 의례로 인도해준 알무트 힌체에게 감사한다. Staal, *Discovering the Vedas*, pp. xiv-xv, 70; *Mahabharata*, trans. Carole Satyamurti (London: W. W. Norton & Co., 2016), p. 238.

10  *Enneads*, trans. McKenna, pp. 47–50, 310, 323–4. 플로티노스의 『엔네아데스』에서 강조된 기도 이론이 피치노 철학의 핵심이라는 주장에 관해서는 Denis J.-J. Robichaud, 'Ficino on Force, Magic and Prayers', *Renaissance Quarterly* 70/1 (2017), 44–87를 참조하고, 특히 '우리가 기도를 통해 신과 접촉하는' 방식으로서 '시냅스'의 중요성을 다룬 내용은 55쪽을 참조하라.

11  피치노 인용 부분은 N. G. Wilson, *From Byzantium to Italy*, p.86 참조. 피치노는 1463년에 『피만데르』를 번역했지만, 헤르메스 트리스메기투스의 저작으로 알려진 신비주의 저술의 익명성에 대해서는 나중에 알게 되었다. Robichaud, 'Ficino on Force, Magic and Prayers', 74를 참조하라. 『피만데르』의 작성 배경에 관해서는 Garth Fowden, *The Egyptian Hermes: a historical approach to the late pagan mind* (Cambridge: Cambridge University Press, 1986) 참조.

12  조반니 메르쿠리오 다 코레조에 관한 주요 자료는 Wouter J. Hanegraaff & Ruud M. Bouthoorn eds. *Lodovico Lazzarelli (1447–1500): The Hermetic Writings and Related Documents* (Tempe, AZ: Arizona Center for Medieval and Renaissance Studies, 2005)를 참조하라. 이 저작에 수록된 조반니 메르쿠리오와 라자렐리 관련 학문에 관한 개요도 매우 훌륭하다. 여기에서 살짝 각색해서 인용한 구절은 pp.136–137을 참조. David B. Ruderman, 'Giovanni Mercurio da Correggio's Appearance in Italy as Seen through the Eyes of an Italian Jew', *Renaissance Quarterly* 28/3 (1975), 309–322도 참조하라. 나를 조반니 메르쿠리오에게 안내해준 브라이언에게 감사한다.

13  Ruderman, 'Giovanni Mercutio', 320; Yates, *Giordano Bruno*, Ch. 5.


## 제8장 파리의 파뉘르주

1  성 히에로니무스의 '파울리누스에게 보낸 첫 번째 편지'는 『42행 성서*Biblia*』 (Mainz: Gutenberg and Johann Fust, c.1454), fol. 1ʳ에 등장한다. 피코가 소장한 필로스트라토스의 『아폴로니오스의 생애*Vita Apollonii*』는 펄 키브레의 『피코 델라 미란돌라의 서재*The Library of Pico della Mirandola*』 (New York, NY: Columbia

University Press, 1936)에 나오는 소장도서 목록 중 43번째이다. 키브레가 13쪽에서 지적하듯이, 피코는 밥티스타 만투아누스가 소유했던 필사본에서 옮겨 적은 사본을 소장했던 것으로 보인다. Pico, *Oration*, p.15.

2   *The Correspondence of Erasmus*, Vol. I, 'Letters 1-141', ed. and trans. R. A. B. Mynors and D. F. S. Thomson (Toronto: University of Toronto Press, 1974), Ep. 64 and 108, pp. 135-6 and 202-3.

3   미니마 나투랄리아에 관한 피코의 논지는 『논제』 2>34에 담겨 있다. 아퀴나스는 '보편적 마음'이라는 문제에 대해 마음은 순전히 형상만으로 된 것이 아니라 형상에 존재가 합쳐진 것이라고 답했다. 마음은 형상에 별개의 존재가 추가된 것이기 때문이다(덕분에 우리는 마음을 별개의 것이라고 이해할 수 있다). 나아가 마음은 처음에는 비물질적인 것으로 시작했더라도, 체현되는 과정에서 물질적인 형상을 지니게 된다. 심지어 마음이 이런 물질적인 형상을 떠난 후에도 이런 구별 방식은 유지된다. 예를 들면 Aquinas, *Selected Philosophical Writings*, ed. Timothy McDermott (Oxford: OUP, 1993), pp.104-107 참조.

4   *Oration*, pp. 44-5; Valcke pp. 102-3, 261-3.

5   이븐 루시드가 파리와 중세 후기 및 르네상스의 유럽에 남긴 유산에 관해서는 Valcke, *Pic*, pp. 44-5, 133-4, and Dag N. Hasse, *Success and Suppression: Arabic Science and Philosophy in the Renaissance* (Harvard, MA: Harvard University Press, 2016), Ch. 5를 참조하라.

6   Aristotle, *Problems*, trans. Robert Mayhew (Cambridge, MA: Harvard University Press, 2011), IV.i, VII.i and v, XIX.xxvii. Frank Kermode, 'Eliot and the Shudder', *London Review of Books* 32/9, 13 May 2010.

7   이 문제를 오리게네스와 시네시우스와 연결해서 논평한 피치노의 『생명에 관하여*De Vita*』 3.21를 참조. 『광선에 대하여』 인용 구절은 al-Kindi, *De Radiis*, trans. Charles Burnett & Merlin Cox. 출판 전 번역 원고를 나와 공유해준 버넷 교수에게 감사한다. Charles Burnett, 'Powerful words in medieval magical texts', *The Word in Medieval Logic, Theology and Psychology*, Acts of the XIII international colloquium of the Societé Internationale pour l'Etude du Philsophie Médiévale (Turnhout: Brepols, 2009)도 참조하라.

8   *Picatrix*, trans. Attrell and Porreca, pp. 16, 44, 58, 102, 254. Rabelais, *Le Tiers Livre*, XXIII. 타빗 이븐 쿠라의 「탈리스만에 관하여」가 포함된 것으로 보이는 『피카트릭스』 필사본을 피코가 소유하게 된 경위에 관해서는 Charles Burnett, 'Thābit Ibn Qurra's *On Talismans* Between the Middle Ages and the Renaissance, and Between the Science of the Stars and Magic', *Bruniana & Campanelliana*, Anno XXVII (2021), 1-2, 23-50를 참고.

9   Pseudo-Albertus Magnus, *Liber seu liber secretorum*, Bk III, *De virtutibus animalium* ; Kiber, *Library of Pico della Mirandola*, §984.

10  *The Opus Majus of Roger Bacon*, ed. J. H. Bridges, 3 vols (Oxford: Williams and Norgate, 1900), I. pp. 401-2; 여기에서는 *Opus Majus*, trans. Robert Belle Burke (Philadelphia: University of Pennsylvania Press, 1928), I. pp.416-417에서 인용했다. '하멜른의 피리 부는 사나이'의 소재가 된 것으로 보이는 1284년 사건에 관한 최초의 기록은 14세기의 Henricus de Hervordia, *Exodus Hamelensis*, Lüneburg, Ratsbücherei, Herzog August Bibliothek Wolfenbüttel, Theol. 2° 25, fol. 268r에 등장한다. Amanda Power, *Roger Bacon and the Defence of Christendom* (Cambridge: Cambridge University Press, 2012), Ch.4; Irene Rosier, *La parole comme acte: sur la grammaire et la semantique au XIIIe siecle* (Paris: J. Vrin, 1994), Ch.6. Grafton, *Magus*, pp.34-39에는 마법과 점성술 논쟁의 다양한 측면이 탁월하게 요약되어 있다. 그래프턴이 시사하듯(Ch.3), 피코가 이런 '대중 마법'을 다 업신여기지는 않았던 듯하다.

11  이 자료의 최신 편집, 번역, 요약본은 M. David Litwa, *Hermetica II: the Excerpts of Stobaeus, Papyrus Fragments, and Ancient Testimonies* (Cambridge: Cambridge University Press, 2018), pp.314-316를 참조하라.

12  *Hermetica II*, trans. M. David Litwa, p. 316. 고대의 거대한 에메랄드에 관해서는 Theophrastus, *De Lapidiis*, §23-4. 세스의 기둥 이야기는 Josephus, *Antiquities of the Jews*, Bk I, Chs 2 and 3에 나온다. 오벨리스크와 피렌체 지성계에서 상형 문자의 중요성은 Karl Giehlow, *The Humanist Interpretation of Hieroglyphs in the Allegorical Studies of the Renaissance*, trasns. Robin Raybould (Leiden: Brill, 2015), Ch.5를 보라.

13  James M. Robinson et al., *The Nag Hammadi Library in English* (Leiden: Brill, 1977), pp. 7, 10, 20-21, 271, 362.

14  Pythian VI, in *The Odes of Pindar*, trans. C. M. Bowra (Harmondsworth: Penguin, 1969).

## 제9장 죽음의 입맞춤

1   미트라데스가 육체적 부활에 관한 마이모니데스의 저작을 번역한 내용에 관해서는 Mauro Zonta, 'Guglielmo Raimondo Moncada traduttore di Maimonide', in Perani, *Guglielmo Raimondo Moncada alias Flavio Mitridate* (Palermo: Officina di Studi Medievali, 2008), p. 185-199.

2   Henri Bresc, 'Le judaïsme sicilien: caractères généraux et particularités', Shlomoh Simonsohn, 'Guglielmo Raimondo Moncada: Un converso alla convergenza di tre

culture: ebraica, Cristiana, e islamica', and Angelo Michele Piemontese, 'Guglielmo Raimondo Moncada alla Corte di Urbino', in Perani, *Guglielmo Raimondo Moncada alias Flavio Mitridate*, 특히 pp. 33, 157.

3 이 일화는 피치노가 도메니코 베니비에니에게 보낸 날짜가 특정되지 않은 편지에 나온다. *Opera* (1561) Sig. Iii 5ʳ⁻ᵛ 참조. 하지만 여러 날짜를 고려해보면 이 논쟁은 1486년에 피코와 미트리다테스의 관계가 가장 좋았을 때 벌어졌을 가능성이 크다.

4 Simonsohn, 'Un converso alla convergenza di tre culture', pp. 29–30; Wirszubski, 10–13; *Letters*, p. 113; Pico, *Heptaplus*, trans. Carmicheal, p. 170; 영문 번역본은 Ficino, *Letters*, vol. 7, pp. 90–92 (Supplementary Letter B). Copenhaver, *Magic and the Dignity of Man*, p. 365.

5 Wirszubski, *Pico della Mirandola's Encounter with Jewish Mysticism*, pp. 4–7. Copenhaver, *Magic and the Dignity of Man*, pp. 340–43.

6 Pico to Ficino, September 1486, in Ficino, *Letters*, vol. 7, pp. 90–92 (Supplemental Letter B).

7 Valcke, *Pic*, p. 152; Grafton, *Commerce with the Ancients*, p. 107.

8 이 사절단에 관한 꼼꼼하고 상세한 설명은 Verena Krebs's excellent *Medieval Ethiopian Kingship, Craft, and Diplomacy with Latin Europe* (Basingstoke: Palgrave Macmillan, 2021), pp. 126–39. 여기 소개한 이야기는 이 저작을 바탕으로 했다.

9 Luca Waddingo, *Annales Minorum*, vol. 14 (Rome: Rochi Bernabò, 1735), p. 243; Krebs, *Medieval Ethiopian Kingship*, pp. 129, 131.

10 Samantha Kelly, 'The Curious Case of Ethiopic Chaldean: Fraud, Philology, and Cultural (Mis)Understanding in European Conceptions of Ethiopia', *Renaissance Quarterly* 68 (2015), 1227–64. 그으즈어 시편은 바티칸 도서관에서 소장하고 있다. Vat. Eti. 20.

11 Garin, *Commento*, pp. 495, 497, 501–2, 524–5, 557–8, 561.

12 Ficino, *Letters*, vol. 7, Letter 27 (p. 32). Valcke, *Pic*, p. 146.

13 *Oration*, pp. 20–21; Opera, pp. 378–9; Wirzubski, p. 16; Valcke, *Pic*, pp. 146–7.

14 Garin, *Commento*, pp. 526–7, 530, 553–4, 567.

15 Hanegraaff and Bouthoorn, *Lodovico Lazzarelli*, pp. 33–4. Valcke, *Pic*, p.155.

## 제10장 새들의 언어

1 Poliziano, *Miscellanies*, vol. I, pp. 14–15.

2 Georgius de Drogobyč, *Prognosticon 1483* (Rome: Eucharius Silber, 7 Feb 1483), fols. 2ʳ, 3ᵛ; Lorenzo Buonincontro, *Vaticinium* (Prognosticon for 1486/87) (Rome:

Stephan Plannck, between 2 February and 1 March 1486), fol. 7r. *Theses*, p. 46, Kristeller and Garin. Dorez, 'Lettres Inedites', p. 358에서 인용. 7월에 교황 대사로부터 피코에게 공문이 전달되었다(*Pic de la Mirandole en France*, p.141). 'in domo suo soli[t]e residencie, in quadam camera superiori existentem'라고 되어 있으나, 구체적인 거주지는 언급되어 있지 않다. 『논제』의 인쇄와 그 기저에 깔린 생각에 대해 더 자세히 알고 싶다면 Copenhaver, *Magic and the Dignity of Man*, 339쪽과 그 이후를 참조하라.

3　발크에 따르면(*Pic*, p.254), 비모순율에 관한 피코의 생각은 플로티누스에 바탕을 두고 있고, 파머에 따르면(*Theses*, 주석 3>12-15), 니콜라우스 쿠사누스에 바탕을 둔다.

4　개별 영혼의 존속에 관해서는 *Theses* 7.4 참조; 여기에는 단서가 달려 있다(혹은 의미가 바뀌었다). 3>20; pp.113-114의 「서론」도 참조하라.

5　*Theses*, 9>9-21. 이처럼 인도에서도 미니마 나투랄리아를 중심으로 분석한다는 흥미로운 사례는 바수반두의 문헌을 참고하라. 관련 논의로는 Sonam Kachru, *Other Lives: Mind and World in Indian Buddhism* (New York: Columbia University Press, 2021)이 있다.

6　카우트사 관련 내용은 Staal, *Discovering the Vedas*, pp. 141-5.

7　Aristotle, *Rhetoric*, III.8-9, *Poetics* §1459b-1460a. 알-칼릴의 이야기는 교황 레오 10세의 요청에 따라 알-하산 이븐 무하마드 알 와잔(일명 레오 아프리카누스)이 작성한 아랍 운율학 논문에 등장한다. 이 논문의 일부가 Laur. Plut. 35.36, fol. 54ʳ-61ᵛ로 남아 있으며, 안젤라 코다치에 의해 '조반니 레오 아프리카누스의 운율학에 관한 논문Il trattato dell'arte metrica di Giovanni Leo Africano'이라는 제목으로 *Studi orientalistici in onore di Giorgio Levi Della Vida*, vol. I (Florence: Olschki, 1956), pp.180-198 (여기에 소개된 부분은 p.185 참조)에 수록되어 출판되었다. 믹스텍 문명의 멕시코 칸타레스Cantares Mexicanos에 나오는 낱말들에 관해서는 Gary Tomlinson, *The Singing of the New World* (Cambridge: Cambridge University Press, 2007), p.56를 보라.

8　*Theses*, 9>13. 이암불루스와 태양의 섬 주민들 이야기는 Diodorus Siculus, *Bibliotheca Historica*, II 56에 기록되어 있다. 단테 또한 『신곡』의 「천국」 편에서 지고천을 많은 새들로 이루어진 하나의 새로 그린다는 점에 주목하라.

9　*Oration*, p. 93.

10　*Oration*, pp. 14-17. 바티칸 도서관 대출 기록부 2권(Vat. Lat. 3966, fol. 43r)을 보면, 피코가 1486년 12월 24일에 토마스 아퀴나스의 『존재와 일자에 관하여』 (아마도 Vat. Lat. 772) 필사본을 대출한 뒤, 1487년 1월 3일에 반납했음을 알 수 있다. 또한, 로저 베이컨의 점성술에 관한 필사본은 1월 16일에 대출해서 3

월 5일에 반납한 것으로 기록되어 있다. 피코는 헨리 바테의 필사본을 3월 6일에 대출했으나, 그의 대출권이 박탈되면서 즉시 반납한 것으로 보인다. Grafton, *Commerce with the Ancients*, p.105.

## 제11장 빛나는 깨달음

1   1487년 2월 20일에 발부된 교황의 교서는 『프랑스의 피코 델라 미란돌라*Pic de la Mirandole en France*』 114–115쪽에 기록되어 있다. *Apologia conclusionum suorum* (Naples: Francesco del Tuppo, 1487년 5월 31일 이후), fol. 1ʳ.

2   최근 브라이언 코펜하버는 그의 저서 『재판정에 선 피코 델라 미란돌라』에서 피코의 논제를 둘러싼 논쟁들을 면밀하고 설득력 있게 연구했다. 나는 대체로 코펜하버의 해석을 따랐지만, 파머와 발크의 주장도 근거로 삼았다.

3   이 부분은 피코의 『해명서』 fol. 45v에 나오는 일화를 번역한 것이다. 이 일화에서는 'testes'라는 단어로 말장난하는 장면이 나온다. 이 단어는 라틴어로 '증거'를 의미할 수도 '고환'을 의미할 수도 있기 때문이다.

4   교황의 칙령 'Etsi ex iniuncto nobis'은 1487년 8월 4일에 작성되었지만, 그해 12월까지는 반포되지 않았다. 이에 관한 내용은 다음을 참조하라. *Bulla 4 Aug. 1487 'Etsi ex iniuncto' condemnatoria libelli Conclusionum DCCCC Joannis Pici Mirandulani* (Rome: Eucharius Silber, after 4 August 1487). 칙령의 이어진 내용에 따르면[2r] 위원회에서 알아낸 내용은 다음과 같다고 한다. 'reiteratu[m] nonnunquam etiam in nostra presentia accuratum & laudabile examen dictarum Conclusionem & contentorum in eis nobis concorditer retulerunt . . .'

5   *Bulla 4 Aug. 1487*, fol 3ʳ⁻ᵛ. 이단 서적 인쇄를 금하는 1487년 11월 17일 자 일반 칙령 Bulla S. D. N. Innocentii contra impressores librorum reprobatorum: [(inter multiplices nostrae solicitudinis curas)] 또한 실베르의 손을 거쳐 발행되었다. 대영도서관이 삽화가 그려진 양피지 필사본으로 소장하고 있는 페드로 가르시아의 *Petri Garsie Episcopi Usselleñ . . . in determinatiões magistrales cõtra conclusiones apologales J. Pici . . . proęmiũ* (Rome: Eucharius Silber, 1489)의 소장도서 번호는 IB.18896이다. 칙령 1부는 에르난도 콜론 도서관에 살아남아서 등록번호 Registrum B number 7961로 소장되었다.

6   관련 자료에 관한 논의는 Bruce Lincoln, *Myth, Cosmos and Society: Indo-European Themes of Creation and Destruction* (Cambridge, MA: Harvard University Press, 1986) 참조.

7   Ingrid D. Rowland, 'The Intellectual Background of *The School of Athens*: Tracking Divine Wisdom in the Rome of Julius II', in *Raphael's School of Athens*, ed. Marcia Hall (Cambridge: Cambridge University Press, 1997), p. 156.

8 피코가 자신을 변호하는 내용을 담아 로렌초에게 보낸 편지는 피렌체 국립 기록보관소에 Mediceo Avanti il Principati, Fil. 51, doc. 584, (fols. 686r−687v)로 분류되어 보관되어 있다. 피코가 프랑스에 체류하던 시절과 관련된 자료는 다음에 나와 있다. Dorez, *Pic de la Mirandole en France*, pp.146−162; 71−101.

9 잔프란체스코가 쓴 피코의 전기를 보면, 피코가 원하기만 하면 국왕으로부터 '교회와 무관한 직함과 안정된 수입'을 약속받았다는 일화가 나온다. 이런 제안을 한 왕이 누구인지는 특정되어 있지 않으나, 스페인의 페르난도 국왕이 피코를 영입하려 시도했던 일을 말하는 것일 수 있다. *Oration*, p.50.

10 니콜라우스 쿠사누스의 도서 목록은 프란츠 자비에 크라우스에 의해 *Serapeum* 24 (1864), 369−383에 수록되었다.

## 제12장 고립의 노래

1 Poliziano, *Miscellanies*, pp. 76−83; *Letters*, p. 127. 필리스 윌리엄스 레만은 피에로 디 코시모가 그의 작품 「문명의 비유」(Ottowa: National Gallery of Canada)에 그린 기린은 치리아코 데 피치콜리가 이집트에서 밑그림을 그려온 것을 보고 그린 것이고, 피에로의 기린을 보고 다시 벨리니가 그렸다고 추측한다. 그녀는 피에로가 기린을 그렸을 당시에 피렌체에 살아 있는 기린이 있었다는 사실은 고려하지 않는다. Phillis William Lehmann, *Cyriacus of Ancona's Egyptian Visit and Its Reflections in Gentile Bellini and Hieronymus Bosch* (Locust Valley, NY: J. J. Augustin, 1977) 참조.

2 Brian Curran, *The Egyptian Renaissance: The afterlife of Egypt in early modern Italy* (Chicago: University of Chicago Press, 2007), pp. 149−50; Giehlow, *The Humanist Interpretation of Hieroglyphs* ; George Boas, trans., *The Hieroglyphics of Horapollo* (Princeton, NJ: Princeton University Press, [2020] 1969), pp. 45−7, 56−8; P. W. Lehmann, *Cyriacus of Ancona's Egyptian Visit*, p. 11. 키브레에 따르면(『피코 델라 미란돌라의 서재*The Library of Pico della Mirandola*』, p.14) 피코는 1492년에 조지오 발라에게 편지를 보내어 '호루스Orus나 이집트의 성스러운 조각품'을 요청했다고 한다. 또한, 피코의 소유로 보이는 호라폴로의 이 저작을 돌려달라고 하는 내용도 편지에 담겨 있다고 한다.

3 Poliziano, *Miscellanies*, I.461, pp. 484−5 (이 부분은 다이크와 코트렐이 번역한 『잡록』에서 인용했다); *Silvae*, ed. and trans. Charles Fantazzi, p. 32 (판타치의 번역문을 참고해서 직접 번역했다); Giovanni Villani, *Croniche Fiorentine* (Florence: Bartolomeo Zanetti Casterza, 1537), Aii^{r-v}; Ficino, Letter to Filippo Valori, 27 October 1489, in *Letters*, vol. 7, 69−73; Pound, 'Erat Hora'.

4 폴리치아노가 미켈란젤로의 「켄타우로스의 전투」에 미친 영향에 관한 자료를

꼼꼼하게 다룬 자료로는 다음을 참조하라. Charles Dempsey, 'Angelo Poliziano and Michelangelo's Battle of the Centaurs', *Mitteilungen des Kunsthistorischen Institutes in Florenz* (2020), 62, 158–79.

5 Ficino to Francesco Gaddi, 11 October 1488, *Opera*, sig. Kkk [6]ᵛ.

6 모세가 (상형 문자나 피타고라스 상징을 사용해서 문외한들에게 진리를 숨기기 위해서) 수수께끼 같은 말을 했다는 발상은 배교자 율리아누스 황제에게서 유래했다. 훗날, (알렉산드리아의 키릴로스를 거쳐) 우르바모 볼차니오 등으로 이어졌다. Giehlow, *The Humanist Interpretation of Hieroglyphs*, p. 205. 여기에서 내가 카미카엘의 『헵타플루스』 번역에 따라 인용한 프로페르티우스의 구절은 III.i.6이지만, 현대 표준 인용 번호에 따르면, 이 구절은 Elegy II.x.6로 표기된다.

7 *Heptaplus*, pp. 78–80, 105, 145.

8 *Heptaplus*, p. 170,

9 Poliziano, *Letters*, pp. 265–8, 261.

10 Piero Crinito, *De honesta disciplina* 3.2 (Florence: P. de Giunta, 1504), sig. [b. vʳ⁻ᵛ]; Grafton, *Commerce with the Ancients*, p. 43. 루키아노스 관련 번역문은 F. G. Fowler and H. W. Fowler, *The Works of Lucian of Samosata*, vol. 3 (Oxford: Clarendon Press, 1905), p. 257에서 인용. 헤라클레스 오그미오스에 관해서는 Edgar Wind, '"Hercules" and "Orpheus": Two Mock-Heroic Designs by Dürer', *Journal of the Warburg Institute*, 2/3 (1939), 206–18; Robert E. Hallowell, 'Ronsard and the Gallic Hercules Myth', *Studies in the Renaissance* 9 (1962), 242–55; Edward W. Wouk, 'Reclaiming the Antiquities of Gaul: Lambert Lombard and the History of Northern Art', Simiolus: *Netherlands Quarterly for the History of Art*, 36 1/2 (2012), 36–65. 발레리아노는 자신의 저서 『히에로글리피카』에 헤라클레스 오그미오스에 관한 논쟁을 포함시켰다(Basel: [Michael Isengrin], 1556), fol. 239r. 안드레아 알차아티의 『엠블레마타』에도 이 인물의 상징이 포함되어 있다(Basel: Christian Weschel, 1534), p.98. 뒤러가 그린 헤라클레스 오그미오스에는 헤르메스의 특징이 섞여 있다.

11 여기에서는 아비 바르부르크의 이미지 이동Bilderfahrzeuge, 정념-정형pathos-formulae, 기억 흔적이 유사한 것 같지만, 이미지의 다원 발생은 기억의 전수나 대물림보다는 같은 경험의 반복적 인식을 시사한다.

12 피치노가 로베르토 살비아티에게 보내는 날짜 미상의 편지, *Opera* sig. Lll 3ᵛ-Lll4ʳ.

## 제13장 나의 공작의 작위보다 소중한

1 'Diario odeporico-bibliografico inedito del Poliziano', first published in the *Memorie del R. Instituto Lombardo di Scienze e Lettere*, Milano 1916, repr. in Poliziano, *Opera*,

ed. Ida Maïer (Torino: Bottega d'Erasmo, 1971), vol. III, pp. 155–65 (229–39).

2   라스카리스의 책 사냥 출장에 가져간 구매 목록과 그가 접했던 도서 목록은 바티칸 도서관에 Vat. Gr. 1412로 보존되어 있으며, K. K. 뮐러에 의해 *Neue Mittheilungen uber Janos Laskaris und die Mediceische Bibliothek* (Centralblatt für Bibliothekwesen, Sept-Oct 1884)로 옮겨졌다. Graham Speake, 'Janus Lascaris' visit to Mount Athos in 1491', *Byzantine Studies* 34 (1993), 325–30. Gülru Necipoglu, Cemal Kafadar and Cornell Fleischer, eds *Treasures of Knoweldge: An Inventory of the Ottoman Palace Library* (1502/3–1503/4) (Leiden: Brill, 2019), pp. 10–11.

3   이븐 시나 전기의 필사본은 톱카피 궁전 도서관에 보관되었고, Ahmet III MS 3447(6)로 살아남아 있다. *The Life of Ibn Sina*, p. 3, and Necipoglu, Kafadar and Fleischer, *Treasures of Knowledge*, 164n.12, and on al-Biruni's Tarikh al-Hind, p. 590.

4   Cyriac of Ancona, *Later Travels* ed. and trans. Edward W. Bodnar, with Clive Foss (Cambridge, MA: I Tatti Renaissance Library, 2003), pp. 113, 120–35; *Buondelmonti*, Description des Iles, trans. Émile Légrand (Paris: E. Leroux, 1897), p. 250. 헤시카즘에 관한 내용은 Peter Adamson, *Byzantine and Renaissance Philosophy* (Oxford: Oxford University Press, 2022), pp. 123–7. *The Yoga Sutras of Patañjali*, ed. and trans. Mario Kozah (New York, NY: Library of Arabic Literature, NYU Press, 2020). Al-Ba'uniyyah, A'ishah, *The Principles of Sufism*, trans. Th. Emil Homerin (New York, NY: Library of Arabic Literature, NYU Press, 2016), pp. 2–3. 요가와 수피즘의 영적 황홀경 수행법의 연속성에 대해서는 Louis Massignon, *Essai sur les origines du lexique technique de la mystique musulmane* (1922)에서 처음 언급되었다. Rouget, *Music and Trance*, p. 8.

5   Poliziano, 'Diario odeporico-bibliografico', p. 162 [236].

6   페델레의 저술 가운데 번역된 일부 작품은 Cassandra Fedele, *Letters and Orations*, ed. and trans. Diana Robin (Chicago: University of Chicago Press, 2000)으로 접할 수 있다. 또한 Lisa Jardine, '"O Decus Italiae Virgo", or, The Myth of the Learned Lady in the Renaissance', *The Historical Journal* 28.4 (1985), 799–819; Grafton and Jardine, *From Humanism to the Humanities: Education and the Liberal Arts in Fifteenth-and Sixteenth-Century Europe* (Cambridge, MA: Harvard University Press, 1986), Ch. 2도 참조하라. 폴리치아노가 쓴 페델레에 관한 글과 페델레에게 쓴 편지는 *Letters*, I.325, III.xvii, p.189에 수록되어 있다.

7   Cassandra Fedele to Aurelio Augurello, in *Clarissimae feminae Cassandrae Fidelis Venetae epistolae & orationes* (Padua; Francesco Bolzetta, 1636), letter 10, pp. 15–16.

8 라스카리스는 뮐러가 옮겨 적은 목록 411쪽에서 Λογγινου περι 'υψους를 언급한다. 뮐러는 이 필사본을 메디치 도서관의 BML MS 28.30로 연결 짓지만, 스피케는 라스카리스가 가져온 도서 가운데 상당수는 로렌초를 위한 것이 아니었다고 지적한다. 카를로 마리아 마추키는 Paris Gr. 2974가 15세기 말에 라스카리스 소유였던 것으로 확인한 바 있다. *Dionisio Longino: Del Sublime* (Rome: Università Cattolica, 2010), Intro., pp.xxxv-xxxviii를 참조하라. 피코 특유의 쌍소행성 독서 표시는 비르스줍스키에 의해 확인되었다(*Pico della Mirandola's Encounter with Jewish Mysticism*, p. 23; 가령 Vat. Ebr. 190 fol. 84$^r$이나 101$^v$은 미트리다테스가 피코를 위해 준비한 필사본들이다); 이 독서 표시는 『페리 힙소스』의 필사본 Paris Gr. 2974에서도 발견된다. 여기 이 책에 인용된 사례는 fols 23$^v$, 24$^v$, 26$^{r-v}$, 37$^r$, 46$^r$이다; 마지막 표시는 위쪽이 번져서 살짝 불분명하지만, 나머지 표시와 일관성 있는 것으로 보여서 다른 독자가 필사본에 남긴 흔적인 것 같지는 않다. 피코의 독서 표시는 프랑스 국립도서관에 소장된 아스파시우스의 아리스토텔레스의 『니코마코스 윤리학에 관한 논평*Commentary on Aristotle's Nichomachean Ethics*』, Paris Gr. 1902에도 남아 있으며, 피코의 것으로 확인되었다; 일례로 fol. 11$^v$를 살펴 보기를 바란다. 이 부분에서 인용한 롱기누스의 글 번역문은 *Classical Literary Criticism*, trans. Penelope Murray and T. S. Dorsch (London: Penguin Classics, 2004)에서 인용했다.

9 Poliziano, *Letters*, p. 247. 란두치의 일기에는 번개가 로렌초 사망 사흘 전인 4월 5일 밤에 대성당을 강타했다고 명확히 적혀 있다. 반면, 트리발도 디 로시의 『회고록*Ricordanze*』(*Delizie degli eruditi toscani*, vol. 23, pp.273-274)에는 폭풍이 밤새 몰아쳤다고 기록되어 있다. Piero di Marco Parenti, *Storia Fiorentina*, ed. Andrea Matucci, 2 vols (Florence: Leo S. Olschki, 1994-2018), vol. I, pp. 21-2.

## 제14장 전율

1 Landucci, *A Florentine Diary from 1450 to 1516*, trans. Alice de Rosen Jervis (London: J. M. Dent, 1927), p. 53; Machiavelli, *Discorsi*, I.xi. Savonarola, *Sermone dell'oratione* (Florence: Antonio Miscomini, 20 October 1492), sig. aii$^{r-v}$.

2 Ficino, in Savonarola, *Selected Writings*, pp. 355-6. George Eliot, *Romola* (London: Oxford University Press, 1975), pp. 165-6. Lauro Martines, *Fire in the City: Savonarola and the Struggle for the Soul of Renaissance Florence* (Oxford: Oxford University Press, 2006), pp. 168-9; Savonarola, *Sermone dell'oratione*, sig. aii$^v$.

3 Poliziano, *Miscellanies*, pp. 425-7; 여기에서는 다이크와 코트렐의 번역을 따랐다. 아즈텍의 말 소용돌이에 관해서는 Elizabeth Hill Boone, 'Pictorial Talking: The Figural Rendition of Speech Acts and Texts in Aztec Mexico', in *Sign and*

*Design: Script as Image in Cross-Cultural Perspective (300–1600CE)*, ed. Brigitte Miriam Bedos-Rezak and Jeffrey F. Hamburger (Washington DC: Dumbarton Oaks, 2016); Tomlinson, *Singing the New World*, p. 64. Crawford et al., *Roman Statutes*, vol. 2 (London: Institute for Classical Studies, 1996), pp. 580–81, 677–9. Johann Christoph Bürgel, *The Feather of Simurgh: The 'licit magic' of the arts in medieval Islam* (New York: New York University Press, 1988), pp. 8–9.

4  Pico, *Opera*, p. 360.

5  『점성술 비판』에 관해서는 Grafton, *Commerce with the Ancients*, pp. 118–29; *Theses*, pp. 38, 138–43, 172–3; Valcke, *Pic*, pp. 102, 176.

6  피코의 『존재와 일자에 관하여』를 이해하기 쉽게 영문으로 번역한 글은 『인간의 존엄에 관한 연설/존재와 일자에 관하여/헵타플루스』 trans. Charles Glenn Wallis, Paul J. W. Miller, and Douglas Carmichael를 참조했다.

7  Pico, *On Being and the One*, pp. 53–4.

8  고대 그리스와 히브리에서는 라틴어 scelus, 즉 죄의 개념 안에 죄의 얼룩이 전염되어 확산할 수 있다는 의미가 담겨 있었다. 이런 개념은 이후 로마법에서 유죄 연루라는 개념으로 진화했다('방조범'이 되는 것). Thome, 'Crime and Punishment', p. 77.

9  Ibn Khaldun, *The Muqadimmah: An Introduction to History*, trans. Franz Rosenthal (Princeton, NJ: Princeton University Press, 2015), p. 394.

10  Savonarola, *Sermone dell'oratione*, sig. Aiii$^v$.

## 제15장 삶, 속박을 벗어나다

1  Parenti, *Storia Fiorentina*, vol. 1 , pp. 45, 79. Landucci, *Diary*, 5 November, pp. 59–60. Tribaldo di Rossi, *Ricordanze*, p. 281.

2  Landucci, *Diary*, 19 May, 10 June. Selected *Writings of Savonarola*, p. 142.

3  Landucci, *Diary*, p. 59.

4  Parenti, *Storia Fiorentina*, p. 100; 전해지는 더 많은 이야기들은 Stewart, *Close Readers*, pp. 10–11; Cavalcanti, 'Tu m'hai sì piena di dolor la mente'.

5  Pico, *Oration*, pp. 72–3; 코펜하버의 지적처럼 예언 능력이 있던 수녀는 카밀라 루첼라이이다.

6  Pico, *Oration*, p. 34.

7  Marin Sanuto, *I diarii di Marin Sanuto*, ed. F. Stefani (Venice: F. Visentini, 1879), vol. I, col. 726; Farmer, *Theses*, pp. 177–8.

8  Ficino to Poliziano, 20 August 1494, Opera Sig. Ooo [7]$^v$.

9  Landucci, *Diary*, p. 65.

## 제16장 에필로그 : 숭고함과 초유기체

1 테스테라를 비롯한 이들이 그림 문자 교리서를 사용했다는 기록은 헤로니모 데 멘디에타의 『인디아 그리스도교 역사*Historia eclesiástica indiana*』에 기술되어 있다. 이 책은 테스테라가 선교하던 동시대에 집필되었으나 1870년이 되어서야 출판되었다(Mexico: Antigua Libreria, 1870). 테스테라의 이야기는 665쪽에 주로 등장하지만, 246–250쪽에도 언급된다. 나우아틀어로 표현된 시적 비유는 톰린슨의 『신세계의 노래*The Singing of the New World*』, 24쪽을, 소치칼코에 터를 잡았던 올메카 문명(c.650 ce)의 말 소용돌이에 관해서는 36쪽을 참조하라.

2 Jean de Léry, *Histoire d'un voyage fait en terre de Brésil, autrement dit d'Amérique* (La Rochelle, 1578). p. 276/ Sig S2ᵛ; Fernão Cardim, *Tratados da terra e gente do Brasil* (Rio: J. Leite, 1925), p. 167; *Navigazione et viaggi*, 65ᵛ-66ʳ; Paul le Jeune, *Relation de la Nouvelle France, en l'année 1634, in Relations des Jésuits* (Québec: Augustin Coté, 1858), p. 18; Rouget, *Music and Trance*, pp. 39, 59–60. 또한 Gary Tomlinson, *The Singing of the New World*도 보라. 유럽에도 앨곤퀸 부족과 매우 유사한 방식의 음악 제작법이 존재했다. 캐논 형식으로 반복되는 '샤스'라는 14세기 프랑스의 합창곡 양식이 그렇다. 이 경우에도 흔히 새소리를 흉내 냈다. 관련 사례로, Michel Leiris, *La langue secrete des Dogons de Saga*와 G. Lienhardt, *Divinity and Experience: The Religion of the Dinka* (Oxford: Clarendon Press, 1961), p.236–244를 참조하라. 이와 정반대로, 유럽식 음악 훈련법을 사용해서 토착민들에게 외국의 시 음보와 리듬을 가르쳤던 사례에 대해서는 Serge Gruzinski, *Quand les Indiens parlaient latin* (Paris: Fayard, 2023), 139를 보라.

3 Hanegraaff and Bouthoorn, *Lodovico Lazzarelli*, p. 38. Giambattista Vico, *New Science*, trans. David Marsh (London: Penguin Classics, 1999), p. 77. Giordano Bruno, 'On Magic', in *Cause, Principle and Unity and Essays on Magic*, ed. Richard J. Blackwell and Robert de Lucca (Cambridge: Cambridge University Press, 2012), p. 141.

4 Jonathan Swift, 'A Discourse Concerning the Mechanical Operation of the Spirit', in *Major Works*, eds Angus Ross and David Woolley (Oxford: Oxford University Press, 2003), pp. 167–74.

5 Matteo Ricci, SJ, *The True Meaning of the Lord of Heaven (T'ien-chu Shih-i)*, trans. Douglas Lancashire and Peter Hu Kuo-chen, SJ (Taipei: Institut Ricci, *Variétes Sinologiques*, n.s. 72, 1985), pp. 199, 203–5; 227쪽에는 상상 속의 유기적 합일이 하나의 몸에 속하는 것과 유사하다고 명시되어 있다. 마테오 리치의 글은 그리스도교와 비교적 양립 가능한 유교에 유리하도록 불교 수행을 공격하기 위해 설계되었다. 189쪽에서 리치는 '물질적 에너지'와 '정신'을 동일시함으로

써 일원론에 빠지지 않도록 아리스토텔레스의 범주론을 논의에 도입하려고 시도한다.

6   Claude Lévi-Strauss, *Introduction to the Works of Marcel Mauss*, trans. Felicity Baker (London: Routledge and Keegan Paul, 1985), p. 14–16. Pico, *Oration*, pp. 32–4. 레비-스트로스의 『슬픈 열대*Tristes Tropiques*』의 마무리 문단과 메릴린 스트래선의 『증여의 젠더*The Gender of the Gift*』에서 제시된 '분인성(dividuality)' 개념과 클리퍼드 기어츠의 다음과 같은 지적을 참고하기를 바란다. '서양에서는 사람을 경계가 나누어져 있고, 단일하고, 다소 통합되고, 동기 부여적이고, 인지적 우주로 생각한다. 인식과 감정, 판단, 행동의 역동적 중심이면서, 변별성 있는 하나의 전체로 이루어지고, 다른 전체들과 사회적, 자연적 배경과는 대조적으로 설정되는 존재로 여긴다. 그런데 이런 관념은 우리 눈에는 제아무리 고질적이고 뿌리 깊어 보이더라도, 세계 여러 문화의 맥락 안에서 보면 매우 이상한 발상이다.' Geertz, 'On the Nature of Anthropological Understanding', *American Scientist* 63 (1975), 47–53, p. 48.

7   Kant, *Critique of Judgement*, trans. James Creed Meredith, rev. and ed. Nicholas Walker (Oxford: Oxford University Press, 2007), §275, pp. 102–5. Copenhaver, *Magic and the Dignity of Man*, p. 30.

# 역자 후기

저자는 겨우 31세로 세상을 등진 피코의 짧은 생애를 따라 르네상스 시대를 여행하며 그를 중심으로 피렌체 르네상스 철학을 탐구한다. 피코를 주연으로 내세우고 폴리치아노와 피치노, 사보나롤라 등 당대에 영향을 미쳤던 인물들을 조연으로 삼는다.

귀족 가문에서 태어난 피코는 유아기에 이미 단테의 신곡을 거꾸로 외우고 다닐 정도로 영특했고, 어린 나이에 로렌초 데 메디치의 피렌체에서 피치노와 폴리치아노 같은 저명한 인문주의자들과 교류하며 명성을 얻었다. 그는 불과 24세에 『900 논제』를 발표하며 로마에서 대토론회를 제안한 당돌한 청년이었다. 논제 가운데 일부 내용이 교황청과 교회에 위협이 되면서 종교재판으로 곤욕을 치렀지만, 다행히 파리로 몸을 피한 뒤 다시 피렌체로 돌아와 연구를 이어갔다. 하지만 로렌초가 사망한 뒤 일어난 정치적 격변은 피하지 못했고, 갑작스럽고 수상쩍은 질병으로 죽음을 맞이했다. 운명의 장난처럼 이런 격변을 불러온 사보나롤라를 피렌체로 영입했던 당사자가 바로 피코였다.

피코는 하나의 신념에만 매몰되지 않고, 존재했던 모든 철학을 깊이 파고들고, 모든 문헌을 뒤지고, 모든 사상에 통달하여, 기존의 모든 지식을 깨우쳐 한 걸음 더 나아가고자 했던 인물이다. 철학하는 시인, 시 쓰는 철학자의 전형이었던 15세기의 이 신동은 만물이 태초의 근원이자 다중성의 토대가 되는 일자—者를 지향한다고 직감했고, 인간이 신과 인간 사이에 있는 천사와 같은 초월적인 존재의 반열에 오를 수 있다고 믿었다.

피코는 천사의 언어, 즉 의미와 이성의 울타리 너머에 있는, 시대와 장소에 상관없이 공유되는 보편적 경험을 느끼게 해주는 언어 형태에 매료되었다. 천사의 말과 노래가 지닌 힘, 새들의 노래, 언어와 노래, 소리, 운율을 통해 누구나 느끼게 되는 황홀경과 가슴 벅찬 숭고한 감정을 인정했다. 우리가 소리의 마력을 가장 가까운 곳에서 경험하는 대표적인 사례가 바로 자장가이다.

인간이 지각할 수 있는 범위 너머에서는 개별 대상들이 모든 물질의 공통된 본질에 의해 하나로 통합되는데, 이런 상태는 숭고한 말을 통해 주변 세계와 분리된 느낌이 흐려질 때 경험하게 된다. 하지만 이런 사실은 선동가의 말, 마법사의 주문처럼 부정적으로 인식되게 되었고, 미신과 악마 숭배와 결부되어 부정되었다. 합리적 개인이 지배하는 근대에서는 궁극적으로 만물은 하나라고 주장하며 합리적 개인주의를 위협하는 황홀경 의식과 신비주의를 거부했다.

이런 개인주의를 바탕으로 한 서양 문화에서는 개인을 모아 하나의 집단을 이루고 개인보다 집단을 우선시하는 문화에 거부감을 느낀다. 독재자들이 군중을 선동하여 집단의 통제 아래 두었던 아픈 역사적 경험들 때문이기도 하다.

저자는 개인주의가 당연한 규범이 되어버린 현대 서양 세계에 인류가 하나라는 믿음을 받아들인 피코의 사상이 시사하는 바가 크다고 주장한다. 인류사를 통틀어도 집단을 우선시한 경우가 더 보편적이거늘, 집단적 폭력에 대한 공포 때문에 과도하게 개인주의로 편향된 것이 아닌지 지적한다.

이런 개인주의에 맞서서 저자는 현대 과학의 발견에서 모두가 하나가 되는 사례를 끌어온다. 개미처럼 개별 개체들이 하나가 된 듯 집단행동을 하는 초유기체와 자아의 경계가 사라지고 내면과 외면이 구별되지 않는 숭고한 경험이 비슷하다고 이야기한다. 크립토파시아나 거울 뉴런과 같은 신경과학적 근거도 제시한다. 흔히 접하는 ASMR도 초유기체 또는 일자一者로 통합되는 단계의 흔적일 수 있다고 주장한다. 특히, 인터넷망을 통해 전 세계가 하나로 연결되는 현상을 초유기체, 집단을 이루고 싶은 인간의 보편적 성향과 연결한다.

저자의 주장처럼 개인을 더 넓은 집단과 구조 속에 녹이려는 지극히 인간적인 본능에 충실하게 되면 우리의 공동체에 대한 인식도 높아질 수 있다. 물론 상대적으로 집단과 공동체를 우선시하는 동양 문화권에서는 과도한 개인주의가 그다지 우려의 대상이 되지 않을 수도 있겠지만 말이다.

이 책은 세상의 모든 사상을 섭렵하려 했던 피코의 궤적을 좇는 동안, 동서고금에 존재했던 다양한 사상과 감춰져왔던 여러 신비주의 전통을 접할 수 있는 즐거움도 선사한다.

2026년 봄
김수진

# 인명 색인

기를란다요 Ghirlandajo, Domenico 110, 116–117, 245

데 테스테라 de Testera, Jacobo 273
데스테 d'Este, Ercole 59, 69
들라로슈 Delaroche, Hippolyte Paul 23

라블레 Rabelais, François 139–143
라스카리스 Lascaris, Janus 225, 228, 231–232, 235
라차렐리(에녹) Lazzarelli 128–129
라파엘로 Raffaello Sanzio 203
레리 Léry, Jean de 274
레비-스트로스 Lévi-Strauss, Claude 281
레토 Leto, Pomponius 15
로셀리 Rosselli, Cosimo 115, 117, 204
루키아노스 Lucianos 221–223
루프티 Lufti, Molla 231
리치 Ricci, Matteo 280–281

마누티우스 Manutius, Aldus 236
마이모니데스 Maimonides, Moses 156
마키아벨리 Machiavelli, Niccoló 247
말로 Marlowe, Christopher 105–106
메디고 Medigo, Elia del 101–103, 155
(로렌초 데)메디치 Medici, Lorenzo de 12, 75, 84, 109–110, 113–116, 172, 175, 204, 206, 208, 211, 216, 224–225, 228, 231–232, 235, 238, 244–246, 253, 263, 265
(마르게리타 마리오토 데)메디치 Medici, Margherita Mariotto 169, 172–173
(코시모 데)메디치 Medici, Cosimo de 109
메스머 Mesmer, Friedrich Anton 279–280
모어 More, Thomas 26, 215
몽테뉴 Montaigne, Michel Eyquem de 79
미켈란젤로 Michelangelo, Buonarroti 110, 213–214, 251

바사리 Vasari, Giorgio 115
바예지드 2세 II. Bayezid 232
발라 Valla, Lorenzo 76
베니비에니 Benivieni, Girolamo 163,
    167, 169, 178, 254
베로알도 Beroaldo, Filippo 68
베이컨 Bacon, Roger 142, 146, 190,
    250, 279
(마테오 마리아)보이아르도 Boiardo,
    Matteo Maria 68-69
(줄리아)보이아르도 Boiardo, Giulia
    29, 31, 33
볼테르 Voltaire 175
부오나코르시 Buonaccorsi, Filippo 84
부온델몬티 Buondelmonti, Cristoforo
    de 209, 232
브루노 Bruno, Giordano 278
비코 Vico, Giambattista 278
비트루비우스 Vitruvius 85
빙겐 Bingen, Hildegard von 184

사보나롤라 Savonarola, Girolamo 59,
    224-262, 264-277
샤를 8세 Charles VIII 139, 205, 265-
    269, 271
소크라테스 Socrates 18, 40-54, 65-
    66, 79, 83-85, 87, 89, 122, 203, 220
스위프트 Swift, Jonathan 279, 281
스포르차 Sforza, Lodovico 265
식스투스 4세 Sixtus PP. IV 165
실베르 Silber, Eucharius 177, 199

아낙사고라스 Anaxagoras 182
아레오파기테스 Areopagitēs, Dionysios
    ho 118-119, 125, 233
아불라피아 Abulafia 159

아퀴나스 Aquinas, Thomas 133-135,
    139, 141, 190, 282
아타르 Attar, Farah ud-Din 188
아폴로니오스 Apollonios 132, 148
아프리카누스 Africanus, Leo 98, 276
안톤마리아 Antonmaria 31, 177
알-가잘리 al-Ghazali 96, 98, 113, 134
알-바우니야 al-Ba'uniyya, 'A'isha 234
알베르투스 마그누스 Albertus Magnus
    146
알-비루니 al-Biruni 94-95, 185, 231,
    234
알-칼릴 al-Khalil 186
암브로지니(폴리치아노) Ambrogini,
    Angelo 76-90, 107-116, 177, 181,
    208-215, 220-228, 235-239, 244-
    246, 251, 253, 256, 265-267, 270-
    271
에라스뮈스 Erasmus, Desiderius 132-
    133
에우리피데스 Euripides 43-44, 87,
    233
엔토네스(안토니우스) Entonəs 164,
    166
엘리엇 Eliot, George 249
오렘 Oresme, Nicole 135
(산타야의)우고 Hugo da Santalla 148-
    149
우골리니 Ugolini, Baccio 74, 110
우르바노 Urbano Bolzanio della Fosse
    209
워즈워스 Wordsworth, William 283-
    284
율리우스 2세 Iulius PP. II 203
이븐 루시드 Ibn Rushd 99-101, 133-
    135, 159, 203, 282

이븐 시나 Ibn Sina 93−96, 99, 105, 133, 159, 185, 231−232
이스칸다르(알렉산드로스) Iskandar 164
이암블리코스 Iámblichos 83, 121, 124
인노켄시우스 8세 Innocentius PP. VIII 191

잔프란체스코 Gianfrancesco 26, 215, 254, 268−269
제나차노 Genazzano, Mariano da 221, 224
제임스 James, William 260−261

채플린 Chaplin, Charlie 286
치리아코(시리아쿠스) Ciriaco de' Pizzi-colli 211, 230, 232−235

카발칸티 Cavalcanti, Guido 35, 69, 267
카살마조레 Casalmaggiore, Cristoforo 269
카우트사 Kautsa 184
카이트베이 Qaitbay 208
카조봉 Casaubon, Isaac 278
칸트 Kant, Immanuel 282−285
코레조(메르쿠리오) Correggio, Giovanni da 127−128, 175, 244, 277
쿠사누스 Cusanus, Nicolaus 206
쿠인틸리아누스 Quintilianus, Marcus Fabius 77

크리소스토모스 Chr sostomus, Iōannēs 231
키르허 Kircher, Athanasius 279

투라 Tura, Cosimo 70

파르메니데스 Parmenides 47, 50, 53, 203, 256
파탄잘리 Patanjali 187
페델레 Fedele, Cassandra 236−242
페레그리누스 Peregrinus, Petrus 44
포르피리오스 Porfyrios 121
프란체스케토 Franceschetto 12
프로페르티우스 Propertius, Sextus 217
플레톤 Plethon, Georgius 126
플로티노스 Plotinos 27, 83, 86, 121, 123, 125, 240
피에리오 Pierio Valeriano 209
피치노 Ficino, Marsilio 38, 54, 83−86, 99, 109−110, 115, 118, 121, 125, 127, 158−161, 171, 201, 206−207, 212, 216, 225, 249, 270−271
피타고라스 Pythagoras 46, 135, 140, 161, 203, 233, 282
핀다로스 Píndaros 87, 154, 169
필로스트라토스 Philostratos 132

헤시오도스 Hesiodos 119
성 히에로니무스 St Hieronymus 131−132, 148, 173